高校培育和践行
社会主义核心价值观
实证研究

AN EMPIRICAL STUDY
ON CULTIVATING AND PRACTICING THE CORE SOCIALIST VALUES
IN COLLEGES AND UNIVERSITIES

李志刚　万淼　陈永强　李申申　赵国祥　著

社会科学文献出版社
SOCIAL SCIENCES ACADEMIC PRESS (CHINA)

本研究成果是国家社会科学基金（教育学）重大招标课题"高校培育和践行社会主义核心价值观长效机制研究"（课题批准号：VEA150005）的阶段性成果

前　言

社会主义核心价值观，是以习近平同志为核心的党中央从新时代坚持和发展中国特色社会主义、实现中华民族伟大复兴的中国梦出发，提出的重大战略思想。习近平总书记在党的十九大报告中深刻阐述了社会主义核心价值观的丰富内涵和实践要求，对培育和践行社会主义核心价值观做出许多新的重大部署，充分反映了我们党在价值理念和价值实践上达到了一个新的高度。习近平总书记在学校思想政治理论课教师座谈会上强调，推动思想政治理论课改革创新，要不断增强思政课的思想性、理论性和亲和力、针对性，要坚持政治性和学理性相统一，要坚持建设性和批判性相统一，要坚持理论性和实践性相统一，要坚持统一性和多样性相统一，要坚持主导性和主体性相统一，要坚持灌输性和启发性相统一，要坚持显性教育和隐性教育相统一。党的十九大报告和习近平总书记在学校思想政治理论课教师座谈会上的讲话，是高校培育和践行社会主义核心价值观及思想政治教育工作的重要思想依据。

我们在前期研究的基础上，通过充分论证，申请并获批了国家社会科学基金教育学重大招标课题"高校培育和践行社会主义核心价值观长效机制研究"（课题批准号：VEA150005）（以下简称"重大课题"）。本书是该重大课题的阶段性成果。

本成果侧重于对高校培育和践行社会主义核心价值观的情况进行实证调查研究，研究过程主要采用问卷调查法和实地访谈法，由此获得第一手的调研资料。同时，借助相关的理论研究成果和实证研究的技术方法，对获得的调研资料进行统计与分析，力图较系统、翔实并具有一定特色地反映高校培育和践行社会主义核心价值观的基本情况。在此基础上，我们提出建立高校培育和践行社会主义核心价值观长效机制的对策与建议。

对高校培育和践行社会主义核心价值观进行实证研究，是重大课题研究的重要组成部分，其研究的总体思路：一是将理论研究与实证研究密切结合，理论研究建立在坚实的实证研究基础上，对策建议的提出建立在理论探索和实证研究的坚实基础之上；二是在实证研究方面，采取多种方法，系统、全面地调查和研究高校培育和践行社会主义核心价值观的基本情况，在此基础上对高校如何构建培育和践行社会主义核心价值观长效机制这一重要问题进行针对性的研究；三是在对高校培育和践行社会主义核心价值观的理论与实践深入研究的基础上，更好地推进高校培育和践行社会主义核心价值观乃至思想政治教育整体工作的具体实践。为此，课题组十分重视并着重加强了对高校培育和践行社会主义核心价值观进行实证研究这项工作。具体过程如下。

第一，举行研讨会，进行系列调查问卷编制。在前期具有一定研究积累的基础上，课题组举行了多次研讨会，并在充分达成共识的同时，于2016年3月至2017年8月，历时一年半的时间，编制了面向高校学生和相关教师群体的系列调查问卷。系列调查问卷共分为两大类、六套问卷。两大类问卷分别是高校培育和践行社会主义核心价值观专题调查问卷和高校思想政治教育工作专题调查问卷。其中，高校培育和践行社会主义核心价值观专题调查问卷共包括五套分问卷，分别是：《大学生社会主义核心价值观认同感量表》、《高校培育和践行社会主义核心价值观调查问卷》（学生版）、《大学生中华优秀传统文化测验问卷》、《高校培育和践行社会主义核心价值观调查问卷》（思政人员版）、《高校培育和践行社会主义核心价值观调查问卷》（专业教师版）；"高校思想政治教育工作专题调查问卷"为一套问卷，即《高校思想政治教育调查问卷》，该问卷主要面向大学生群体进行调研。问卷编制好以后，我们又邀请了相关方面的专家，对问卷逐一进行深入的研讨，提出修改意见。课题组对专家的意见进行梳理，并充分吸收专家们的合理建议，对问卷进行了认真修改与完善。对于修改、完善后的问卷，我们精心设计了问卷排版格式，并根据调研需要，印刷了各种问卷，共近25000份。

第二，安排调查问卷的发放，开展问卷调研。调查问卷编印好以后，课题组从 2017 年 8 月正式开始调查问卷的发放工作，2018 年 3 月，问卷发放全部结束，共计发放以上问卷 23317 份，回收问卷 21252 份，回收率 91.14%；在回收的问卷中，有效问卷 19216 份，有效率 90.42%（以上数据为正式调研发放的问卷合计数）。问卷调研涉及全国 65 所高校，涵盖文、史、哲、经、管、法、教育、理工、农、医、军事、体育、艺术等全部学科门类的各种专业，以及有关专业的专业课任课教师和思想政治教育工作管理队伍。调研的 65 所高校中，从学校性质上看，含综合性大学 18 所、师范类大学 21 所、理工科类大学 10 所、财经政法类大学 5 所、农林牧类大学 3 所、职业技术类院校 8 所；从问卷发放的地域来看，基本涵盖了华北地区、东北地区、西北地区、西南地区、华中地区、华东地区、华南地区等区域的高校。

第三，以河南省为例，深入高校实地，进行深度访谈。为更好地获得第一手资料，课题组安排了深入部分高校的实地访谈，可以面对面地了解高校培育和践行社会主义核心价值观的现状，弥补了上述系列调查问卷中《高校思想政治教育调查问卷》没有教师版问卷的不足。我们深度访谈的对象主要是高校教师。为便于访谈，我们以河南省高校为例，选择了河南省 5 所高校共计 16 位教师作为访谈对象，包括思想政治课教师和专业课任课教师，而以思想政治课教师和思想政治工作人员居多。访谈中，我们拟定了两道较宏观、开放的题目，请老师们进行畅谈。一道题是：您在思想政治课教学、专业课教学及思想政治教育工作中，感到目前存在的主要问题有哪些？另一道题是：您对思想政治课教学及思想政治教育工作的改进有哪些意见和建议？访谈中，我们就培育和践行社会主义核心价值观的问题也进行了一定的提问和探讨。经过面对面的访谈和实地考察，我们获得了较丰富的第一手调查资料。

第四，准确统计数据，科学分析资料。课题组利用先进的统计分析技术和方法，并结合相关的理论研究，对实证调研数据和资料进行准确统计与科学分析，较全面地掌握高校培育和践行社会主义核心价值观及思想政治教育工作的情况。

第五，依据统计与分析，提出对策与建议。根据以上对实证调研结果的统计与分析，课题组经过充分的研讨，提出了高校培育和践行社会主义核心价值观及思想政治教育工作（含思想政治课教学）等方面的对策与建议。在提出有关对策与建议时，我们着重从以下两个方面出发：其一，尽量避免论述过于空泛而缺乏实际的可操作性；其二，注重提升培育和践行社会主义核心价值观及思想政治教育的有效性。基于此种考虑，我们提出以下几个方面的对策与建议：一、重视思想政治教育的重要地位，正视国外价值观的渗透；二、以"内化"为根，在"外铄"与"内化"之间寻找契合点；三、教师的内外兼修对于学生是一种无声的感召与浸染；四、编写有特色的中华优秀传统文化与培育和践行社会主义核心价值观及思想政治教育相融合的教材；五、在马克思主义中国化的探讨中提升学生的认知与思维水平；六、夺取反腐败斗争的压倒性胜利是提升思想政治教育效果的根本性条件。高校培育和践行社会主义核心价值观及思想政治教育工作永无止境，因此我们的研究还在继续进行中，我们对这一问题的思考也在不断地升华，随着新情况、新发现，我们还会进一步提出新的、更切实际的对策与建议。

本成果的理论和实证研究工作是在河南大学二级教授、教育科学学院博士生导师、重大课题首席专家李申申和河南大学二级教授、教育科学学院博士生导师、重大课题第二子课题负责人赵国祥（现调任河南师范大学党委书记）的指导下进行的，实证研究过程由河南大学教育科学学院讲师李志刚具体组织实施，并统筹做好日常管理工作。本书的具体撰写分工如下（按撰写顺序排列）：前言由赵国祥撰写；第一章绪论，由李志刚撰写；第二章高校培育和践行社会主义核心价值观系列调查问卷的编制，由河南大学教育科学学院讲师陈永强撰写；第三章高校培育和践行社会主义核心价值观情况调研（学生部分）、第四章高校培育和践行社会主义核心价值观情况调研（教师部分）、第五章高校思想政治教育情况调研（学生部分），由李志刚撰写；第六章高校思想政治教育情况调研（教师部分），由河南工业大学教师万淼博士撰写；第七章加强高校培育和践行社会主义核心价值观及思想政治教育有效性的对策与建议（一）、第八章加强高校培育和践行社会主义核心价值观及思想政治教育有效性的对策与建议（二），由李申申撰写。最后，由李志刚进行合稿与统稿，赵国祥、李申申进行了审阅。

我们期望本书能对高校培育和践行社会主义核心价值观及思想政治教育工作的改进与提升，起到实实在在的促进作用，能向高校有关部门提出有效的咨询建议。

最后，在本书即将付梓之际，要诚挚地感谢社会科学文献出版社经济与管理分社的恽薇社长，感谢本书的责任编辑，正是她们的大力支持和辛勤付出，才使本书得以及时、顺利出版。同时，感谢河南大学及教育科学学院对本课题研究和本书出版所给予的大力支持。

国家社会科学基金（教育学）重大招标课题
"高校培育和践行社会主义核心价值观长效机制研究"课题组
2019 年 9 月

目　录

第一章 绪论

一 研究的背景

(一) 重大课题申请论证中的共识

2015 年 7 月，在前期积累和思考的基础上，李申申教授组织课题组成员进行重大课题的集中申报论证工作。大家针对当前高校培育和践行社会主义核心价值观及思想政治教育工作研究的不足进行了探讨，形成了一些共识，其中尤其强调对高校培育和践行社会主义核心价值观及思想政治教育工作的现实状况、具体情况进行实证调查研究的重要性和必要性，并把这一共识写入课题申请书中，列为第二子课题"高校培育和践行社会主义核心价值观的现状研究"，该子课题侧重于调查和分析当前高校培育和践行社会主义核心价值观的现状，旨在全面和充分调查与研究当前高校培育和践行社会主义核心价值观的方法或手段、经验或效果、不足或误区等，以期为重大课题研究中的长效机制构建和实施路径提供有力的实践依据和有效的现实支撑。

在重大课题论证书里，关于第二子课题项目的结构和主要内容阐述中，我们强调重点研究内容是围绕当前高校培育和践行社会主义核心价值观长效机制的实然状态开展调研的。课题组认为，当前我国正处于传统与现代、本土与外来、正统与非正统等多元文化的交融与碰撞状态，高校在构建培育和践行社会主义核心价值观长效机制方面还存在外在环境压力和内部缺陷等方面的问题。例如，在参与主体方面，"单打一"的现象比较普遍，缺乏整体合力和系统设计；社会主义核心价值观的教育与人才培养存在"两张皮"现象；社会主义核心价值观的教育教学向认知及行为转化不十分到位；等等。因此，重大课题的研究要对高校培育和践行社会主义核心价值观的实际情况进行全面的调查研究。课题组提出，在调研分析的具体样本方面，要针对高校有关培育和践行社会主义核心价值观长效机制的各个层面，如高校作为培育和践行社会主义核心价值观长效机制的主体，在组织保障、文化融合、课程设置、社会实践等层面的经验和实效；高校大学生作为接受和践行社会主义核心价值观的主体，在接受、认同、内化、践行过程中的具体问题等，进行抽样调查和分析。调查研究要按照分层抽样的方法，在全国东、中、西部各区域选取调研高校，拟抽取各类高校 30~50 所，全面调查研究高校在培育和践行社会主义核心价值观方面的经验与困惑，为下一步长效机制的构建及其实现路径的探寻奠定坚实的实践基础。

2015 年 12 月，以李申申为负责人申报的这一重大课题获批立项。作为重大课题的首席专家，李申申教授带领课题组成员按照既定的思路，立即着手全面展开本研究工作。

（二）重大课题开题评议会上专家组的中肯意见

2016 年 3 月，按照重大课题管理要求和研究需要，河南大学组织了本重大课题的开题评议会，邀请到全国各地知名专家 6 人组成开题评议小组。课题组经过认真准备、详细论证、全面汇报，开题顺利通过。

在开题评议过程中，与会专家们对课题研究提出许多富有意义和价值的中肯建议，其中着重提出并探讨了实证调研的重要性。与会专家特别指出，重大课题的研究要"充分考虑全国各种层次和类型高校的差异性与多样性，做好全面调查研究，并加强典型的案例研究"。为此，课题组召开研讨会，再次强调并一致认为，要在今后的工作中扎实推进实证性的调查研究。根据专家组的意见和建议，课题组将充分考虑全国各种层次和类型高校的差异性与多样性，做好全面调查研究。开题会之后，课题组深刻认识到，实证调研方面的工作量相当大，也是相当艰巨但又非常重要、不可或缺的。因此，课题组及时调整和增强了第二子课题实证调研工作的人员力量，很快做好了调研的分工，拟定了实证调研的工作思路，并多次召开研讨会，研究了按照分层抽样的方法在全国东、西、中、北、南部选取50 所左右的高校，类型涵盖普通高校、高等职业技术院校、高等艺术院校等各类院校，全面调查高校在培育和践行社会主义核心价值观方面的基本情况与存在问题。课题组认为，本研究必须以大量的、真实客观的实证性研究为依据，方能提出具有独到见解的对策，同时提出案例研究要与问卷调查和访谈同时进行，多角度寻求典型和优秀案例，与问卷调查和访谈相配合、相呼应。

二 研究的思路

鉴于本研究工作任务量大、重要性突出，课题组多次召开研讨会，讨论研究和明确了实证调研的基本思路，以使研究工作有条不紊地进行。

首先，拟定实证调研的基本原则。课题组经过讨论提出，实证调研要有几个大的方面的原则：一是要充分利用本校综合性大学专业设置齐全的便利条件、所在学院教育学和心理学等学科的优势以及课题组成员团结一致汇聚在一起的更加广泛的调查研究资源；二是实证研究方式上要以传统的问卷调研为主、访谈等其他调研形式相结合与充实，其中的问卷调研要坚持采用纸质问卷并由专门的组织人员当面向调研对象进行发放的形式，访谈调研则以人员到高校实地面对面进行调研为宜；三是在调研问卷内容的编排上，要尽可能科学、合理、具体和丰富，视野要更加开阔，既有具体性问题又有综合性问题，既有理论性问题又有实践性问题，要能够全方位、多角度地进行调研；四是在实证调研的基础上，要对获得的调研数据和材料进行科学的统计与分析，然后在此基础上进行充分研讨，以现实与实践为依据，提出较为系统并具有特色的对策与建议。

其次，组织编制调研问卷和访谈材料。为全面、系统开展实证调研工作，课题组应精心设计组织编制好系列调查问卷，为此，我们确定了两种专题类型内含六套具体内容的问卷，全面调研高校培育和践行社会主义核心价值观及思想政治教育工作的基本情况。其中，反映一定态度价值的量表问卷，要求先编制试测版并在一定范围内进行试测调研，在反馈结果的基础上进行修订完善，再制定出正式施测版本的调研问卷，正式在全国高校范围内进行取样调研。关于对现状和问题进行调研的调查对象，要涵盖高校各类群体。关于访谈调研，通过较为宏观和综合的访谈题目展开调研，选取高校一线较为优秀的教师和思想政治教育工作者，深入高校，实地面对面接触和进行访谈交流，获得更加直观的调研情况。

再次，科学处理和全面分析调研数据。要利用科学合理的测量统计方法对调研结果（问卷数据和访谈资料等）进行统一整理、统计，深入研讨和分析，多方面、多层次呈现高校培育和践行社会主义核心价值观及思想政治教育工作的基本现状，发现其中存在的问题并分析问题产生的原因。

最后，在充分调研与分析的基础上，提出相应的对策和建议，以期为高校培育和践行社会主义核心价值观及思想政治教育工作的提升提供有价值的依据、参考和借鉴。

三　研究的意义和特色

（一）研究的意义

就目前我们所掌握的资料来看，有关高校培育和践行社会主义核心价值观及思想政治教育工作的研究还存在以下不足：一是很少将思辨性研究和实证性研究进行有机结合，相对来讲，此方面较为系统的实证性研究还比较少；二是较为系统、有针对性地论证高校培育和践行社会主义核心价值观现状及对策建议的研究成果很少。通过对相关资料的收集和分析，我们几乎未见到较为系统地对此方面进行研究的相关论著，这不能不说是一大缺憾。因此，针对已有研究的不足，有针对性地加强高校培育和践行社会主义核心价值观的实证研究具有很强的理论与实践意义。

本课题采用思辨性研究和实证性研究密切结合的方法，力图深入探讨高校培育和践行社会主义核心价值观及思想政治教育工作的现状、存在问题及对策建议。一方面，从理论角度进行深刻的探讨，有利于把握高校培育和践行社会主义核心价值观及思想政治教育工作有效开展的内容、方式、方法、路径等，尤其是站在文化和心理的视角探讨如何将优秀传统文化渗透进高校培育和践行社会主义核心价值观及思想政治教育工作之中，如何将马克思主义的基本原理渗透进学生的内心之中。此方面，以李申申教授为首席专家的课题组在多年已有的对中华优秀传统文化、对马克思主义基本原理等进行较为深入和系统的研究并具有一定学术积累的基础上，继续进一步钻研有关理论文献，包括中华传统文化经典文献和马克思主义原著等文献，力图在理论上有进一步的提升与突破。另一方面，采用问卷和访谈的形式，深入调查高校培育和践行社会主义核心价值观及思想政治教育的现状，探讨工作中存在的问题及其原因，并有针对性地提出对策与建议。

为此，我们针对高校学生、思政人员和专业教师三大类群体，制定并发放了六套系列问卷。其中：面向高校学生发放的是社会主义核心价值观培育和践行专题调查问卷三套（合称"大学生问卷"）和思想政治教育工作专题调查问卷一套（简称"思政教育问卷"），即《大学生社会主义核心价值观认同感量表》、《高校培育和践行社会主义核心价值观调查问卷》（学生版）、《大学生中华优秀传统文化知识测验问卷》、《高校思想政治教育调查问卷》；面向辅导员等思想政治教育管理工作人员（简称"思政人员"）发放的问卷是《高校培育和践行社会主义核心价值观调查问卷》（思政人员版）（简称"思政人员问卷"）；面向专业课任课教师发放的问卷是《高校培育和践行社会主义核心价值观调查问卷》（专业教师版）（简称"专业教师问卷"）。此外，我们以河南省为例，面向高校思政课教师、专业课教师及思想政治教育管理工作人员，进行了面对面的实地访谈调查。以上我们的实证调研问卷数及工作量情况由表1-1显示，具体情况将在下文各章中详细分析。

表1-1在一定程度上反映了课题组投入的实证调研工作量情况。从中可以看出，本课题的实证调研工作量十分巨大，投入的精力很大，而且从发放、回收和有效的问卷数还可以看出，调研过程是比较艰辛的。

总之，通过问卷和访谈调研等形式，我们投入了巨大的工作量，进行广泛的调查和深入的讨论分析，获得了高校培育和践行社会主义核心价值观及思想政治教育工作各方面的丰富的实证材料、理论认识和改革与发展

表1-1 本课题调研问卷的印制与发放情况

单位：份

问卷	印制问卷数	发放问卷数	回收问卷数	有效问卷数
试测版问卷	500	500	480	423
大学生问卷（含三套分问卷）	15500	14730	13392	11904
思政人员问卷	1700	1423	1219	1165
专业教师问卷	1700	1478	1251	1189
思政教育问卷	5700	5686	5390	4958
合计	25100	23817	21732	19639

的思考，深知过程艰辛，收获来之不易。因此，在当前对高校培育和践行社会主义核心价值观及思想政治教育进行的众多探讨中，本研究具有独到的学术价值与应用价值。

（二）研究的特色

本研究的特色凸显于以下两个方面。

其一，思辨性与实证性研究相结合、理论与实践相结合的综合性研究，成为本研究的重要特色。关于这一点，前述已经做了较详细的说明。这就是说，我们在理论和实践两方面都下了相当大的功夫。由此，一方面对理论问题的研究更加系统、更加深入，能为学界的相关研究提供有益的依据或借鉴；另一方面，本课题针对高校培育和践行社会主义核心价值观及思想政治教育情况进行较广泛的实证问卷调研和面对面访谈，从而对其中存在的问题进行成因分析，并进行相应的对策研究，以图对构建科学有效的高校培育和践行社会主义核心价值观及思想政治教育工作模式有较强的借鉴作用，为提升高校培育和践行社会主义核心价值观及思想政治教育的工作水平出谋划策，为推进培养高校高素质人才发挥应有的作用。

其二，就理论研究本身而言，本课题组没有拘泥于狭窄的眼光或某一门学科，而是力图将对历史学、哲学、教育学、心理学、伦理学、马克思主义基本原理等多门学科的研究相互结合与融通，从而在更高的理论水平上分析和阐释我们的理论观点，并力图能更好地指导与分析实证性研究。

四 研究的基础

本研究的基础主要有三个方面。

其一，具有一支学术实力较强的研究团队。团队首席专家李申申老师是有着深厚教学与学术研究资历的二级教授、博士研究生导师，几十年来兢兢业业，不辞辛劳。她的教学深受广大学生推崇与喜爱，她本人也深受学生尊敬与爱戴；学术上她理论功底较深厚，学术视野开阔，学术成果丰硕，在社会主义核心价值观的培育和践行及思想政治与道德教育方面具有较深刻的认识和较丰富的经验。团队主要参加者均具有研究生学历（含博士和硕士），且都工作在高校人才培养、教学、科研和思想政治教育工作一线，具有较强的研究能力和积极的进取精神。因此，在课题负责人李申申教授的带领下，本课题研究团队能够通过扎实的工作，努力对高校培育和践行社会主义核心价值观及思想政治教育工作起到更大的推动作用。

其二，积累了较为厚实的前期研究成果。正因本课题组成员对多门学科进行较深入的钻研，并力图使多门学科相互结合与融通，所以较为厚实的理论基础也就成为本课题研究的相对优势之一。例如，课题负责人李申申教授对中华优秀传统文化进行了多年的探索和研究，发表了不少相关成果，因此如何将优秀传统文化融入高校培育和践行社会主义核心价值观及思想政治教育工作之中，此方面的探讨应该说也是本课题组的相对优势之一。又如，包括本书作者在内的课题组核心成员的研究方向主要有思想政治教育、高等教育教学、社会教育、教育历史与文化等，他们对这些研究领域持续的关注和投入，都将为本课题的研究提供丰富的理论视野。课题组将在此方面下功夫着力进行探讨，拿出更加适切和务实的方案，为进一步提升高校培育和践行社会主义核心价值观及思想政治教育工作的质量提出更有特色的对策与建议。

其三，本研究是重大课题的第二子课题项目，国家级重大课题项目的获批为本研究的进行和本书的撰写奠定了坚实的基础。这一课题的获批，成为促使我们潜心进行理论研究的极大动力，也成为促使我们更好地进行问卷和访谈调研的保障。社会主义核心价值观的培育和践行及思想政治教育关乎高校立德树人这一十分严肃的重大问题，课题组必全力以赴，倾其全部智慧，在造就和培养承担中华民族伟大复兴重任的一代新人、造就和培养社会主义伟大事业的建设者和接班人的道路上，奉献出我们更大的力量。

此外，2018 年 11 月，重大课题的阶段性成果《河南省高校思想政治教育工作实证研究（2017~2018）》一书先期顺利出版。该书侧重于对河南省高校的思想政治教育工作、社会主义核心价值观的培育与践行工作进行实证调查研究与分析，使用的调研问卷与本研究所列的各种问卷完全相同，可以说是本研究的重要组成部分和区域高校情况研究的缩影。本书既是在该书基础上的扩展，也是重大课题实证调研的整合、综合与提升。因此，本书的部分内容从该书中有所借鉴，在借鉴时，我们对原书中有关统计分析的个别谬误进行了修正，根据需要对原书中个别章节的内容及叙述结构进行了调整并整合在本书中，在此特做说明。

总之，本研究着眼于全国范围内，对高校培育和践行社会主义核心价值观及思想政治教育工作进行全面、整体、系统的调查研究，以期对重大课题的整体研究，对我国高校培育和践行社会主义核心价值观这一重要工作，乃至思想政治教育和人才培养工作，起到有力的促进与推动作用。

第二章 高校培育和践行社会主义核心价值观系列调查问卷的编制

一 系列调查问卷编制情况说明

本研究是对高校培育和践行社会主义核心价值观这一重要内容进行实证调研，所以我们首先应该摸清高校培育和践行社会主义核心价值观的基本情况、现实状况。为此，我们要对高校培育和践行社会主义核心价值观进行全面、广泛的专题调研，调查问卷的编制要以此为目的进行。此外，我们应把培育和践行社会主义核心价值观置于高校思想政治教育整体工作之中，所以我们还应该更好地了解一下当前高校思想政治教育工作的基本情况。因此，本研究编制了一组系列性的调查问卷。

如上所述，本研究系列调查问卷的设置主要包括两大类：一是高校培育和践行社会主义核心价值观专题调研问卷，二是高校思想政治教育工作专题调研问卷。调查问卷的具体编制要考虑到高校培育和践行社会主义核心价值观及思想政治教育工作的参与主体，基于此，调查问卷主要面向高校的三大类群体，分别是大学生群体、思政人员群体（主要指专门或主要从事高校思想政治教育工作的辅导员、党政职能部门的学生管理人员和其他部分行政管理人员，简称"思政人员"）、专业教师群体（主要指承担大学生专业课授课任务的教师，简称"专业教师"）。所以，系列调查问卷的两大类之下，又分为面向大学生、思政人员和专业教师三类群体的问卷。每一类群体的问卷设置，我们根据需要了解的实际情况因群体特点不同而有所侧重。其一，高校培育和践行社会主义核心价值观及思想政治教育工作的最终落脚点是立德树人、人才培养，因此针对大学生群体，需要多角度和详细地了解大学生以及从大学生这一渠道充分了解培育和践行社会主义核心价值观及思想政治教育方面的情况，为此面向这一类群体专门设计了四套具体的问卷，以从不同角度、不同方面深入了解有关现状和问题。其二，对于思政人员和专业教师，我们分别设置了一套问卷从整体上去了解有关现状和问题。其三，我们认为，关于培育和践行社会主义核心价值观及思想政治教育工作的主体，高校还有一类重要的群体——思政课教师，对于这一类群体的调研，我们为了更直观和有效地了解具体问题与现状，特地深入高校，实地对思政课教师进行访谈调研（我们的实际访谈中包括了少量的思政人员和专业教师），这也是作为对教师群体进行问卷调查的一种补充。

由此，本研究实证调查的系列问卷共分为两大类，面向三类群体，包括六套具体问卷。这六套问卷分别是：第一大类，高校培育和践行社会主义核心价值观专题调查问卷，包括：《大学生社会主义核心价值观认同感量表》（正式版）（正式版是在试测版试测与校正的基础上形成的）、《高校培育和践行社会主义核心价值观调查问卷》（学生版）、《大学生中华优秀传统文化知识测验问卷》、《高校培育和践行社会主义核心价值观调查问卷》（思政人员版）、《高校培育和践行社会主义核心价值观调查问卷》（专业教师版），分别面向大学生、思政人员和专业教师三类群体；第二大类，高校思想政治教育工作专题调研问卷，即《高校思想政治教育调查问卷》，该问卷主要面向大学生群体进行调查。

六套调查问卷的内容主要包括以下四个方面：一是对大学生社会主义核心价值观的认同感进行测量；二是对高校师生（包括大学生、思政人员、专业教师三类群体）对培育和践行社会主义核心价值观的看法、做法和建议等方面的内容进行调查；三是对大学生对高校思想政治教育工作的认识和情况进行调查；四是对大学生中华优秀传统文化知识掌握的情况进行测验。与此同时，为弥补问卷调研之不足，我们对高校教师采用了实地访谈调查形式，深入了解高校思想政治教育工作包括培育和践行社会主义核心价值观的主要问题、困惑难点和对策建议。

关于面向大学生分别对高校培育和践行社会主义核心价值观及高校思

想政治教育工作这两套调查问卷，即《高校培育和践行社会主义核心价值观调查问卷》（学生版）和《高校思想政治教育调查问卷》两个具体问卷的设计中，课题组已经充分考虑了课题研究的需要以及两套问卷内容之间的相关性和一致性问题。因此，在调查内容的具体编排上，两套问卷的编制各有所侧重；在选取高校调查大学生群体方面，两套问卷的发放也进行了相应的区分，面对同一样本只发放其中一套问卷。而且两套问卷中，前者侧重于全国范围，后者以河南省高校为例而侧重于河南省范围。这两套问卷在实际调研中是同时进行取样和发放的，调查研究是同步展开的。

二　系列调查问卷的编制过程

（一）系列调查问卷的编写概况

2016 年 3 月，重大课题开题会顺利进行。在开题会的评议意见中，与会专家提出了许多中肯的研究意见，其中着重给课题组强调了加强实证调研的必要性和重要性。为落实专家组意见，根据课题既定的研究计划，课题组成员立即着手开展了针对高校培育和践行社会主义核心价值观的专题调研工作。

2016 年 5 月，为加强和加快课题的实证调研工作，课题组经过商议，专门成立问卷编制小组，由李申申总负责，李志刚负责具体实施，成员包括李申申、李志刚、陈永强、李玉倩、万淼、王立等。至 2016 年 11 月，历经近半年的时间，问卷编制小组先后召开 20 多次研讨会，反复对问卷调研目的、调研思路、问卷类型和题目内容等进行广泛研究和系统分析。

2017 年 1~2 月，问卷编制小组先期完成了《大学生社会主义核心价值观认同感量表》（试测版）的编制工作。2017 年 3~4 月，课题组印制了 500 份《大学生社会主义核心价值观认同感量表》（试测版）问卷，在河南部分高校于一定范围内进行试测。2017 年 5 月，课题组对回收的试测问卷进行了数据分析，经过教育与心理测量和统计的专家参与和专业化指导，课题组进一步对量表问卷进行研讨和修订，2017 年 6 月最终确定了《大学生社会主义核心价值观认同感量表》（正式版）问卷。需要说明的是，一是课题组对量表试测版的调查对象和在此后量表正式版的调查对象的选取上进行了严格区分，保证其完全没有重复而进行调查；二是在下文中，我们专门对试测版问卷的试测及其校正并最终制定正式版问卷这一过程进行详细说明。

2017 年 1~6 月，课题组在编制《大学生社会主义核心价值观认同感量表》的同时，进行了高校培育和践行社会主义核心价值观其他问卷的编制和高校思想政治教育工作调查问卷的编制工作，先后经过多次讨论、借鉴分析，几易其稿，于 2017 年 7 月最终形成和确定了高校培育和践行社会主义核心价值观及思想政治教育工作的系列调查问卷。

（二）系列调查问卷的印刷

为保证调查工作的顺利开展和良好效果，我们精心设计了系列调查问卷每一套问卷的排版，并对问卷的印刷工作十分重视。根据调研需要，对问卷印刷的数量也进行了一定的计划和安排。

首先，我们先期印制了《大学生社会主义核心价值观认同感量表》（试测版）500 份，作为前期试测调研使用。试测版量表的编排和印制也为以后其他问卷的编排和印制提供了经验。

其次，为了调研方便，我们把《大学生社会主义核心价值观认同感量表》（正式版）、《高校培育和践行社会主义核心价值观调查问卷》（学生版）、《大学生中华优秀传统文化知识测验问卷》三套问卷编印在一起进行印刷。对这三套问卷我们共进行了三次印刷，分别印制了 10000 份、5000 份、500 份，合计 15500 份，充分保证其调查的样本量。其中，《大学生社会主义核心价值观认同感量表》（正式版）主要针对大学生基于社会主义核心价值观认同、认识和自身情况进行调研；《高校培育和践行社会主义核心价值观调查问卷》（学生版）主要从大学生角度深入了解高校社会主义核心价值观培育和践行情况；《大学生中华优秀传统文化知识测验问卷》主要对大学生中华优秀传统文化教育情况进行设计和测验，旨在了解当代大学生社会主义核心价值观培育和践行及思想政治教育的传统文化根基，以期对课题的对策研究提供依据。在此后的问卷反馈中，我们将对三套问卷均有效的情况进行统计分析，以保证三套问卷调研分析的一致性、合理性和有效性。

再次,《高校培育和践行社会主义核心价值观调查问卷》(思政人员版)、《高校培育和践行社会主义核心价值观调查问卷》(专业教师版)分别面向高校思政人员、专业教师,从中了解他们对社会主义核心价值观培育和践行的认识和参与情况。两套问卷分别编排,印制问卷数均为1500份,后为保证其调查的样本量,又均追加印刷了200份。

最后,我们印制了5000份《高校思想政治教育调查问卷》,后为保证其调查的样本量,先后追加印刷了500份和200份,合计印刷5700份。该问卷是以大学生为受访主体,以调查高校思想政治教育情况为目的,进行设计的。该问卷可以面向全国高校大学生进行发放展开调研,但根据我们的安排,本研究以河南省高校为例进行调查研究,因此该问卷面向河南省高校的大学生群体进行了发放。

接下来四章分别对问卷发放和调查情况进行统计与分析。一是对面向全国范围的大学生群体发放的三套问卷调查情况进行统计与分析,即《大学生社会主义核心价值观认同感量表》(正式版)、《高校培育和践行社会主义核心价值观调查问卷》(学生版)、《大学生中华优秀传统文化知识测验问卷》。二是对面向全国范围发放的《高校培育和践行社会主义核心价值观调查问卷》(思政人员版)和《高校培育和践行社会主义核心价值观调查问卷》(专业教师版)的两个问卷调查情况进行统计与分析。三是以河南省为例,对面向河南省高校范围向大学生群体发放的《高校思想政治教育调查问卷》的调查情况进行统计与分析。四是以河南省为例,对到一些高校进行实地访谈的调查情况进行整理与分析。

三 《大学生社会主义核心价值观认同感量表》(试测版)的编制、试测与校正

(一)编制《大学生社会主义核心价值观认同感量表》的意义

社会主义核心价值观提出以后,培育和践行社会主义核心价值观成为国民教育中无比重要的一部分,倡导全社会认同和践行的社会主义核心价

值观在建设社会主义现代化事业中具有十分重要的意义和作用。尤其是在高校，培育和践行社会主义核心价值观已成为高校思想政治教育工作的核心内容。大学生是朝气蓬勃的新一代，肩负着中华民族伟大复兴的光荣使命，青年大学生需要投入全部的信念、热情与活力到中华民族伟大复兴的现代化建设事业中去，才能担得起这份历史重任。对大学生社会主义核心价值观的认同情况进行探讨，首先，能够为高校培育和践行社会主义核心价值观提供坚实的理论基础；其次，通过实证调查研究，对大学生社会主义核心价值观培育和践行面临的挑战及存在的问题进行深入的分析，有助于树立高校培育和践行社会主义核心价值观的理想目标；再次，掌握大学生社会主义核心价值观的认同与践行的现状，可有效提高大学生社会主义核心价值观培育的精确性、有效性和长效性。

目前，大多数对社会主义核心价值观的研究主要集中在关于培育和践行社会主义核心价值观的路径方面的研究，关于大学生群体对社会主义核心价值观的认同感虽然有一部分研究成果，但是较大规模、整体和全面性的量化研究还相对较少。此外，当前还没有一套信度和效度较为良好的工具对大学生社会主义核心价值观的认同感进行测量。基于此，本课题研究在已有研究的基础上，从社会主义核心价值观的三个层面及其精神内涵出发，编制了一套信度效度较好的可以对大学生社会主义核心价值观认同感进行测量调查的量表问卷，并在河南省部分高校进行取样试测，获取了较为宝贵的第一手资料。

（二）《大学生社会主义核心价值观认同感量表》（试测版）的编制过程

在编制量表之前，我们首先考虑社会主义核心价值观在社会主义核心价值体系中处于十分重要的中心地位，是独属于中国的，它既是我们在建设现代化国家过程中努力追求的目标，也是我国在坚持中国特色社会主义道路中始终如一的价值理念和公民的基本道德规范。本研究关注的是高校青年学生对社会主义核心价值观的认同感情况，这不仅包括公民对其内涵的理解与评价，也包括公民在日常行为中如何体现其内涵。换言之，本研究既考虑态度，也考虑行为——因为态度是具有内隐性的，而对行为的考察则更为容易和准确。关于研究工具，对于社会主义核心价值观的认同感量表是本课题组自己编制的，这不仅是一个具有评价性质的量表，也是具有一定调查性质的综合性量表。至于研究对象，需要具有一定的代表性，大学生群体是社会主义核心价值观培育和践行中不可忽略的重要群体，也是社会主义现代化建设事业中的一股清流，因此我们在编制量表时，紧密结合当前大学生的心理发展状态以及与其切实相关的社会问题，从社会主义核心价值观的内涵出发，确定了量表编制的理论框架。

1. 确定量表框架

社会主义核心价值观的内容是：富强、民主、文明、和谐；自由、平等、公正、法治；爱岗、敬业、诚信、友善。它分为三个层面，国家层面是富强、民主、文明、和谐；社会层面是自由、平等、公正、法治；个人层面是爱岗、敬业、诚信、友善。对社会主义核心价值观的认同要紧紧围绕这三个层面及各个方面。

由于研究变量的特殊性，我们在编制量表时，对其理论框架是这样界定的：先将社会主义核心价值观的三个层面作为其三个分量表，即国家层面分量表、社会层面分量表和个人层面分量表；在各个分量表的内部保留其原本的四个词作为它的四个维度。

对于国家层面分量表来说，富强维度主要包括对以下方面的认同程度：国家经济水平、生活水平、国家实力、国家主权；民主维度则主要包括对以下方面的认同程度：选举制度、政府信息公开度、基层民主制度、政党制度；文明维度主要包括对以下几个方面的认同程度：教育水平、科学技术水平、国民整体素质、传统文化、现代文化等；和谐维度主要包括对以下几个方面的认同程度：社会稳定、民族团结、人际交往、生态和谐、地域和谐。

对于社会层面分量表来说，自由维度则包括对以下方面的认同程度：言论自由、意志自由、行动行为自由、恋爱自由；而平等维度则包括对以下方面的认同程度：城乡平等、性别平等、官民地位平等、贫富平等；公正维度则主要包括对以下方面的认同程度：公正执法、正义行为、分配制度公平、教育公平；法治维度主要包括对以下方面的认同程度：法律体系的完善（包括公民权利、惩罚犯罪行为、法律的约束力或震慑力）。

对于个人层面分量表，在爱国维度上主要考察对以下几方面的认同程度：代表国家形象的标志维护、服兵役、报效祖国、理性爱国、民族团结、祖国的统一等；敬业维度主要包括对以下方面的认同程度：对工作的热情、工作中迟到早退现象、对工作误差的态度以及集体利益和个人利益冲突时的个体行为等；诚信维度则包括对以下方面的认同程度：信守承诺、关于作弊行为的态度、守时、诚实；友善维度则包括对以下方面的认同程度：助人行为、主动结交他人、尊重他人等。

国家层面、社会层面和个人层面三个层面分量表构成了总量表。

2. 量表的初步编制

我们通过查阅国家相关政策文件及相关文献，参考前人研究成果，根据已确定的量表框架进行量表编制，初步形成 115 道测试题。通过征询心理与教育的测量学专家意见，经过课题组的认真研讨，删去意义重复、表述歧义的试题 28 道，最终形成了 87 道试测版量表题目（题目分布见表 2-1）。课题组对 87 道试题的语言表述经过多次的斟酌与修改，尽可能地简单明了、科学合理，以便于试测对象准确地理解。由此，我们形成了《大学生社会主义核心价值观认同感量表》（试测版）（具体题目和内容见附录一）。

表 2-1　试测版各分量表及维度项目分布情况

分量表及各维度	项目分布情况
国家层面分量表	合计 29 道题
富强	共 8 道题：1,13,25,36,48,60,72,82
民主	共 6 道题：2,14,26,37,49,61
文明	共 8 道题：3,15,27,38,50*,62,73,83
和谐	共 7 道题：4,16,39,51,63,74,84*
社会层面分量表	合计 27 道题
自由	共 7 道题：5,17,28,40*,52*,64,75
平等	共 7 道题：6,18,29*,41,53,65,76
公正	共 7 道题：7,19,30*,42,54*,66,77
法治	共 6 道题：8,20,31,43*,55,67
个人层面分量表	合计 31 道题
爱国	共 8 道题：9,21,32,44,56,68*,78*,85
敬业	共 8 道题：10,22,33,45*,57,69,79,86
诚信	共 7 道题：11,23*,34,46,58,70,80
友善	共 8 道题：12,24,35*,47,59,71,81*,87

注：标 * 的为反向计分题。

（三）《大学生社会主义核心价值观认同感量表》（试测版）的测试与分析校正

1. 试测版问卷的取样测试

2017 年 3～4 月，课题组印制了试测版问卷 500 份作为试测使用，在河南省抽取了河南大学、河南工业大学、安阳师范学院、开封大学 4 所高校，采用上述自编的认同感试测版量表，利用整群取样的方法，实际共发放问卷 500 份，回收 480 份，回收率 96.00%；剔除无效问卷 57 份，获得有效问卷 423 份，问卷有效率为 88.13%，选取这些有效样本作为预试被试测验分析来源。

2. 试测版问卷的测试数据处理

在试测版问卷回收后，我们对试测调查的数据进行了录入系统工作。我们使用 SPSS21.0 处理数据，进行项目分析和因子分析等操作。

（1）项目分析

项目分析的目的在于检验量表的可行性和适切性。在该过程中，我们对试测版量表的三个分量表依次进行了题项与其所在维度总分之间的相关分析以及题项间的同质性检验。决定题项删除与否的标准为：校正后的题总相关低于 0.4，删除题项后 α 值有无明显提高，题项因素负荷量小于 0.45。[①] 在具体筛选题项时，考虑到部分题项的适切性，对满足上述删题标准中至少两条的题目予以删除。各分量表的项目分析结果见表 2－2 至表 2－4。

（2）因素分析

项目分析后，为了检验量表的建构效度，需要进行因素分析，即检测该量表能测量理论的概念或特质的程度。该过程主要包括：分别计算各分量表的变量间相关矩阵、估计因素负荷量（本研究采用的是主成分分析法）、决定转轴方法使因素负荷量易于解释（本研究采用的是直交转轴法中的最大变异法），并最终选取因素层面，获得较大的解释量。在此过程

---

① 吴明隆：《问卷统计分析实务——SPSS 操作与应用》，重庆大学出版社，2010，第191～192 页。

表2-2 国家层面分量表项目分析情况

维度	题项	题总相关（已校正）	题项删除后α值	因素负荷量	备注
富强	1	0.423	0.741	0.558	
	13	0.515	0.724	0.661	
	25	0.464	0.732	0.632	
	36	0.529	0.721	0.694	
	48	0.546	0.716	0.708	
	60	0.472	0.734	0.632	
	72	0.460	0.733	0.623	
	82	0.307	0.765	0.419	删除
	删题标准	低于0.4	大于0.759	小于0.45	
民主	2	0.382	0.781	0.535	删除
	14	0.473	0.756	0.628	
	26	0.575	0.731	0.745	
	37	0.676	0.704	0.821	
	49	0.599	0.724	0.766	
	61	0.458	0.761	0.627	
	删题标准	低于0.4	大于0.777	小于0.45	
文明	3	0.375	0.659	0.563	
	15	0.448	0.642	0.601	
	27	0.492	0.630	0.659	
	38	0.479	0.638	0.625	
	50	-0.004	0.755	-0.006	删除
	62	0.427	0.646	0.641	
	73	0.455	0.640	0.687	
	83	0.481	0.636	0.680	
	删题标准	低于0.4	大于0.688	小于0.45	
和谐	4	0.361	0.519	0.613	
	16	0.433	0.497	0.682	
	39	0.344	0.526	0.570	
	51	0.254	0.562	0.464	
	63	0.277	0.552	0.506	
	74	0.250	0.569	0.470	
	84	0.220	0.568	0.444	删除
	删题标准	低于0.4	大于0.580	小于0.45	

表 2 - 3　社会层面分量表项目分析情况

维度	题项	题总相关 （已校正）	题项删除后 α 值	因素负荷量	备注
自由	5	0.304	0.359	0.585	
	17	0.258	0.387	0.559	
	28	0.316	0.360	0.578	
	40	0.079	0.485	0.182	删除
	52	0.045	0.504	0.121	删除
	64	0.300	0.365	0.697	
	75	0.258	0.389	0.583	
	删题标准	小于 0.4	大于 0.446	小于 0.45	
平等	6	0.229	0.364	0.611	
	18	0.376	0.287	0.699	
	29	- 0.015	0.486	0.002	删除
	41	0.272	0.339	0.506	
	53	0.315	0.299	0.676	
	65	- 0.026	0.468	- 0.028	删除
	76	0.197	0.385	0.460	
	删题标准	小于 0.4	大于 0.421	小于 0.45	
公正	7	0.272	0.649	0.453	
	19	0.432	0.603	0.640	
	30	0.244	0.656	0.413	删除
	42	0.442	0.597	0.673	
	54	0.286	0.643	0.446	删除
	66	0.490	0.583	0.714	
	77	0.405	0.609	0.629	
	删题标准	小于 0.4	大于 0.657	小于 0.45	
法治	8	0.177	0.500	0.425	删除
	20	0.414	0.373	0.691	
	31	0.292	0.447	0.605	
	43	0.046	0.570	0.098	删除
	55	0.317	0.440	0.636	
	67	0.350	0.413	0.645	
	删题标准	小于 0.4	大于 0.509	小于 0.45	

表2-4 个人层面分量表项目分析情况

维度	题项	题总相关（已校正）	题项删除后α值	因素负荷量	备注
爱国	9	0.413	0.453	0.656	
	21	0.470	0.444	0.741	
	32	0.385	0.451	0.600	
	44	0.357	0.461	0.554	
	56	0.489	0.429	0.742	
	68	-0.038	0.618	0.100	删除
	78	-0.036	0.616	0.060	删除
	85	0.286	0.486	0.514	
	删题标准	低于0.4	大于0.533	小于0.45	
敬业	10	0.398	0.551	0.593	
	22	0.330	0.573	0.517	
	33	0.450	0.544	0.701	
	45	0.122	0.638	0.245	删除
	57	0.294	0.583	0.478	
	69	0.155	0.631	0.284	删除
	79	0.392	0.556	0.658	
	86	0.502	0.546	0.736	
	删题标准	低于0.4	大于0.611	小于0.45	
诚信	11	0.355	0.447	0.666	
	23	0.160	0.534	0.391	删除
	34	0.390	0.434	0.692	
	46	0.188	0.519	0.324	删除
	58	0.263	0.482	0.532	
	70	0.203	0.506	0.325	
	80	0.313	0.467	0.620	
	删题标准	低于0.4	大于0.523	小于0.45	
友善	12	0.340	0.399	0.580	
	24	0.330	0.396	0.650	
	35	-0.007	0.556	-0.08	删除
	47	0.268	0.427	0.577	
	59	0.399	0.399	0.585	
	71	0.308	0.410	0.584	
	81	-0.091	0.554	-0.247	删除
	87	0.362	0.393	0.644	
	删题标准	低于0.4	大于0.480	小于0.45	

中我们保留共同因素的原则主要有：对各分量表强行萃取 4 个因素；保留特征根大于 1 的因素；所萃取的共同因素能解释全体变量累计变异量在 50% 以上。

第一，在国家层面分量表的因素分析过程中，共删题 12 道，依次删除的项目为 27、38、39、13、74、15、72、63、3、1、51、14，最终保留 13 道题。KMO 值达到 0.839，表明很适合进行因素分析，具体结果见表 2 - 5。

表 2 - 5　国家层面分量表因素分析结果摘要

题项变量及题目	最大变异法直交转轴后的因素负荷量				共同性
	民主	文明	富强	和谐	
26	0.815				0.705
37	0.785				0.718
49	0.771				0.712
61	0.522				0.470
62		0.827			0.705
83		0.683			0.548
73		0.678			0.593
60			0.857		0.751
48			0.654		0.599
36			0.574		0.564
4				0.783	0.627
16				0.633	0.544
25				0.529	0.500
特征值	2.373	2.098	1.823	1.740	8.034
解释变异量(%)	18.253	16.140	14.024	13.386	61.803
累计解释变异量(%)	18.253	34.392	48.417	61.803	

第二，在社会层面分量表因素分析过程中，共删题 6 道，依次删除项目顺序为：20、19、7、67、31、6，最终保留 13 道题。KMO 值达到 0.805，很适合进行因素分析，具体分析结果见表 2 - 6。

表 2－6 社会层面分量表因素分析结果摘要

题项变量及题目	最大变异法直交转轴后的因素负荷量				共同性
	平等	公正	法治	自由	
66	0.776				0.614
18	0.698				0.594
53	0.693				0.503
42	0.659				0.609
76		0.813			0.718
75		0.795			0.680
77		0.565			0.521
41			0.799		0.680
28			0.556		0.428
55			0.512		0.413
5				0.741	0.613
17				0.729	0.605
64				0.515	0.468
特征值	2.346	1.864	1.649	1.585	7.444
解释变异量（%）	18.048	14.336	12.685	12.194	57.263
累计解释变异量（%）	18.048	32.384	45.068	57.263	

第三，在个人层面分量表的因素分析过程中，共删题 8 道，删除顺序为：80、34、47、9、70、12、85、86，最终保留 15 道题。KMO 值达到 0.858，说明很适合进行因素分析，具体分析结果见表 2－7。

表 2－7 个人层面分量表因素分析结果摘要

题项变量及题目	最大变异法直交转轴后的因素负荷量				共同性
	爱国	友善	敬业	诚信	
33	0.709				0.617
79	0.684				0.566
56	0.652				0.512
32	0.638				0.524
44	0.592				0.477
21	0.492				0.432
24		0.774			0.623
87		0.687			0.513
71		0.595			0.404

续表

题项变量及题目	最大变异法直交转轴后的因素负荷量				共同性
	爱国	友善	敬业	诚信	
59		0.378			0.356
22			0.744		0.629
10			0.638		0.570
11			0.614		0.549
58				0.742	0.631
57				0.685	0.611
特征值	2.796	1.931	1.809	1.479	8.015
解释变异量(%)	18.642	12.871	12.060	9.861	53.435
累计解释变异量(%)	18.642	31.514	43.574	53.435	

（3）信效度检验

经过项目分析与因子分析后，保留41道题，形成正式量表，此时对其进行信效度的检验。

对于信度，本文采用克伦巴赫 α 系数来鉴定该量表的信度，结果见表2-8。一般认为，α系数值介于0.7~0.8说明信度相当好，介于0.8~0.9表明信度非常好。从表2-8来看，各分量表与总量表的信度在0.765~0.907，说明该量表具备较高的内部一致性和可靠性。

表2-8　各分量表及正式量表信度情况

量表	项数	克伦巴赫α系数
国家层面分量表	13	0.830
社会层面分量表	13	0.765
个人层面分量表	15	0.814
总量表	41	0.907

对于效度，除了因素分析中得到的建构效度，即各分量表中特征根大于1的因素方差解释量达到53.435%~61.803%，本研究还采用皮尔逊积差相关系数考察了各维度与总分之间的相关性，即为内部效度。结果见表2-9。

相关分析的结果显示，分量表之间的相关性在0.547~0.716，各分

表2-9 各维度之间以及各维度与总分之间的相关性

	总量表	个人层面分量表	友善	诚信	敬业	爱国	社会层面分量表	法治	公正	平等	自由	国家层面分量表	和谐	文明	民主	富强
富强	.693**		.489**	.266**	.395**	.583**		.368**	.459**	.189**	.417**		.507**	.359**	.367**	1
民主	.709**		.368**	0.073	.284**	.174**		.346**	.416**	.694**	.310**		.361**	.471**	1	
文明	.591**		.466**	.112*	.209**	.105*		.194**	.320**	.419**	.286**		.361**	1		
和谐	.638**		.374**	.164**	.447**	.411**		.309**	.342**	.274**	.374**		1			
国家层面分量表	.883**	.547**					.716**					1				
自由	.600**		.397**	.252**	.403**	.419**		.275**	.317**	.203**	1					
平等	.613**		.277**	0.012	.221**	0.066		.320**	.356**	1						
公正	.673**		.406**	.211**	.296**	.466**		.443**	1							
法治	.615**		.319**	.216**	.337**	.505**		1								
社会层面分量表	.886**	.561**					1									
爱国	.641**		.383**	.359**	.507**	1										
敬业	.610**		.359**	.315**	1											
诚信	.379**		.334**	1												
友善	.679**		1													
个人层面分量表	.810**	1														
总量表	1															

注：** 表示在0.01水平（双侧）上呈显著相关。

量表之间的独立性一般；各分量表与总量表之间的相关性在 0.810 ~
0.883，相关性达到极为显著的水平；各维度之间的相关性在 0.012 ~
0.583，说明各维度之间存在较好的区分性；各维度与总量表之间的相关
性在 0.379 ~ 0.709，达到显著水平，表示该量表具有较好的内容效度。

　　由上述信效度检验可知：关于量表的信度，一般认为，α 系数值介于
0.7 至 0.8 之间说明信度相当好，介于 0.8 至 0.9 之间表明信度非常好，
从表 2 – 8 来看，各分量表与总量表的信度在 0.765 ~ 0.907，说明该量表
具备较高的内部一致性和可靠性。对于内容效度来说，因为研究变量本身
已有较为明确的结构，因此我们保留了三个层面作为三个分量表，各层面
下的四个关键词作为各自分量表的小维度，但是在确定各小维度的操作定
义时，我们发现各个维度虽然是分开的，但并不是毫无关系的，各层面、
各维度之间是紧密联系、相辅相成的。国家层面处于社会主义核心价值观
中的最高层次，统领社会层面和个人层面，个人层面包含公民社会道德生
活的各个范畴，是公民道德行为的尺度，这既是基于个人对祖国的依赖关
系，也是个人基于社会层面的内涵所表现的价值取向。因此，各层面之
间、各维度之间的相关性较高，区分性相对较弱。但是总体来说，与总量
表的相关程度达到显著水平，表明该量表能较好地测量到对社会主义核心
价值观的认同感这一变量。

**（四）　试测版基础上《大学生社会主义核心价值观认同感量表》
（正式版）的编制**

　　经过以上诸过程，我们确定了大学生社会主义核心价值观认同感量表
正式版的题目内容。

　　正式版最终合成的总量表一共 41 道题目，具体题目如下（按各维度
下的因素负荷量排列）。

　　国家层面分量表，共计 13 道题，分别是：36、48、60、26、37、49、
61、62、73、83、4、16、25。其中，富强维度的题目是：36、48、60；
民主维度的题目是：26、37、49、61；文明维度的题目是：62、73、83；
和谐维度的题目是：4、16、25。

　　社会层面分量表，共计 13 道题，分别是：66、18、53、42、76、75、

77、41、28、55、5、17、64。其中，自由维度的题目是：5、17、64；平等维度的题目是：66、18、53、42；公正维度的题目是：76、75、77；法治维度的题目是：41、28、55。

个人层面分量表，共计15道题，分别是：33、79、56、32、44、21、24、87、71、59、22、10、11、58、57。其中，爱国维度的题目是：33、79、56、32、44、21；敬业维度的题目是：22、10、11；诚信维度的题目是：58、57；友善维度的题目是：24、87、71、59。

根据螺旋式排列，形成了《大学生社会主义核心价值观认同感量表》（正式版），量表详见附录二。我们用正式版量表选取全国各地高校的大学生作为被试进行了正式的测试。下面章节我们对正式施测的情况进行统计与分析。

第三章 高校培育和践行社会主义
核心价值观情况调研
（学生部分）

一 《大学生社会主义核心价值观认同感量表》
（正式版）的施测与分析

（一）正式施测的高校及问卷发放情况

《大学生社会主义核心价值观认同感量表》在试测版的基础上校正以后，我们编制了该量表的正式版。根据课题的研究计划，我们立即着手进行正式版量表的施测与调研。

考虑到我国高校数量众多、区域分布不均、学校层次类别较多，以及大中小城市高校的布局情况、学校办学历史、专业和水平等各方面因素，课题组经过研究，于 2017 年 9 月～2018 年 3 月分别从我国东西南北各区域，计划抽取 56 所高校展开调研，计划发放问卷 15150 份（原有印制的 15500 份问卷中剩余的 350 份作为备用），以期获得较大样本量，从而保证调研数据的代表性。发放问卷时不刻意追求确定的学院和专业，一般采用随机发放，即告知委托的调研人员，适当兼顾本校各院系专业即可。因此，关于调研高校和调研对象的选取，充分考虑了上述各个方面的因素。

最终的调研基本情况是：实际发放问卷并反馈回收问卷的高校是 54 所（原定计划中发放问卷的 56 所高校，其中两所高校因种种原因未能发放问卷），在这 54 所高校中实际发放到学生手中的问卷数是 14730 份。关于调研高校的具体名称及问卷发放、回收及统计的情况如表 3-1 所示。

表 3-1 社会主义核心价值观培育和践行专题调研问卷（学生部分）发放情况

单位：份

序号	录入代码	学校名称	发放问卷份数	回收问卷份数	有效问卷份数
1	53	安徽师范大学	300	293	260
2	4	北京师范大学	220	205	196
3	71	北京邮电大学	300	292	255
4	65	广东金融学院	300	280	248
5	23	贵州师范大学	300	297	290
6	66	哈尔滨师范大学	300	144	121
7	56	杭州职业技术学院	200	189	149
8	49	河北师范大学	150	133	123
9	26	安阳师范学院	200	198	180
10	38	河南财政金融学院	200	176	134
11	8~22	河南大学	1240	1185	1037
12	32	河南工业大学	200	181	151
13	27	河南牧业经济学院	300	292	279
14	3	华北水利水电大学	200	197	221
15	37	黄河水利职业技术学院	200	196	180
16	39	开封大学	200	175	151
17	34	三门峡职业技术学院	200	197	171
18	40	信阳师范学院	200	193	174
19	58	郑州大学	200	185	182
20	36	郑州旅游职业学院	200	198	148
21	35	郑州师范学院	200	200	200
22	2	周口师范学院	200	198	182
23	33	驻马店职业技术学院	200	185	175
24	28	湖南大学	150	141	110
25	54	湖南师范大学	150	148	126
26	62	华东政法大学	300	249	213
27	63	华南农业大学	300	250	225
28	72	华南师范大学	300	287	274
29	61	华中科技大学	250	239	222
30	7	华中师范大学	300	280	253
31	25	江南大学	200	196	187
32	64	江西财经大学	150	146	138

续表

序号	录入代码	学校名称	发放问卷份数	回收问卷份数	有效问卷份数
33	44	井冈山大学	200	161	141
34	43	兰州大学	300	154	148
35	41	鲁东大学	300	298	295
36	6	南京信息工程大学	300	293	247
37	31	青岛科技大学	300	289	220
38	42	厦门大学	300	292	275
39	46	山西师范大学	300	300	292
40	60	陕西师范大学	300	235	211
41	59	汕头大学	300	286	258
42	5	上海城建职业学院	300	284	218
43	45	上海大学	300	293	274
44	50	沈阳大学	300	299	235
45	47	沈阳师范大学	300	283	238
46	52	天津师范大学	300	298	226
47	55	武汉生物工程学院	300	271	213
48	29	西安石油大学	300	283	258
49	48	西南财经大学	300	241	227
50	30	西南大学	320	318	296
51	51	玉林师范学院	300	289	241
52	1	云南师范大学	300	282	249
53	57	浙江大学	200	160	140
54	24	中山大学	300	58	47
合计			14730	13392	11904

　　注：（1）《大学生社会主义核心价值观认同感量表》（正式版）、《高校培育和践行社会主义核心价值观调查问卷》（学生版）和《大学生中华优秀传统文化知识测验问卷》三个问卷印制在一起，同时面向学生发放，因此这三个问卷调研高校和调研对象的信息是完全一致的。下文中，我们对《高校培育和践行社会主义核心价值观调查问卷》（学生版）和《大学生中华优秀传统文化知识测验问卷》的调研高校与调研对象的信息不再重复分析。（2）录入代码是回收调查问卷时对每个调研学校编写的代码，以方便数据录入和数据分析。代码1～72之间有间断是因为在数据录入时考虑到工作量较大，部分问卷还在回收中，数据录入人员分若干小组，采用边回收问卷边录入数据，且个别高校已发放有问卷但因种种问题未能回收到问卷。因此有些录入代码暂时空缺（下面几章中的思政人员、专业教师和思想政治教育问卷中调研高校的录入代码与本章的情况一样）。（3）面向河南大学调研的问卷涉及多个学院，我们为每个学院编写了不同的代码，分别是8～22，方便录入数据时进行学院专业区分，以备以后统计与分析使用。在录入生命科学学院本科生的调研问卷信息和河南大学博士生群体的调研问卷信息时，录入者使用了一个代码，我们在数据统计与分析中从年级专业的角度能够完全区分出来，不影响本研究各项数据的统计与分析。河南大学调研数据可根据需要单独筛选出来统计分析。同样，我们还可以根据学校类型（如重点本科高校、一般本科高校、高职院校等）或其他分类，单独筛选出数据进行统计与分析。

由表 3 - 1 的统计可以看出，面向全国高校大学生群体发放问卷的基本情况如下。

首先，从学校类型上看，"985"院校 6 所、"211"院校（不含"985"院校）11 所、省部共建院校（不含"985"和"211"院校）11 所、一般本科院校 19 所、专科院校 7 所。具体如下：（1）"985"院校 6 所：浙江大学、厦门大学、中山大学、兰州大学、华中科技大学、北京师范大学；（2）"211"院校 11 所：江南大学、郑州大学、华中师范大学、湖南大学、湖南师范大学、华南师范大学、西南财经大学、西南大学、陕西师范大学、上海大学、北京邮电大学；（3）省部共建院校 11 所：河南大学、井冈山大学、汕头大学、云南师范大学、安徽师范大学、南京信息工程大学、江西财经大学、西安石油大学、河北师范大学、河南工业大学、华北水利水电大学；（4）一般本科院校 19 所：华东政法大学、广东金融学院、华南农业大学、天津师范大学、武汉生物工程学院、山西师范大学、玉林师范学院、鲁东大学、青岛科技大学、沈阳大学、沈阳师范大学、哈尔滨师范大学、贵州师范大学、河南财政金融学院、郑州师范学院、河南牧业经济学院、安阳师范学院、周口师范学院、信阳师范学院；（5）专科院校 7 所：上海城建职业学院、杭州职业技术学院、郑州旅游职业学院、三门峡职业技术学院、开封大学、黄河水利职业技术学院、驻马店职业技术学院。

其次，从是否进入教育部 2017 年公布的"世界一流大学建设高校"或"世界一流学科建设高校"（即"双一流高校"）上看，进入"世界一流大学建设高校"8 所、"世界一流学科建设高校"11 所、其余为非"双一流"建设高校。具体如下：（1）进入"世界一流大学建设高校"8 所：北京师范大学、浙江大学、厦门大学、华中科技大学、兰州大学、中山大学、郑州大学、湖南大学；（2）进入"世界一流学科建设高校"11 所：上海大学、南京信息工程大学、江南大学、河南大学、华中师范大学、西南大学、湖南师范大学、华南师范大学、西南财经大学、陕西师范大学、北京邮电大学；（3）其他为非"双一流"建设高校 35 所。

再次，从学校专业性质上看，综合性大学 16 所、师范类大学 18 所、理工科类大学 6 所、财经政法类大学 5 所、农林牧类大学 2 所、职业技术类院校 7 所（其中，面向医学、艺术学、体育学等专业大学生的问卷发放涵盖在综合性大学之内）。

最后，根据高校分布的区域情况，从河南省外的院校发放地域来看，省外的各省、自治区、直辖市的高校 39 所，基本上涵盖了华北地区、东北地区、西北地区、中原地区、西南地区、华中地区、华东地区、华南地区等多个地区；从河南省省内的院校发放情况看，面向河南省发放的高校是 15 所，分别是河南大学、安阳师范学院、河南财政金融学院、河南工业大学、河南牧业经济学院、华北水利水电大学、黄河水利职业技术学院、开封大学、三门峡职业技术学院、信阳师范学院、郑州大学、郑州旅游职业学院、郑州师范学院、周口师范学院、驻马店职业技术学院，基本涵盖了河南所有地区、有代表性的高校。

通过整群取样的方式，共发放问卷 14730 份，回收问卷 13392 份，回收率达 90.92%；去除无效问卷 1488 份，获得数据录入、可用于统计的有效问卷 11904 份（即大学生问卷的三套分问卷均有效的数量），有效率为 88.89%，选取这些有效样本作为正式测验的被试，我们对调研结果进行统计分析。

（二）正式施测的调研对象具体情况梳理

如前所述，高校培育和践行社会主义核心价值观专题调查问卷（学生问卷）包括三个分问卷：《大学生社会主义核心价值观认同感量表》、《高校培育和践行社会主义核心价值观调查问卷》（学生版）、《大学生中华优秀传统文化知识测验问卷》。问卷装订在一起分发，因此三个分问卷的调研及调研对象完全同步一致，涵盖专科生、本科生、研究生三个层次的在校大学生，其性别比、年级、政治面貌、专业类别、生源地、是否为学生干部、是否为独生子女等基本信息情况如表 3-2 至表 3-8 所示。

表 3-2 高校培育和践行社会主义核心价值观专题调研对象学生性别比例

性别	频率（人次）	百分比（%）
男	4196	35.25
女	7708	64.75
合计	11904	100.00

表3-3 高校培育和践行社会主义核心价值观专题调研对象学生干部比例

是否学生干部	频率（人次）	百分比（%）
学生干部	3902	32.78
非学生干部	8002	67.22
合计	11904	100.00

表3-4 高校培育和践行社会主义核心价值观专题调研对象学生中独生子女比例

是否独生子女	频率（人次）	百分比（%）
独生子女	4282	35.97
非独生子女	7622	64.03
合计	11904	100.00

表3-5 高校培育和践行社会主义核心价值观专题调研对象学生年级情况

年级	频率（人次）	百分比（%）	年级	频率（人次）	百分比（%）
大一	2788	23.42	硕三	139	1.17
大二	4234	35.57	博一	79	0.66
大三	3051	25.63	博二	14	0.12
大四	868	7.29	博三及以上	28	0.24
硕一	471	3.96	合计	11904	100.00
硕二	232	1.95			

表3-6 高校培育和践行社会主义核心价值观专题调研对象学生专业类别情况

专业类别	频率（人次）	百分比（%）
人文社科	5359	45.02
理工农医	3964	33.30
体育艺术	592	4.97
军警国防	20	0.17
其他	1969	16.54
合计	11904	100.00

表3-7 高校培育和践行社会主义核心价值观专题调研对象学生生源地情况

生源地	频率（人次）	百分比（%）
农村	5789	48.63
中小城市（市县级）	4729	39.73
大城市（省会及超大城市）	1386	11.64
合计	11904	100.00

表 3-8 高校培育和践行社会主义核心价值观专题调研对象学生政治面貌情况

政治面貌	频率（人次）	百分比（％）
中共党员	895	7.52
共青团员	10508	88.27
其他	501	4.21
合计	11904	100.00

由上列各表看出，高校培育和践行社会主义核心价值观专题调研问卷面向学生群体的调研对象基本信息情况是：从性别上看，男女生均占一定比例；女生比例较大，接近65％；男女生比例为1：1.8。关于是否学生干部，学生干部比例超过30％，近三分之一，三分之二以上为非学生干部。独生子女比例上，独生子女超过三分之一，为35.97％。从年级层次上看，本科生为主体，比例超过九成，达91.91％；本科大二人数最多，比例为35.57％，超过三分之一；大一和大三相当，基本均为四分之一；研究生（含各年级的硕士研究生和博士研究生）比例8.09％。专业类别方面，人文社科最多，达到45.02％；其次是理工农医，达到三分之一；体育艺术和军警国防专业的比例较小，二者合计调研数量是612，比例为5.14％；其他专业类别占比16.54％。学生生源方面看，近一半为农村大学生，比例达到48.63％；来自一般城市的大学生接近40％。学生政治面貌上，学生党员数量较少，不到8％；团员数量最多，接近90％；其他为普通学生群众，占比4.21％。

下面着重分析大学生社会主义核心价值观认同感量表的施测情况。此后部分再分别统计、分析对大学生眼中社会主义核心价值观的培育和践行情况的调研和大学生中华优秀传统文化知识测验情况。

（三）正式施测的结果分析与讨论

1. 正式施测的基本数据处理

问卷有效数据录入后，我们使用SPSS21.0处理数据，以社会主义核心价值观国家层面、社会层面、个人层面三个分量表和总量表的得分为指标，对不同性别、是否为学生干部、是否为独生子女进行独立样本的 t 检验，对年级、专业、生源地、政治面貌进行单因素方差分析等操作，统计结果见表 3 - 9 至表 3 - 19。

表 3 - 9　不同性别大学生在社会主义核心价值观各层面的认同感差异比较

检验变量	性别	样本量	均值	标准差	t 值	p 值
国家层面分量表	男	4196	50. 577	8. 274	- 0. 342	. 732
	女	7708	50. 628	7. 183		
社会层面分量表	男	4196	49. 715	8. 429	0. 045	. 964
	女	7708	49. 707	7. 381		
个人层面分量表	男	4196	62. 281	8. 478	- 2. 024 *	. 043
	女	7708	62. 595	7. 310		
总量表	男	4196	162. 572	23. 633	- 0. 831	. 406
	女	7708	162. 931	20. 263		

注：* $p < 0.05$，** $p < 0.01$。

由表 3 - 9 可知，在国家层面分量表、社会层面分量表和总量表的得分中，男女之间没有显著性差异；在个人层面分量表的得分中，男女之间存在显著性差异。

表 3 - 10　学生干部与否在社会主义核心价值观各层面的认同感差异比较

检验变量	是否为学生干部	样本量	均值	标准差	t 值	p 值
国家层面分量表	是	3902	50. 717	7. 746	1. 072	. 284
	否	8002	50. 558	7. 506		
社会层面分量表	是	3902	49. 645	7. 982	- 0. 636	. 525
	否	8002	49. 742	7. 659		
个人层面分量表	是	3902	62. 588	8. 165	1. 023	. 306
	否	8002	62. 434	7. 528		
总量表	是	3902	162. 950	22. 360	0. 516	. 606
	否	8002	162. 733	21. 085		

注：* $p < 0.05$，** $p < 0.01$。

由表 3 - 10 可知，无论是在国家层面分量表、社会层面分量表和个人层面分量表的得分中，还是在总量表的得分中，学生干部和非学生干部之间没有显著性差异。

表 3 - 11　独生子女与否在社会主义核心价值观各层面的认同感差异比较

检验变量	是否为独生子女	样本量	均值	标准差	t 值	p 值
国家层面分量表	是	4282	50.483	8.136	- 1.333	.183
	否	7622	50.682	7.257		
社会层面分量表	是	4282	49.251	8.324	- 4.684 ***	.000
	否	7622	49.968	7.423		
个人层面分量表	是	4282	62.272	8.254	- 2.258 *	.031
	否	7622	62.603	7.438		
总量表	是	4282	162.008	23.185	- 2.928 **	.003
	否	7622	163.252	20.498		

注：* $p < 0.05$，** $p < 0.01$。

由表 3 - 11 可知，在国家层面分量表的得分中，独生子女和非独生子女之间没有显著性差异；在社会层面分量表的得分中，独生子女和非独生子女之间存在极其显著性差异；在个人层面分量表的得分中，独生子女和非独生子女之间存在显著性差异；在总量表的得分中，独生子女和非独生子女之间存在非常显著性差异。

表 3 - 12　不同年级的大学生在社会主义核心价值观各层面的认同感方差分析

年级	样本量	国家层面分量表		社会层面分量表		个人层面分量表		总量表	
		均值	标准差	均值	标准差	均值	标准差	均值	标准差
大　一	2788	52.219	7.579	51.315	7.786	63.962	7.794	167.495	21.658
大　二	4234	50.731	7.601	49.967	7.755	62.292	7.859	162.990	21.684
大　三	3051	49.505	7.429	48.557	7.579	61.713	7.477	159.776	20.792
大　四	868	50.111	7.790	49.243	7.754	61.910	7.927	161.264	21.851
研究生	963	49.372	6.957	48.007	7.394	62.015	7.161	159.394	19.737
F 值		56.189 ***		61.290 ***		36.105 ***		56.551 ***	
p 值		.000		.000		.000		.000	

注：（1）* $p < 0.05$，** $p < 0.01$；（2）"研究生"即调研量表中各年级的硕士生和博士生（下同），因考虑到数量不大，我们把其归为一类进行统计分析。

由表 3 - 12 可知，F 检验表明，在国家层面、社会层面、个人层面三个分量表和总量表的得分上，不同年级（群体）的大学生均存在极其显著性差异。因此需要对其进行进一步的事后检验。我们用最小显著差法（Least-Significant Difference，LSD 检验）进行事后检验，检验结果见表 3 – 13。

表 3 – 13　不同年级的大学生在社会主义核心价值观各层面的认同感事后检验结果

量表	（I）年级	（J）年级	均值差值（I – J）	标准误 Std. Error	p 值
国家层面分量表	大一	大 二	1.48757***	.18331	.000
		大 三	2.71371***	.19692	.000
		大 四	2.10820***	.29213	.000
		研究生	2.84704***	.28093	.000
	大二	大 一	−1.48757***	.18331	.000
		大 三	1.22614***	.17848	.000
		大 四	.62062*	.28004	.027
		研究生	1.35947***	.26833	.000
	大三	大 一	−2.71371***	.19692	.000
		大 二	−1.22614***	.17848	.000
		大 四	−.60552*	.28913	.036
		研究生	.13333	.27780	.631
	大四	大 一	−2.10820***	.29213	.000
		大 二	−.62062*	.28004	.027
		大 三	.60552*	.28913	.036
		研究生	.73884*	.35176	.036
	研究生	大 一	−2.84704***	.28093	.000
		大 二	−1.35947***	.26833	.000
		大 三	−.13333	.27780	.631
		大 四	−.73884*	.35176	.036
社会层面分量表	大一	大 二	1.34763***	.18753	.000
		大 三	2.75737***	.20145	.000
		大 四	2.07147***	.29885	.000
		研究生	3.30729***	.28739	.000
	大二	大 一	−1.34763***	.18753	.000
		大 三	1.40974***	.18259	.000
		大 四	.72385*	.28648	.012
		研究生	1.95967***	.27450	.000
	大三	大 一	−2.75737***	.20145	.000
		大 二	−1.40974***	.18259	.000
		大 四	−.68589*	.29578	.020
		研究生	.54993	.28419	.053
	大四	大 一	−2.07147***	.29885	.000
		大 二	−.72385*	.28648	.012
		大 三	.68589*	.29578	.020
		研究生	1.23582**	.35986	.001
	研究生	大 一	−3.30729***	.28739	.000
		大 二	−1.95967***	.27450	.000
		大 三	−.54993	.28419	.053
		大 四	−1.23582**	.35986	.001

续表

量表	（I）年级	（J）年级	均值差值 （I−J）	标准误 Std. Error	p 值
个人层面 分量表	大一	大 二	1. 67006 ***	. 18774	. 000
		大 三	2. 24877 ***	. 20167	. 000
		大 四	2. 05184 ***	. 29919	. 000
		研究生	1. 94744 ***	. 28772	. 000
	大二	大 一	− 1. 67006 ***	. 18774	. 000
		大 三	. 57871 **	. 18280	. 002
		大 四	. 38178	. 28680	. 183
		研究生	. 27738	. 27481	. 313
	大三	大 一	− 2. 24877 ***	. 20167	. 000
		大 二	− . 57871 **	. 18280	. 002
		大 四	− . 19693	. 29611	. 506
		研究生	− . 30133	. 28451	. 290
	大四	大 一	− 2. 05184 ***	. 29919	. 000
		大 二	− . 38178	. 28680	. 183
		大 三	. 19693	. 29611	. 506
		研究生	− . 10440	. 36026	. 772
	研究生	大 一	− 1. 94744 ***	. 28772	. 000
		大 二	− . 27738	. 27481	. 313
		大 三	. 30133	. 28451	. 290
		大 四	. 10440	. 36026	. 772
总量表	大一	大 二	4. 50526 ***	. 51982	. 000
		大 三	7. 71985 ***	. 55840	. 000
		大 四	6. 23151 ***	. 82840	. 000
		研究生	8. 10178 ***	. 79663	. 000
	大二	大 一	− 4. 50526 ***	. 51982	. 000
		大 三	3. 21460 ***	. 50613	. 000
		大 四	1. 72626 *	. 79410	. 030
		研究生	3. 59652 ***	. 76090	. 000
	大三	大 一	− 7. 71985 ***	. 55840	. 000
		大 二	− 3. 21460 ***	. 50613	. 000
		大 四	− 1. 48834	. 81988	. 069
		研究生	. 38192	. 78776	. 628
	大四	大 一	− 6. 23151 ***	. 82840	. 000
		大 二	− 1. 72626 *	. 79410	. 030
		大 三	1. 48834	. 81988	. 069
		研究生	1. 87026	. 99750	. 061
	研究生	大 一	− 8. 10178 ***	. 79663	. 000
		大 二	− 3. 59652 ***	. 76090	. 000
		大 三	− . 38192	. 78776	. 628
		大 四	− 1. 87026	. 99750	. 061

注： * $p < 0.05$， ** $p < 0.01$。

根据表3-13，由事后检验的结果可知，各年级群体在三个层面分量表和总量表上的得分方面存在差异的情况如下。

（1）就国家层面分量表的得分而言，大一群体与其他年级群体都有极其显著性差异；大二群体与大四群体有非常显著性差异，与大三、研究生两个群体都有极其显著性差异；大三群体与大四群体有显著性差异。

（2）就社会层面分量表的得分而言，大一群体与其他年级群体都有极其显著性差异；大二群体与大四群体有显著性差异，与大三、研究生两个群体都有极其显著性差异；大三群体与大四群体有显著性差异。

（3）就个人层面分量表的得分而言，大一群体与其他年级群体都有极其显著性差异；大二群体与大三群体有显著性差异。

（4）就总量表的得分而言，大一群体与其他年级群体都有极其显著性差异；大二群体与大四群体有显著性差异，与大三、研究生两个群体都有极其显著性差异。

表3-14　不同专业的大学生在社会主义核心价值观各层面的认同感方差分析

专业	样本量	国家层面分量表		社会层面分量表		个人层面分量表		总量表	
		均值	标准差	均值	标准差	均值	标准差	均值	标准差
人文社科	5359	50.037	7.387	48.780	7.552	62.173	7.561	161.010	20.857
理工农医	6394	50.688	7.778	49.964	7.924	62.457	8.065	163.109	22.246
体育艺术	592	51.632	7.771	51.037	7.776	63.383	7.388	166.052	21.298
其他	1989	51.695	7.518	51.261	7.680	63.111	7.621	166.066	21.307
F值		27.647***		59.003***		9.926***		32.698***	
p值		.000		.000		.000		.000	

注：（1）＊p<0.05，＊＊p<0.01；（2）调查量表的专业类别中"军警国防"为单列，调查实际有效问卷数为20，样本量较小，我们在比较分析时把其归入"其他"专业类别中（下表同）。

由表3-14可知，不同专业类别的大学生在三个分量表以及总量表的得分上均存在极其显著性差异，因此需要对其进行进一步的事后检验。我们用最小显著差法（Least-Significant Difference，即LSD检验）进行事后检验，检验结果见表3-15。

表 3 - 15 不同专业的大学生在社会主义核心价值观各层面的认同感事后检验结果

量表	(I)专业	(J)专业	均值差值 (I－J)	标准误 Std. Error	p 值
国家层面 分量表	人文社科	理工农医	－ .65037 ***	.15837	.000
		体育艺术	－ 1.59444 ***	.32742	.000
		其 他	－ 1.65750 ***	.19849	.000
	理工农医	人文社科	.65037 ***	.15837	.000
		体育艺术	－ .94407 **	.33310	.005
		其 他	－ 1.00713 ***	.20773	.000
	体育艺术	人文社科	1.59444 ***	.32742	.000
		理工农医	.94407 **	.33310	.005
		其 他	－ .06306	.35394	.859
	其他	人文社科	1.65750 ***	.19849	.000
		理工农医	1.00713 ***	.20773	.000
		体育艺术	.06306	.35394	.859
社会层面 分量表	人文社科	理工农医	－ 1.16415 ***	.16152	.000
		体育艺术	－ 2.23739 ***	.33393	.000
		其 他	－ 2.46116 ***	.20244	.000
	理工农医	人文社科	1.16415 ***	.16152	.000
		体育艺术	－ 1.07324 **	.33973	.002
		其 他	－ 1.29701 ***	.21186	.000
	体育艺术	人文社科	2.23739 ***	.33393	.000
		理工农医	1.07324 **	.33973	.002
		其 他	－ .22377	.36098	.535
	其他	人文社科	2.46116 ***	.20244	.000
		理工农医	1.29701 ***	.21186	.000
		体育艺术	.22377	.36098	.535
个人层面 分量表	人文社科	理工农医	－ .28413	.16202	.080
		体育艺术	－ 1.21047 ***	.33497	.000
		其 他	－ .93763 ***	.20306	.000
	理工农医	人文社科	.28413	.16202	.080
		体育艺术	－ .92633 **	.34078	.007
		其 他	－ .65349 **	.21252	.002
	体育艺术	人文社科	1.21047 ***	.33497	.000
		理工农医	.92633 **	.34078	.007
		其 他	.27284	.36210	.451
	其他	人文社科	.93763 ***	.20306	.000
		理工农医	.65349 **	.21252	.002
		体育艺术	－ .27284	.36210	.451

续表

量表	(I)专业	(J)专业	均值差值 (I−J)	标准误 Std. Error	p值
总量表	人文社科	理工农医	−2.09865***	.44885	.000
		体育艺术	−5.04229***	.92795	.000
		其 他	−5.05629***	.56254	.000
	理工农医	人文社科	2.09865***	.44885	.000
		体育艺术	−2.94364**	.94405	.002
		其 他	−2.95764***	.58873	.000
	体育艺术	人文社科	5.04229***	.92795	.000
		理工农医	2.94364**	.94405	.002
		其 他	−.01400	1.00310	.989
	其他	人文社科	5.05629***	.56254	.000
		理工农医	2.95764***	.58873	.000
		体育艺术	.01400	1.00310	.989

注：(1) $*p<0.05$，$**p<0.01$；(2) 其他专业类别没有具体的所指专业，因此在事后检验结果的分析中不再说明。

根据表 3−15，由事后比较的结果可知，不同专业类别的大学生在社会主义核心价值观各层面分量表和总量表得分上存在差异的情况如下。

(1) 就国家层面分量表的得分而言，人文社科专业与理工农医和体育艺术两类专业均有极其显著性差异；理工农医专业与体育艺术专业有非常显著性差异。

(2) 就社会层面分量表的得分而言，人文社科专业与理工农医和体育艺术两类专业均有极其显著性差异；理工农医专业与体育艺术专业有非常显著性差异。

(3) 就个人层面分量表的得分而言，人文社科专业与体育艺术专业有极其显著性差异；理工农医专业与体育艺术专业有非常显著性差异。

(4) 就总量表的得分而言，人文社科专业与理工农医和体育艺术两类专业均有极其显著性差异；理工农医专业与体育艺术专业有显著性差异。

(5) 专业类别中，"其他"类包含的具体专业零散，我们没有对其与人文社科、理工农医、体育艺术三类专业之间的差异性进行比较。

由表 3−16 可得，不同生源地的大学生在三个层面分量表和总量表的得分差异情况是，在国家层面分量表的得分上存在显著性差异，在其他层面分量表以及总量表的得分上存在极其显著性差异，因此需要对其进行进一步的事后检验。我们用最小显著差法（Least – Significant Difference，即 LSD 检验）进行事后检验，检验结果见表 3 – 17。

表 3 – 16　不同生源地的大学生在社会主义核心价值观各层面的认同感方差分析

生源地	样本量	国家层面分量表		社会层面分量表		个人层面分量表		总量表	
		均值	标准差	均值	标准差	均值	标准差	均值	标准差
农村	5789	50.807	7.186	50.210	7.385	62.805	7.332	163.822	20.273
中小城市	4729	50.424	7.847	49.324	7.974	62.177	8.088	161.925	22.370
大城市	1386	50.424	8.256	48.941	8.439	62.194	8.149	161.599	23.289
F 值		3.799 *		24.734 ***		9.662 ***		12.776 ***	
p 值		.022		.000		.000		.000	

注：* p < 0.05，** p < 0.01。

表 3 – 17　不同生源地的大学生在社会主义核心价值观各层面的认同感事后检验结果

量表	(I)生源地	(J)生源地	均值差值 (I－J)	标准误 Std. Error	p 值
国家层面分量表	农村	中小城市	.38349 **	.14864	.010
		大城市	.38281	.22677	.091
	中小城市	农村	－.38349 **	.14864	.010
		大城市	－.00069	.23163	.998
	大城市	农村	－.38281	.22677	.091
		中小城市	.00069	.23163	.998
社会层面分量表	农村	中小城市	.88617 ***	.15193	.000
		大城市	1.26887 ***	.23178	.000
	中小城市	农村	－.88617 ***	.15193	.000
		大城市	.38270	.23675	.106
	大城市	农村	－1.26887 ***	.23178	.000
		中小城市	－.38270	.23675	.106
个人层面分量表	农村	中小城市	.62739 ***	.15166	.000
		大城市	.61072 **	.23137	.008
	中小城市	农村	－.62739 ***	.15166	.000
		大城市	－.01667	.23633	.944
	大城市	农村	－.61072 **	.23137	.008
		中小城市	.01667	.23633	.944
总量表	农村	中小城市	1.89705 ***	.42122	.000
		大城市	2.26240 ***	.64262	.000
	中小城市	农村	－1.89705 ***	.42122	.000
		大城市	.36535	.65639	.578
	大城市	农村	－2.26240 ***	.64262	.000
		中小城市	－.36535	.65639	.578

注：* p < 0.05，** p < 0.01。

根据表3－17，由事后比较的结果可知，不同生源地的大学生关于认同感程度存在差异的情况如下。

（1）就国家层面分量表的得分而言，生源地是农村的大学生与生源地是中小城市的大学生有显著性差异。

（2）就社会层面分量表的得分而言，生源地是农村的大学生与生源地是中小城市和大城市的大学生均存在极其显著性差异。

（3）就个人层面分量表的得分而言，生源地是农村的大学生与生源地是中小城市的大学生有极其显著性差异，与生源地是大城市的大学生有非常显著性差异。

（4）就总量表的得分而言，生源地是农村的大学生与生源地是中小城市和大城市的大学生均存在极其显著性差异。

表3－18　不同政治面貌的大学生在社会主义核心价值观各层面的认同感方差分析

政治面貌	样本量	国家层面分量表		社会层面分量表		个人层面分量表		总量表	
		均值	标准差	均值	标准差	均值	标准差	均值	标准差
中共党员	895	50.375	7.526	49.064	7.779	62.507	7.857	161.946	21.552
共青团员	10508	50.656	7.557	49.801	7.738	62.526	7.712	162.983	21.428
群众	501	50.064	8.243	49.950	8.238	61.573	8.139	160.587	23.008
F 值		1.921		6.227**		3.629*		3.740*	
p 值		0.146		0.002		0.027		0.024	

注：（1）$*p < 0.05$，$**p < 0.01$；（2）调研问卷表中的"其他"即指群众（下表同）。

由表3－18可知，不同政治面貌的大学生在社会层面分量表的得分中有非常显著性差异，在个人层面分量表和总量表的得分中均有显著性差异，因此对相关层面需要进行事后检验。我们同样采用最小显著差法（Least-Significant Difference，即 LSD 检验）进行事后检验，检验结果见表3－19。

表 3 - 19 不同政治面貌的大学生在社会主义核心
价值观各层面的认同感事后检验结果

量表	(I)政治面貌	(J)政治面貌	均值差值 （I－J）	标准误 Std. Error	p 值
社会层面 分量表	中共党员	共青团员	－.73751**	.27031	.006
		群 众	.11359	.43315	.793
	共青团员	中共党员	.73751**	.27031	.006
		群 众	.85110*	.35499	.017
	群众	中共党员	－.11359	.43315	.793
		共青团员	－.85110*	.35499	.017
个人层面 分量表	中共党员	共青团员	－.01872	.26955	.945
		群 众	.93441*	.43193	.031
	共青团员	中共党员	.01872	.26955	.945
		群 众	.95313**	.35399	.007
	群众	中共党员	－.93441*	.43193	.031
		共青团员	－.95313**	.35399	.007
总量表	中共党员	共青团员	－1.03698	.74885	.166
		群 众	1.35954	1.19997	.257
	共青团员	中共党员	1.03698	.74885	.166
		群 众	2.39652*	.98345	.015
	群众	中共党员	－1.35954	1.19997	.257
		共青团员	－2.39652*	.98345	.015

注：* $p < 0.05$，** $p < 0.01$。

根据表 3 - 19，由事后比较的结果可知，不同政治面貌的大学生关于认同感程度存在差异的情况如下。

（1）就社会层面分量表的得分而言，是中共党员的学生与是共青团员的学生存在非常显著性差异；是共青团员的学生与是群众的学生存在显著性差异。

（2）就个人层面分量表的得分而言，是中共党员的学生与是群众的学生存在显著性差异；是共青团员的学生与是群众的学生存在非常显著性差异。

（3）就总量表的得分而言，是共青团员的学生与是群众的学生存在显著性差异。

2. 正式施测的调查结果讨论分析

上述调查结果统计显示，不同性别、是否为学生干部、是否为独生子女、不同年级、不同专业和不同政治面貌的大学生在社会主义核心价值观的国家层面、社会层面、个人层面和社会主义核心价值观总体的认同感得分上存在不同程度的差异。依据上述数据，下面我们对各种情况进行逐一分析说明。

（1）不同性别方面。在社会主义核心价值观的国家层面、社会层面和总体上的认同感方面，男女生之间不存在显著性差异，量表测验得分显示，他们的认同感都比较高。在个人层面的认同感上，男女生之间存在显著性差异，量表测验得分显示，他们的认同感都比较高，但女生的认同感要显著高于男生。这说明，调研显示总体上我国大学生对社会主义核心价值观持较高的认同，充分肯定了高校培育和践行社会主义核心价值观的基础和成效。而在价值观个人层面认同感上男女生之间的差异表明，男女生存在一定思想认识的差异，在培育和践行价值观个人层面方面这是需要我们考虑的一个因素。

（2）是否为学生干部方面。无论是在社会主义核心价值观的国家层面、社会层面和个人层面，还是在总体上的认同感，是否为学生干部不存在显著性差异性，量表测验得分显示，无论是否为学生干部，他们的认同感都比较高。

（3）是否独生子女方面。调查数据显示，独生子女和非独生子女，他们对社会主义核心价值观的三个层面和总体上的认同感都比较高。具体差异在于，在国家层面的认同感上，独生子女和非独生子女没有显著性差异；在社会层面的认同感上，非独生子女极其显著高于独生子女；在个人层面的认同感上，非独生子女显著高于独生子女；在总体的认同感上，非独生子女非常显著高于独生子女。

（4）不同年级群体方面。无论是社会主义核心价值观的三个分层面还是总体上，各年级群体的认同感都比较高。但他们之间存在不同程度的差异。具体是：在国家层面，大一学生的认同感均极其显著地高于其他年级学生，大二学生的认同感显著高于大四学生，非常显著高于大三学生和研究生群体，大四学生认同感显著高于大三学生；在社会层面，大一学生的认同感均极其显著地高于其他年级学生，大二学生显著高于大四学生、极其显著地高于大三学生和研究生群体，大四学生的认同感显著高于大三学生；在个人层面，大一学生的认同感均极其显著地高于其他年级学生群体，大二学生的认同感非常显著高于大三学生。在社会主义核心价值观总体的认同感上，大一学生的认同感均极其显著地高于其他年级学生，大二学生的认同感同时显著高于大四学生、非常显著高于研究生群体、极其显著高于大三学生。

（5）不同专业类别方面。无论是三个分层面还是总体上，不同专业学生对社会主义核心价值观的认同感都比较高。但他们之间存在不同程度的差异。具体是：在国家层面认同感上，理工农医和体育艺术学生均极其显著高于人文社科专业学生，体育艺术学生极其显著高于理工农医学生；在社会层面认同感上，理工农医和体育艺术学生均极其显著高于人文社科专业学生，体育艺术学生极其显著高于理工农医学生；在个人层面认同感上，体育艺术学生极其显著高于人文社科专业学生，非常显著高于理工农医学生；在社会主义核心价值观的总体认同感上，理工农医和体育艺术学生均极其显著高于人文社科专业学生，体育艺术学生非常显著高于理工农医学生。

（6）不同生源地方面。无论是三个分层面还是总体上，不同生源地学生对社会主义核心价值观的认同感得分整体比较高，但他们之间存在差异。就国家层面认同感而言，来自农村的大学生要非常显著地高于来自中小城市的大学生，但与来自大城市的大学生无显著性差异。生源地是中小城市的大学生与生源地是大城市的大学生认同感上无显著性差异。就社会层面认同感而言，来自农村的大学生要极其显著地高于来自中小城市和大城市的大学生，生源地是中小城市的大学生与生源地是大城市的大学生无显著性差异。就个人层面认同感而言，来自农村的大学生要极其显著地高于来自中小城市的大学生，非常显著地高于生源地是大城市的大学生；生源地是中小城市的大学生与生源地是大城市的大学生无显著性差异。就总体认同感而言，来自农村的大学生要极其显著地高于来自中小城市和大城市的大学生，生源地是中小城市的大学生与生源地是大城市的大学生不存在显著性差异。

（7）不同政治面貌的学生。无论是三个分层面还是总体上，不同政治面貌的大学生对社会主义核心价值观的认同感得分整体比较高。但他们之间存在不同程度的差异。就国家层面认同感而言，不同政治面貌的大学生没有显著性差异。就社会层面认同感而言，共青团员学生非常显著高于中共党员学生，显著高于群众学生；中共党员学生与群众学生没有显著性差异。就个人层面认同感而言，中共党员学生与共青团员学生无显著性差异；中共党员学生显著高于群众学生；共青团员学生非常显著高于群众学生。就总体认同感而言，中共党员学生与共青团员学生和群众学生均无显著性差异；但是共青团员学生要显著高于群众学生。

3. 正式施测的效果及推广使用情况

以上调研分析表明，《大学生社会主义核心价值观认同感量表》具有较好的同质性信度、建构效度和内容效度，可以作为测评大学生对社会主义核心价值观认同状况的工具，在全国高校推广使用，为各高校有针对性地培育和践行社会主义核心价值观及其长效机制的构建提供了有力的量化依据。这也是本课题研究取得的一项有益的成果。

二　高校培育和践行社会主义核心价值观情况学生问卷的调研分析

为具体了解全国高校社会主义核心价值观培育和践行情况，我们在面向全国大学生进行社会主义核心价值观认同感调研的同时，使用《高校培育和践行社会主义核心价值观调查问卷》（学生版）同步展开了这项调研。通过调研数据分析，我们获得了全国高校社会主义核心价值观培育和践行的第一手资料，为该项目研究提供了丰富和宝贵的素材。调研基本情况如下。

（一）调研对象基本信息情况

前文已述，本调研与大学生进行社会主义核心价值观认同的问卷印制在一起，调研同时同步展开。因此，调研对象完全一致，其基本信息情况同上，如表 3-1 至表 3-8 所示。

（二）调研问卷内容的统计分析

社会主义核心价值观培育和践行的学生问卷调研内容显示，我们站在大学生的角度，面向在校大学生对高校社会主义核心价值观培育和践行情况进行调研，其调研内容十分丰富（具体内容见附录三）。根据调研问卷的具体内容，我们主要从以下几方面对调研情况展开统计与分析。

1. 大学生对社会主义核心价值观基本问题的认识

第一，关于社会主义核心价值观的理论认识方面。我们对调研数据统计结果如表 3 – 20 所示。从表 3 – 20 可以看出：对于"一个国家具有全民共同认可的核心价值观，形成伦理共识"的认识，61.63% 的大学生认为十分必要；36.12% 的大学生认为有一定必要；认为没有必要或无所谓的比例很小，占 2.26%。对于"核心价值观与价值观多元化之间的关系"的认识，65.90% 的大学生认识到核心价值观是多元价值观的轴心和根基；但也有少量大学生有对核心价值观泛化或一般化的认识。在高校宣讲和传播中华优秀传统文化方式上，58.95% 的大学生认为最好的方式是通过学院或院系组织各种文化活动，而通过课堂主渠道、通过相关学术讲座或在线交流和通过推荐读书活动也是一种方式。此外，在对"大众创业、万众创新的时代，通晓文化与创新的关系"的认识上，55.65% 的大学生认为通晓文化对推动和激励创新有一定作用，而 37.58% 的大学生认为通晓文化能够有力地推动和鼓励创新，而 6.76% 的大学生则有不同意见，认为通晓文化会对创新的推动和激励作用不明显或可能是创新的障碍。

表 3 – 20　大学生对社会主义核心价值观的理论认识

选项	频率（人次）	百分比（%）
（1）对"一个国家具有全民共同认可的核心价值观，形成伦理共识"的认识		
A. 十分必要	7336	61.63
B. 有一定必要	4300	36.12
C. 无所谓	153	1.29
D. 没有必要	115	0.97
合计	11904	100.00

续表

选项	频率(人次)	百分比(%)
(2)对核心价值观与价值观多元化之间的关系的认识		
A. 核心价值观是轴心和根基	7845	65.90
B. 核心价值观只是多元价值观的一种	1701	14.29
C. 二者并行不悖	2259	18.98
D. 二者无本质的区别	99	0.83
合计	11904	100.00
(3)在高校宣讲和传播中华优秀传统文化的最好方式的认识		
A. 通过课堂主渠道	1841	15.47
B. 通过学院或院系组织的各种文化活动	7018	58.95
C. 通过推荐读书活动	1499	12.59
D. 通过相关学术讲座或在线交流	1546	12.99
合计	11904	100.00
(4)在"大众创业、万众创新"的时代,通晓文化与创新的关系的认识		
A. 有力地推动和鼓励创新	4474	37.58
B. 对推动和激励创新有一定作用	6625	55.65
C. 推动和激励作用不明显	613	5.15
D. 会成为创新的障碍	192	1.61
合计	11904	100.00

　　第二,对大学生自身在认同和践行社会主义核心价值观方面的认识。通过调研可以看出,社会责任、价值取向、理想信念、诚信意识、团队协作观念、艰苦奋斗精神、心理素质均是重要的教育引导内容,尤其是社会责任、价值取向、理想信念三方面更加重要。大学生进行社会主义核心价值观教育的重点方面包括:培养正确的价值观、加强校园文化建设、加强爱国教育、建设良好舆论环境和宣传法制观念等,而培养正确的价值观更是为大家所强调。影响大学生确立社会主义核心价值观的主要原因,且能引起大学生强烈共鸣的包括网络信息时代各种媒体传播负面信息、腐败现象和不正之风、全球化背景下西方价值理念的渗透和冲击、当代大学生自身存在的弱点等,这其中也包含了大学生对自身的反思性,此外有些影响因素也比较突出,如家庭教育的缺失、学校价值观教育效果不好等。关于大学生学习社会主义核心价值观更愿意通过的途径,依次是实践活动、学校教育、电视广播、网络学习等(如表3-21所示)。

表3-21　大学生自身在认同和践行社会主义核心价值观方面的认识

选项	频率（人次）	百分比（%）
（1）大学生认同和践行社会主义核心价值观上需要更为重要的教育引导内容有		
A. 理想信念	7787	65.41
B. 价值取向	8876	74.56
C. 社会责任	8760	73.59
D. 诚信意识	6957	58.44
E. 团队协作观念	6194	52.03
F. 艰苦奋斗精神	5709	47.96
G. 心理素质	6019	50.56
H. 其他	241	2.02
合计	—	—
（2）对大学生进行社会主义核心价值观教育的重点内容		
A. 培养正确的价值观	10200	85.69
B. 加强校园文化建设	7584	63.71
C. 建设良好舆论环境	7029	59.05
D. 防止西方文化入侵	1827	15.35
E. 宣传法制观念	5895	49.52
F. 加强爱国教育	6544	54.97
合计	—	—
（3）影响大学生确立社会主义核心价值观的最主要原因		
A. 腐败现象、不正之风的影响	7388	62.06
B. 全球化背景下西方价值理念的渗透和冲击	5674	47.66
C. 学校价值观教育效果不好	2953	24.81
D. 网络信息时代各种媒体传播负面信息的作用和影响	8202	68.90
E. 家庭教育的缺失	4062	34.12
F. 当代大学生自身存在的弱点	5449	45.77
G. 自身错误认识	7666	64.40
合计	—	—
（4）大学生学习社会主义核心价值观更愿意通过的途径		
A. 学校教育	6949	58.38
B. 家庭教育	4161	34.95
C. 电视广播	5545	46.58
D. 网络学习	5318	44.67
E. 社区宣传	3192	26.81
F. 实践活动	7757	65.16
G. 其他	150	1.26
合计	—	—

2. 大学生自身在培育和践行社会主义核心价值观方面的情况

一是通过本次调研，我们获得了大学生最初了解社会主义核心价值观的主要途径。如表 3 - 22 所示，大学生最初了解社会主义核心价值观的途径是多种多样的，最主要的途径是通过电视广播、网络媒体和教师，选择这些途径的比例均超过了 60%；其次是书刊杂志、党团活动，选择这些途径的比例达 40% ~ 50%；也有不少大学生（比例达到四分之一）认为是从家人朋友或榜样楷模那里了解的。从上述分析可以看出，电视广播、网络媒体等媒体类途径占绝对优势，采用党团活动这一途径的相对较少，榜样楷模的影响似乎显得小了许多。

表 3 - 22 　大学生最初了解到社会主义核心价值观的途径

选项	频率（人次）	百分比（%）
A. 电视广播	9176	77.08
B. 书刊杂志	6345	53.30
C. 网络媒体	7645	64.22
D. 家人或朋友	3014	25.32
E. 榜样楷模	2916	24.50
F. 教师	7249	60.90
G. 党团活动	4883	41.02
H. 其他	407	3.42
合计	—	—

二是通过调研我们在一定程度上知晓了大学生对重要时事和热点问题的关注度。从表 3 - 23 可以看出，大学生对国际关系、民生问题、反腐倡廉、民族团结、大学生就业、教育平等、社会道德现状等诸方面的关注程度还是比较高的，非常关注和比较关注的比例合计基本上都达到了 60% 以上，有的甚至超过 80%；但对于这些重要时事和热点问题偶尔关注的也不在少数，甚至对国际关系、民生问题、反腐倡廉偶尔关注的比例达到了 30% 之多。同时，我们也可以看出，大学生对其就业和社会道德现状的关注程度更高，反映出大学生对自身切身利益的重视，也反映出大学生具有较强的社会道德责任感，时刻关注着社会道德现状。

表 3 – 23　大学生对重要时事和热点问题的关注度

选项	频率（人次）	百分比（%）
（1）对国际关系的关注程度		
A. 非常关注	2143	18.00
B. 比较关注	5171	43.44
C. 偶尔关注	4289	36.03
D. 不关注	301	2.53
合计	11904	100.00
（2）对民生问题的关注程度		
A. 非常关注	2322	19.51
B. 比较关注	5815	48.85
C. 偶尔关注	3523	29.60
D. 不关注	244	2.05
合计	11904	100.00
（3）对反腐倡廉的关注程度		
A. 非常关注	2302	19.34
B. 比较关注	4819	40.48
C. 偶尔关注	4334	36.41
D. 不关注	449	3.77
合计	11904	100.00
（4）对民族团结的关注程度		
A. 非常关注	2151	18.07
B. 比较关注	4808	40.39
C. 偶尔关注	4505	37.84
D. 不关注	440	3.70
合计	11904	100.00
（5）对大学生就业的关注程度		
A. 非常关注	5975	50.19
B. 比较关注	4337	36.43
C. 偶尔关注	1437	12.07
D. 不关注	155	1.30
合计	11904	100.00
（6）对教育平等的关注程度		
A. 非常关注	4410	37.05
B. 比较关注	5001	42.01
C. 偶尔关注	2246	18.87
D. 不关注	247	2.07
合计	11904	100.00

续表

选项	频率(人次)	百分比(%)
(7)对社会道德现状的关注程度		
A. 非常关注	4296	36.09
B. 比较关注	5625	47.25
C. 偶尔关注	1800	15.12
D. 不关注	183	1.54
合计	11904	100.00

三是大学生对多元文化采取的态度。从表3-24可以看出，面对多元文化，43.55%的大学生会经过自己独立思考来取舍；51.40%的大学生会有自己的思考，但受教师或同学影响，这一点值得高校教育教学者尤其是思想政治教育工作者思考；4.08%的大学生具有跟风现象，以大多数人的选择为主；0.97%的大学生有不假思索全盘接受的情形。

表3-24 大学生对多元文化采取的态度比较

选项	频率(人次)	百分比(%)
A. 经过自己独立思考来取舍	5184	43.55
B. 有自己的思考,但受教师或同学影响	6119	51.40
C. 以大多数人的选择为主	486	4.08
D. 不假思索全盘接受	115	0.97
合计	11904	100.00

3. 大学生对高校培育和践行社会主义核心价值观方面情况的反馈

本调研从大学生途径了解到了较为详细的学校层面培育和践行社会主义核心价值观各个方面的具体情况。

第一，大学生表达了对学校进行的社会主义核心价值观的培育和实践的看法。从表3-25可以看出，16.78%的学生认为高效且有趣，49.63%的学生认为尚可接受，6.14%的学生认为无用且浪费时间，24.61%的学生认为过于形式化，2.84%的学生持无所谓、不关心的态度。由此反映出，学校进行的社会主义核心价值观的培育和实践，受学生欢迎或喜欢的情况总体上较为乐观，但比较勉强，有近四分之一的学生认为是过于形式化。如何更好地开展社会主义核心价值观的培育和实践工作，让大学生更加乐于接受、参与其中，值得高校进一步思考。

表 3 – 25　大学生对高校培育和践行社会主义核心价值观总的看法

选项	频率（人次）	百分比（%）
A. 高效且有趣	1997	16.78
B. 尚可接受	5908	49.63
C. 无用且浪费时间	731	6.14
D. 过于形式化	2930	24.61
E. 无所谓,不关心	338	2.84
合计	11904	100.00

　　第二，社会主义核心价值观的宣传方面。从表 3 – 26 可以看出：（1）关于学校网站对社会主义核心价值观内容的更新情况，51.74% 的大学生认为更新及时，10.53% 的大学生认为更新滞后，1.23% 的大学生认为从不更新，而尚有 36.50% 的大学生却不清楚是否更新；（2）关于学校宣传社会主义核心价值观的主要方式，调查显示主要有思政课程、党团教育、学生手册和各类评优活动、课外实践活动、网络互动等，而思政课程是最主要的宣传方式；（3）关于学校开设的微信平台对中华优秀传统文化的宣传情况，认为宣传频次较多的占 30.58%、频次一般的占 42.43%、偶尔有涉及的占 21.35%、尚未涉及的占 5.64%。进一步追踪调查发现，学校对中华优秀传统文化宣传的专家在线辅导情况是，有且经常辅导占 11.09%、每学期有 1 到 2 次的占 18.38%、不定期辅导的占 28.72%、没有开通专家在线辅导的占 41.81%，可见学校对中华优秀传统文化的重视程度还有待加强。

表 3 – 26　高校对社会主义核心价值观的宣传情况

选项	频率（人次）	百分比（%）
（1）学校网站对社会主义核心价值观内容的更新情况		
A. 更新及时	6159	51.74
B. 更新滞后	1254	10.53
C. 从不更新	146	1.23
D. 不清楚	4345	36.50
合计	11904	100.00

选项	频率(人次)	百分比(%)
(2)学校宣传社会主义核心价值观的主要方式		
A. 思政课程	9778	82.14
B. 党团教育	9446	79.35
C. 课外实践活动	4748	39.89
D. 网络互动	3350	28.14
E. 读书评论活动	2628	22.08
F. 学生手册和各类评优活动	6079	51.07
G. 其他	145	1.22
H. 不清楚	259	2.18
合计	—	—
(3)学校开设的微信平台对中华优秀传统文化的宣传		
A. 频次较多	3640	30.58
B. 频次一般	5051	42.43
C. 偶尔有涉及	2542	21.35
D. 尚未涉及	671	5.64
合计	11904	100.00
(4)学校对中华优秀传统文化宣传的专家在线辅导情况		
A. 有且经常辅导	1320	11.09
B. 有,每学期1到2次	2188	18.38
C. 有,不定期辅导	3419	28.72
D. 没有开通专家在线辅导	4977	41.81
合计	11904	100.00

第三,培育和践行社会主义核心价值观的氛围和基础。由表3-27可知,认为学校文化氛围对大学生有一定影响的比例是42.92%,认为影响较大的比例是36.07%;大学生印象最深刻的学校文化活动依次是志愿者服务活动、知识竞赛与演讲、学术讲座;认为学校较多开设通识课程比例占到了42.74%,认为普遍开设通识课程的比例为33.48%;而就通识教育课程对大学生整体素质的提升情况看,认为影响非常大的占10.47%、认为影响比较大的占27.94%、认为有一定影响的占54.60%、认为没有影响的占7.00%。此外,我们还调研了学校心理咨询中心在疏导学生心理的工作情况,19.60%的大学生认为起到了重要作用,56.83%的大学生认为起到了一定的作用,15.77%的大学生认为起到的作用较小,7.80%

的大学生认为几乎没有作用。以上这些方面为我们分析和思考培育和践行社会主义核心价值观提供了有力的参考依据。

表 3-27　高校培育和践行社会主义核心价值观的氛围和基础调研情况

选项	频率（人次）	百分比（%）
（1）学校的文化氛围对大学生的影响		
A. 非常强烈，不可磨灭	1373	11.53
B. 影响较大	4294	36.07
C. 有一定影响	5109	42.92
D. 没什么影响	1128	9.48
合计	11904	100.00
（2）印象最深刻的学校文化活动		
A. 知识竞赛与演讲	2617	21.98
B. 志愿者服务活动	6291	52.85
C. 学术讲座	2608	21.91
D. 其他	388	3.26
合计	11904	100.00
（3）学校开设通识教育情况		
A. 普遍开设	3985	33.48
B. 较多开设	5088	42.74
C. 较少开设	2521	21.18
D. 没有开设	310	2.60
合计	11904	100.00
（4）通识教育课程对大学生整体素质的提升情况		
A. 影响非常大	1246	10.47
B. 影响比较大	3326	27.94
C. 有一定影响	6499	54.60
D. 没有影响	833	7.00
合计	11904	100.00
（5）学校心理咨询中心在疏导学生心理的工作情况		
A. 起到了重要作用	2333	19.60
B. 起到了一定的作用	6765	56.83
C. 起到的作用较小	1877	15.77
D. 几乎没有作用	929	7.80
合计	11904	100.00

此外，我们还进行了一项开放式调研问题：你认为当前高校的社会主义核心价值观的培育和践行中存在哪些问题？从学生回答的具体情况看，我们筛选了关键词进行了有关信息统计，如图3-1所示，当前高校的社会主义核心价值观的培育和践行中存在的最主要问题仍然是过于形式化，另外，缺乏实践活动、不注重结合实际、宣传力度不够、效果不佳等，都是比较突出的问题，值得我们进一步思考与分析。

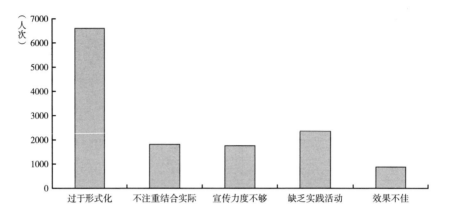

图3-1 大学生认为高校培育和践行社会主义核心价值观存在的主要问题

三 大学生中华优秀传统文化知识测验统计与分析

（一）调研对象的基本信息情况

前文已述，本调研以《大学生中华优秀传统文化知识测验问卷》为工具，与向大学生进行社会主义核心价值观认同感调研同时同步展开，调研对象完全一致，其基本信息情况见大学生进行社会主义核心价值观认同感调研对象的基本信息分析，详见表3-1至表3-8。

（二）调研问卷内容的统计与分析

该问卷主要面向全国在校大学生，通过专家研讨和精心设计的具有一定代表性的中华优秀传统文化教育知识点进行测验，重点考察大学生对中华优秀传统文化内容了解的程度如何，从一定角度反映大学生层面的中华优秀传统文化传承与创新的现状和问题。

1. 大学生回答传统文化知识的正确率情况

通过对回收问卷统计分析，我们首先对大学生中华优秀传统文化知识测验试题诸题进行了正确率统计，如表 3 - 28、图 3 - 2 和图 3 - 3 所示。

表 3 - 28　全国大学生中华优秀传统文化知识测验正确率

题号	答对人数	答错人数	正确率（%）
1	11359	545	95.42
2	11619	285	97.61
3	11284	620	94.79
4	11323	581	95.12
5	10925	979	91.78
6	10644	1260	89.42
7	10508	1396	88.27
8	10295	1609	86.48
9	9982	1922	83.85
10	9727	2177	81.71
11	9905	1999	83.21
12	9562	2342	80.33
13	9615	2289	80.77
14	8627	3277	72.47
15	8345	3559	70.10
16	8600	3304	72.24
17	7728	4176	64.92
18	5734	6170	48.17
19	4371	7533	36.72
20	3991	7913	33.53
21	4590	7314	38.56
22	5895	6009	32.98

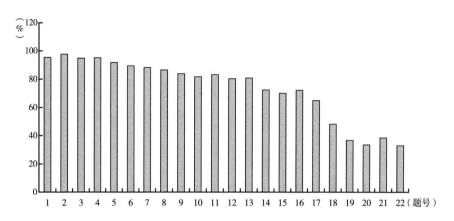

图 3-2　全国大学生中华优秀传统文化知识测验正确率比较

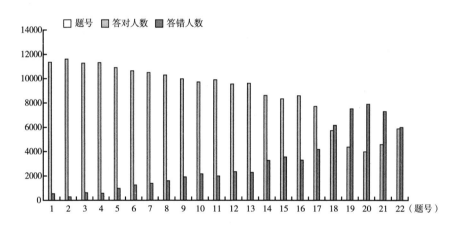

图 3-3　全国大学生中华优秀传统文化知识测验试题答对人数和答错人数比较

从表 3-28 和图 3-2 可以比较直观地看到，经过专家精选、课题组研讨所命制的中华优秀传统文化知识测验题，共计 22 道题，平均得分是 16.18 分。得分的总正确率为 74.32%，这一比例比较高，但按照学校教育考试评价百分制卷面考试的情况看，相比较而言，没有达到对应的平均分 80 分，还不算优秀。其中，大部分题（17/22）的正确率在 60% 以上，一半多题（13/22）的正确率在 80% 以上。正确率达 90% 以上的试题有 5 道，分别是 1~5 题；正确率达 80% 以上的试题有 13 道，分别是 1~13 题；正确率不足 40% 的试题有 4 道，分别是 19~22 题。由此也可以看出，大学生对我国优秀传统文化代表性知识的学习和掌握情况总体良好，但也有一定的不足。

2. 大学生传统文化知识测验的得分情况

本问卷共计 22 道知识测验题。若以每道题回答正确获 1 分、回答错误获 0 分计算，则 11904 份试卷得分情况如表 3 - 29 所示。

表 3 - 29　全国大学生中华优秀传统文化知识测验得分情况

测验得分	百分制换算 （四舍五入取整）	得分人数	分数段得分人数、比例	
22	100	709		
21	95	818	2366	19.88%
20	91	839		
19	86	904		
18	82	1199	3446	28.95%
17	77	1343		
16	73	1341		
15	68	1217	3595	30.20%
14	64	1037		
13	59	754		
12	55	555		
11	50	407		
10	45	251		
9	41	175		
8	36	100	2497	20.98%
7	32	101		
6	27	57		
5	23	45		
4	18	35		
3	14	14		
2	9	3		
合计		11904	11904	100.00%

由表 3 - 29 可以看出，若按照学校教育中百分制进行换算，60 分为及格分数线，具体分数等次一般来说：90 分以上为优秀，75～90 分为良好，60～74 分为中等，60 分为及格，59 分及以下为不及格（差）。由表 3 - 29 可以看出，大学生优秀传统文化知识测验结果呈现如下：（1）关于四种等级的人数和比例情况，优、良、中、差的人数分别是 2366、3446、

3595、2497，所占比例分别为 19.88%、28.95%、30.20%、20.98%；（2）关于优良率，优秀和良好的比例之和为 48.83%，不足 50%；（3）关于不及格率，比例为 20.98%，这一比例超过五分之一。由以上分析可以看出，在一定程度上反映出大学生对中华优秀传统文化知识掌握得并不十分扎实，还有较大的提升空间，这也为高校培育和践行社会主义核心价值观及思想政治教育中大力弘扬和加强中华优秀传统文化教育提供了一定依据。

第四章 高校培育和践行社会主义核心价值观情况调研（教师部分）

一 全国高校思政人员调研情况

（一）思政人员问卷发放高校及情况

2017 年 9 月~2018 年 2 月，我们面向全国高校的思想政治教育工作者这一群体发放了《高校培育和践行社会主义核心价值观调查问卷》（思政人员版）。具体发放高校和问卷发放与回收情况如表 4-1 所示。

表 4-1 全国高校思政人员问卷发放高校及情况

单位：份

序号	录入代码	学校名称	发放思政人员问卷数	回收思政人员问卷数	有效思政人员问卷数
1	53	安徽师范大学	30	30	30
2	4	北京师范大学	30	15	15
3	65	广东金融学院	30	23	17
4	23	贵州师范大学	30	26	19
5	56	杭州职业技术学院	30	25	20
6	26	安阳师范学院	30	30	30
7	38	河南财政金融学院	30	28	27
8	8~22	河南大学	103	71	67
9	32	河南工业大学	34	34	32
10	27	河南牧业经济学院	30	13	13
11	3	华北水利水电大学	30	25	24

序号	录入代码	学校名称	发放思政人员问卷数	回收思政人员问卷数	有效思政人员问卷数
12	37	黄河水利职业技术学院	31	31	31
13	39	开封大学	30	30	28
14	34	三门峡职业技术学院	30	30	28
15	40	信阳师范学院	30	30	29
16	58	郑州大学	30	30	27
17	36	郑州旅游职业学院	30	30	28
18	35	郑州师范学院	30	30	30
19	2	周口师范学院	30	29	27
20	33	驻马店职业技术学院	30	30	28
21	28	湖南大学	15	10	10
22	54	湖南师范大学	15	15	15
23	62	华东政法大学	30	3	3
24	72	华南师范大学	30	29	29
25	61	华中科技大学	38	35	35
26	7	华中师范大学	31	31	31
27	25	江南大学	30	29	29
28	64	江西财经大学	15	15	15
29	44	井冈山大学	30	29	29
30	41	鲁东大学	30	20	19
31	31	青岛科技大学	30	30	30
32	42	厦门大学	30	27	27
33	46	山西师范大学	30	29	24
34	60	陕西师范大学	30	24	24
35	59	汕头大学	30	6	6
36	5	上海城建职业学院	30	24	24
37	50	沈阳大学	30	30	30
38	47	沈阳师范大学	30	14	13
39	52	天津师范大学	30	28	28
40	55	武汉生物工程学院	30	30	28
41	48	西南财经大学	30	26	26
42	30	西南大学	30	25	24
43	51	玉林师范学院	31	31	29
44	1	云南师范大学	30	30	29
45	57	浙江大学	30	29	28
46	24	中山大学	30	30	30
		合计	1423	1219	1165

由表 4-1 可以看出，面向全国高校思政人员群体发放的问卷，从学校及办学层次、发放数量上看，具有一定代表性，可以用于统计分析。发放问卷具体情况是：共发出问卷 1423 份，回收 1219 份，回收率 85.66%；剔除不合格问卷 54 份，有效问卷 1165 份，有效问卷比例为 95.57%（原计划发放全国 54 所高校、1588 份问卷，根据联系学校进行问卷发放人员的情况，我们在实际中共向 46 所高校发放了 1423 份问卷）。

（二）思政人员调研对象基本信息情况

面向全国高校思想政治教育工作者群体进行调研的对象，我们对其基本信息进行了统计分析，包括性别、学历、职称、岗位、从事思政工作时间等信息，具体情况如表 4-2 所示。

表 4-2 全国高校思政人员调研对象基本信息

选项	频率（人次）	百分比（%）
（1）性别		
1 男	472	40.52
2 女	693	59.48
合计	1165	100.00
（2）学历		
1 博士	136	11.67
2 硕士	764	65.58
3 本科	235	20.17
4 其他	30	2.58
合计	1165	100.00
（3）职称		
1 教授	36	3.09
2 副教授	137	11.76
3 讲师	482	41.37
4 其他	510	43.78
合计	1165	100.00
（4）思政工作（主要）岗位或类别		
1 辅导员	574	49.27
2 科级领导	190	16.31
3 处级及以上领导	91	7.81
4 其他	310	26.61
合计	1165	100.00

选项	频率（人次）	百分比（%）
（5）从事思政工作时间		
1 0~4年	566	48.58
2 5~8年	266	22.83
3 9~12年	190	16.31
4 12年以上	143	12.27
合计	1165	100.00

从表4-2可以看出，全国高校思政人员调研对象中，性别上男教师比例为40.52%、女教师比例为59.48%。学历层次上，获得博士学位者比例为11.67%，硕士学位层次比例为65.58%，本科学位获得者为20.17%，其他占2.58%，硕士学位层次居大多数，但也有超过10%比例的博士学位思政人员工作者。职称方面，教授一级人员的比例为3.09%，副教授一级的比例为11.76%，而讲师一级居大多数，占到了41.37%，但也有不少其他职称的情况，占到了43.78%，与从事思政工作时间相对应比较分析，可以看出，这一其他层次应该主要是初级职称、新进人员的思政工作者，这也符合各高校近几年思政人员来源和水平的实际情况。从思政人员的具体工作岗位或职务级别看，辅导员占比为49.27%，科级领导占16.31%，处级及以上领导占7.81%，其他情况占26.61%，这说明我们调研的思政人员中包含了党政管理部门的部分学生管理人员，他们也为我们从其自身工作角度提供了难能可贵的意见和建议。从事思政工作时间上看，我们选取了以本科四年为时间段的选项，0~4年工作时间的占48.58%，表明新进辅导员占据多数；5~8年的占22.83%，与0~4年的合计占比超过了70%；9~12年的占16.31%，这个年限的也占据一定比例和分量；12年以上的占12.27%，比例较小些。

（三）高校思政人员调研内容情况统计与分析

高校思政人员的调研问卷共计14道题，其中包含最后1道主观题。具体调研内容和调研结果统计分析如下。

1. 思政人员对高校培育和践行社会主义核心价值观及其有关问题的看法

表 4 - 3 列出了思政人员对高校培育和践行社会主义核心价值观的基本情况及有关问题的看法。

首先，思政人员本身对高校培育和践行社会主义核心价值观这一重要思想政治教育工作的基本态度情况。从表 4 - 3 中可以看出，97.86% 的人赞成，认为有必要进行，其中 64.38% 的人认为很有必要，但其中 33.48% 的人虽赞成但认为其方式需要改善。而 2.06% 的人持不赞成的态度，他们中有 0.94% 的人不赞成是因为效果很不明显，甚至有 1.12% 的人认为是在浪费时间，虽然这一比例极低，绝对人数也仅为 13 人，却值得我们注意，因为思政人员本身承担着培育和践行社会主义核心价值观的思政教育工作任务，他们的态度十分重要。

其次，思政人员对社会主义核心价值观对大学生思想教育作用的看法。从表 4 - 3 中可以看出，76.22% 的人肯定了社会主义核心价值观对大学生思想教育具有一定成效和作用，其中 30.47% 的人认为成效显著，45.75% 的人认为比较有成效。但有 22.83% 的人认为成效一般，0.94% 的人认为没有成效。

再次，思政人员对当前社会主义核心价值观培育过程中存在问题的看法。从表 4 - 3 可以看出，55.45% 的人认为过于形式化，流于表面；72.79% 的人认为缺乏创新，难以引起学生兴趣；55.45% 的人认为不注重理论与实践相结合；30.90% 的人认为不注重因材施教，压抑学生个性；20.86% 的人认为过于频繁，引起学生反感；10.21% 的人认为间隔时间太长，没有效果。其中，前三个方面得到大多数思政人员的一致认同，表明这几个方面是十分明显的问题，而压抑学生个性、引起学生反感、间隔时间太长也是一些比较明显的问题，值得我们关注和思考。

表 4 - 3　思政人员对高校培育和践行社会主义核心价值观及有关问题的看法

选项	频率（人次）	百分比（%）
（1）思政人员对高校培育和践行社会主义核心价值观的看法		
A. 赞成，认为很有必要	750	64.38

续表

选项	频率(人次)	百分比(%)
B. 赞成,但方式需要改善	390	33.48
C. 不赞成,效果很不明显	11	0.94
D. 不赞成,浪费时间	13	1.12
E. 无所谓,有没有都可以	1	0.09
合计	1165	100.00
(2)思政人员对社会主义核心价值观对大学生思想教育作用的看法		
A. 成效显著	355	30.47
B. 比较有成效	533	45.75
C. 成效一般	266	22.83
D. 没有成效	11	0.94
合计	1165	100.00
(3)思政人员对当前社会主义核心价值观培育过程中存在问题的看法		
A. 过于形式化,流于表面	646	55.45
B. 缺乏创新,难以引起学生兴趣	848	72.79
C. 不注重理论与实践相结合	646	55.45
D. 不注重因材施教,压抑学生个性	360	30.90
E. 过于频繁,引起学生反感	243	20.86
F. 间隔时间太长,没有效果	119	10.21
G. 其他	16	1.37
合计	—	—

2. 思政人员在培育和践行社会主义核心价值观中的一些工作做法的调研情况

表 4-4 列出了对思政人员在培育和践行社会主义核心价值观过程中一些具体工作做法的调研情况,主要有以下几个方面的情况。

一是思政人员在做学生工作时对待不同民族学生的情况。从表 4-4 可以看出,35.02% 的人是一视同仁,不加区别,这里的不加区别指的是平等对待的意思,没有因学生民族情况而有不平等对待的现象;40.69% 的人是照顾不同民族差异,区别对待;19.66% 的人是更关注少数民族同学的思想发展,说明他们更加关注这一问题;也有 4.64% 的人在面对这个问题时有些担心不同民族同学之间是否可以和谐相处。

二是思政人员关于学生干部产生的办法。大学生是走向或已经成年的群体,学生干部从某种意义上讲社会性很强,可以说学生干部是高校思想政治教育工作的重要助手和重要影响者。首先，关于学生干部产生的办法，22.49%的人的做法是完全根据学生选举产生；69.70%的人的做法是结合学生选举和个人任命产生；1.20%的人的做法是个人直接任命产生；3.69%的人的做法是学生轮流担任学生干部。从这里可以看出，辅导员更多时候起到决定性作用。其次，看待学生干部和普通学生的态度方面，20.34%的人对待他们的态度是完全相同，没有区别；1.80%的人的态度是学生干部犯错应从轻处罚；12.19%的人的态度是评优奖应更多考虑学生干部；47.73%的人的态度是对学生干部更加严格要求；17.25%的人的态度是平时更注重给普通学生提供历练机会。从这里可以看出，在对待学生干部和普通学生的态度上，思政人员的态度存在着较大差异，尽管对学生干部更加严格要求的态度似乎占了主流，但学生干部选拔、培养和教育问题，学生干部工作问题，是高校思想政治教育工作的重要内容，有13.99%的人却出现了差别对待且是偏向学生干部一方的态度，值得我们注意。

三是思政人员对学生提出的工作建议的做法。从表4－4可以看出，48.67%的人的做法是不管学生提出何种建议，首先鼓励学生敢于提出不同意见的勇气；45.06%的人的做法是视情况而定，对的就可以接受；5.32%的人的做法是学生的建议有道理，但为维护威严，表面拒绝，实际采纳；0.94%的人的做法是不予接纳，学生的建议太过片面。

表4－4　思政人员在培育和践行社会主义核心价值观中一些做法的调研情况

选项	频率（人次）	百分比（%）
（1）思政人员在做学生工作时对待不同民族学生的情况		
A. 一视同仁，不加区别	408	35.02
B. 照顾不同民族差异，区别对待	474	40.69
C. 更关注少数民族同学的思想发展	229	19.66
D. 担心不同民族同学之间是否可以和谐相处	54	4.64
合计	1165	100.00
（2）思政人员关于学生干部产生办法		
A. 完全根据学生选举产生	262	22.49
B. 结合学生选举和个人任命产生	812	69.70
C. 个人直接任命产生	14	1.20

续表

选项	频率(人次)	百分比(%)
D. 学生轮流担任学生干部	43	3.69
E. 不清楚	34	2.92
合计	1165	100.00
(3)思政人员看待学生干部和普通学生的态度		
A. 完全相同,没有区别	237	20.34
B. 学生干部犯错应从轻处罚	21	1.80
C. 评优奖应更多考虑学生干部	142	12.19
D. 对学生干部更加严格要求	556	47.73
E. 平时更注重给普通学生提供历练机会	201	17.25
F. 不清楚	8	0.69
合计	1165	100.00
(4)思政人员对学生提出的工作建议的做法		
A. 不予接纳,学生的建议太过片面	11	0.94
B. 学生的建议有道理,但为维护威严,表面拒绝,实际采纳	62	5.32
C. 视情况而定,对的就可以接受	525	45.06
D. 不管学生提出何种建议,首先鼓励学生敢于提出不同意见的勇气	567	48.67
合计	1165	100.00

3. 思政人员对培育和践行社会主义核心价值观及思政教育相关理论问题的认识

表4-5列出了思政人员对培育和践行社会主义核心价值观及思想政治教育中一些相关内容和具体问题的认识与感受，主要有以下几个方面的情况。

一是思政人员对目前和谐校园文化建设应加强的方面的认识。从表4-5中看出主要包括以下几个内容。60.77%的人认为要宣传学校核心价值追求，70.21%的人认为要加强师德师风和学术道德建设，70.99%的人认为要开展丰富多彩的校园文化活动，55.19%的人认为要加强校园环境设施建设，53.73%的人认为要利用网络技术加强文化宣传。从这里可以看出在这几方面的内容中，大家呼吁较高的是加强师德师风和学术道德建设、开展丰富多彩的校园文化活动、宣传学校核心价值追求，这应成为和谐校园文化建设的核心内容，也是高校在培育和践行社会主义核心价值观的过程中需要着力加强的方面。

二是思政人员对教师如何更好地疏导学生心理、塑造学生健康人格的认识。76.82%的人认为应开展谈心活动，倾听学生心理困惑；69.53%的教师认为应课堂渗透人生观、价值观教育；71.42%的人认为应为人师表，做学生榜样；62.92%的人认为应加强心理学知识的学习。由此可见，这几方面均获得了大多数思政人员的认同，开展谈心活动、倾听学生心理困惑获得认同的人数最多。

三是思政人员对中华优秀传统文化对其本人价值观影响的感受。53.82%的人认为中华优秀传统文化强烈地影响其本人的日常行为和生活；37.25%的人认为影响一般，有时会在行动中参照；8.50%的人认为影响较小，偶尔会在行动中参照；0.43%的人认为完全没有影响。由此可见，中华优秀传统文化还是较强地影响到了思政人员个人的价值观和日常行为，但是认为影响效果一般或认为影响较小和很小的比例也达到了46.18%，应引起我们思考。

四是思政人员对中华民族伟大的凝聚力内涵的认识。调查统计显示，34.76%的人认为，中华民族伟大的凝聚力主要是中华传统文化，39.74%的人认为是爱国主义，20.94%的人认为是国家富强统一，4.55%的认为是人民生活水平。由此可见，中华民族伟大凝聚力内涵也是多方面的，大部分人比较认同主要是爱国主义和中华传统文化，当然也有超过五分之一的人认为是国家富强统一。这也为我们加强爱国主义、中华传统文化教育提供了依据。

五是思政人员对我国传统士人的情怀与担当在当今的态度。调查统计显示，22.49%的人认为我国传统士人的情怀与担当在当今得到很好的传承与发扬；35.88%的人认为我国传统士人的情怀与担当在当今有所淡薄，应加强传承；40.60%的人认为应根据时代要求，有选择地继承发扬；1.03%的认为新的时代，旧东西已过时。

六是思政人员对主要影响学生价值观念的文化类型或理论体系来源的看法。调查统计显示，11.85%的人认为影响学生价值观念的文化类型或理论体系来源主要是西方外来文化，41.29%的人认为主要是中国社会主义核心价值体系；15.02%的人认为主要是中国传统文化，31.85%的人认为主要是大众流行文化。可见，人们的认识并没有压倒性地倾向于某一种，但大多数还是认为影响学生价值观念的文化类型或理论体系来源主要是核心价值体系，而认为是大众流行文化的人数也占到了31.85%，这说明不少思政人员对大众流行文化对大学生影响作用的认识还是比较深刻的。此外，还有超过10%的人认为是西方外来文化，这也表明了西方外来文化具有一定的影响作用，不可忽视。

表4-5　思政人员对培育和践行社会主义核心价值观及思政教育相关问题的认识

选项	频率(人次)	百分比(%)
(1)思政人员对目前和谐的校园文化建设应加强的方面的认识		
A. 宣传学校核心价值追求	708	60.77
B. 加强师德师风和学术道德建设	818	70.21
C. 开展丰富多彩的校园文化活动	827	70.99
D. 加强校园环境设施建设	643	55.19
E. 利用网络技术加强文化宣传	626	53.73
F. 其他	14	1.20
合计	—	—
(2)思政人员对教师如何更好地疏导学生心理、塑造学生健康人格的认识		
A. 加强心理学知识的学习	733	62.92
B. 开展谈心活动,倾听学生心理困惑	895	76.82
C. 为人师表,做学生榜样	832	71.42
D. 课堂渗透人生观、价值观教育	810	69.53
E. 其他	22	1.89
合计	—	—
(3)思政人员对中华优秀传统文化对其本人价值观影响的感受		
A. 强烈影响日常行为和生活	627	53.82
B. 影响一般,有时会在行动中参照	434	37.25
C. 影响较小,偶尔会在行动中参照	99	8.50
D. 完全没有影响	5	0.43
合计	1165	100.00
(4)思政人员对中华民族伟大的凝聚力内涵的认识		
A. 中华传统文化	405	34.76
B. 爱国主义	463	39.74
C. 国家富强统一	244	20.94
D. 人民生活水平	53	4.55
合计	1165	100.00
(5)思政人员对我国传统士人的情怀与担当在当今的态度		
A. 很好地传承与发扬	262	22.49
B. 有所淡薄,应加强传承	418	35.88

续表

选项	频率（人次）	百分比（%）
C. 根据时代要求,有选择地继承发扬	473	40.60
D. 新的时代,旧东西已过时	12	1.03
合计	1165	100.00
(6)思政人员对主要影响学生价值观念的文化类型或理论体系来源的看法		
A. 西方外来文化	138	11.85
B. 中国社会主义核心价值体系	481	41.29
C. 中国传统文化	175	15.02
D. 大众流行文化	371	31.85
合计	1165	100.00

二　全国高校专业教师调研情况

（一）专业教师问卷发放高校及情况

2017 年 9 月~2018 年 2 月,我们面向全国高校的专业教师群体,发放了《高校培育和践行社会主义核心价值观调查问卷》（专业教师版）。具体发放高校和问卷发放与回收情况如表 4 - 6 所示。

表 4 - 6　专业教师问卷调研高校名单及问卷发放情况

单位：份

序号	录入代码	学校名称	发放专业教师问卷数	回收专业教师问卷数	有效专业教师问卷数
1	53	安徽师范大学	30	30	29
2	4	北京师范大学	30	21	21
3	65	广东金融学院	30	29	28
4	23	贵州师范大学	30	30	30
5	56	杭州职业技术学院	30	29	27
6	49	河北师范大学	15	5	4
7	26	安阳师范学院	30	30	29
8	38	河南财政金融学院	30	28	28
9	8~22	河南大学	118	105	97
10	32	河南工业大学	30	18	17
11	27	河南牧业经济学院	30	10	10
12	3	华北水利水电大学	30	19	19

续表

序号	录入代码	学校名称	发放专业教师问卷数	回收专业教师问卷数	有效专业教师问卷数
13	37	黄河水利职业技术学院	30	30	30
14	39	开封大学	30	25	25
15	34	三门峡职业技术学院	30	28	25
16	40	信阳师范学院	30	30	30
17	58	郑州大学	30	30	30
18	36	郑州旅游职业学院	30	23	9
19	35	郑州师范学院	30	27	27
20	2	周口师范学院	30	28	24
21	33	驻马店职业技术学院	30	30	29
22	28	湖南大学	15	15	15
23	54	湖南师范大学	15	15	15
24	62	华东政法大学	30	1	1
25	63	华南农业大学	30	29	28
26	72	华南师范大学	30	1	1
27	61	华中科技大学	40	36	36
28	7	华中师范大学	30	30	29
29	25	江南大学	30	29	27
30	64	江西财经大学	15	14	14
31	44	井冈山大学	30	27	27
32	41	鲁东大学	30	16	16
33	31	青岛科技大学	30	30	30
34	42	厦门大学	30	29	29
35	46	山西师范大学	30	30	23
36	60	陕西师范大学	30	14	14
37	59	汕头大学	30	26	25
38	5	上海城建职业学院	30	13	12
39	50	沈阳大学	30	30	29
40	47	沈阳师范大学	30	30	28
41	52	天津师范大学	30	29	25
42	55	武汉生物工程学院	30	29	27
43	48	西南财经大学	30	24	24
44	30	西南大学	30	30	30
45	51	玉林师范学院	30	30	30
46	1	云南师范大学	30	30	27
47	57	浙江大学	30	29	29
48	24	中山大学	30	30	30
合计			1478	1251	1189

由表4－6可以看出，面向全国高校专业教师群体发放问卷，共计发放高校48所；学校及办学层次、发放数量等具有一定代表性，可以用于统计分析。发放问卷具体情况是：共计发出问卷1478份，回收1251份，回收率84.64%；剔除不合格问卷62份，有效问卷1189份，有效问卷比率95.04%（原计划发放全国54所高校、1598份问卷，根据联系学校进行问卷发放人员的情况，实际发放了48所高校、共计1478份问卷）。

（二）专业教师调研对象基本信息情况

面向高校专业教师群体进行调研的对象基本信息包括性别、学历、职称、政治面貌、专业类别、从事教学工作时间等信息。具体情况如表4－7所示。

表4－7　高校专业教师调研群体的基本信息

选项	频率（人次）	百分比（%）
（1）性别		
男	578	48.61
女	611	51.39
合计	1189	100.00
（2）学历		
博士	544	45.75
硕士	490	41.21
本科	140	11.77
其他	15	1.26
合计	1189	100.00
（3）职称		
教授	131	11.02
副教授	442	37.17
讲师	441	37.09
其他	175	14.72
合计	1189	100.00
（4）政治面貌		
中共党员	808	67.96
民主党派	94	7.91
其他	287	24.14
合计	1189	100.00

选项	频率(人次)	百分比(%)
(5)专业类别		
人文社科	723	60.81
理工农医	306	25.74
体育艺术	98	8.24
军警国防	6	0.50
其他	56	4.71
合计	1189	100.00
(6)教龄		
0～5 年	385	32.38
6～10 年	344	28.93
11～20 年	306	25.74
20 年以上	154	12.95
合计	1189	100.00

从表 4-7 可以看出，全国高校专业教师调研对象中，性别上男教师比例为 48.61%、女教师比例为 51.39%。学历层次上，获得博士学位者比例为 45.75%，硕士学位层次比例为 41.21%．本科学位获得者为 11.77%，其他占 1.26%，博士学位层次和硕士学位层次的专业教师均超过 40%，二者合计比例接近 90%。职称方面，教授的比例为 11.02%，副教授的比例为 37.17%，讲师的比例为 37.09%，其他职称（初级职称或其他情况等）的比例为 14.72%。从专业教师的政治面貌看，中共党员占到了 67.96%，民主党派教师占 7.91%，其他情况（即普通群众）占 24.14%。从专业教师从教的专业类别看，人文社科专业的居多，占 60.81%，理工农医专业的占 25.74%，体育艺术专业的占 8.24%，军警国防专业的占 0.50%，其他专业占 4.71%。从专业教师的教龄时间上看，0～5 年的占 32.38%，6～10 年的占 28.93%，11～20 年的占 25.74%，20 年以上的占 12.95%。

（三）高校专业教师调研内容统计与分析

对高校专业教师的调研问卷呈现了 16 道题的内容，包含专业教师在教书育人的同时进行思政教育及培育和践行社会主义核心价值观的认识与实践情况。在此，我们归纳为如下几个大的方面进行统计分析。

1. 专业教师对高校培育和践行社会主义核心价值观及有关问题的看法

表4-8罗列了专业教师对高校培育和践行社会主义核心价值观及思政教育工作有关问题的认识、看法。

表4-8　专业教师对高校培育和践行社会主义核心价值观及有关问题的看法

选项	频率（人次）	百分比（%）
（1）专业教师所在学校对学习社会主义核心价值观的组织情况		
A. 经常组织	642	53.99
B. 偶尔组织	388	32.63
C. 很少组织	95	7.99
D. 从未组织	11	0.93
E. 不清楚	53	4.46
合计	1189	100.00
（2）专业教师对高校进行社会主义核心价值观培育的看法		
A. 赞成，认为很有必要	589	49.54
B. 赞成，但方式需要改善	502	42.22
C. 不赞成，效果很不明显	49	4.12
D. 不赞成，浪费时间	28	2.35
E. 无所谓，有没有都可以	21	1.77
合计	1189	100.00
（3）专业教师对社会主义核心价值观对大学生思想教育的作用的认识		
A. 成效显著	291	24.47
B. 比较有成效	603	50.71
C. 成效一般	265	22.29
D. 没有成效	30	2.52
合计	1189	100.00

首先，专业教师对本校组织学习社会主义核心价值观情况的反馈。从表4-8中可以看出，经常组织的情况占53.99%，偶尔组织的情况占32.63%，很少组织的情况占7.99%，从未组织的情况占0.93%，4.46%的人不清楚组织情况。经常组织的比例尽管超过50%，但不十分高，偶尔组织、很少组织和从未组织占比合计超过40%，说明组织力度不大的情况也占较大的比例。

其次，专业教师对高校培育社会主义核心价值观这一重要思想政治教育工作的基本态度情况，从表 4-8 中可以看出，49.54% 的人赞成，认为很有必要；42.22% 的人赞成，但认为方式需要改善；而 6.47% 的人持不赞成的态度，其中有 4.12% 的人不赞成并认为效果很不明显，其中 2.35% 的人不赞成并认为浪费时间，虽然这一比例极低，绝对人数也仅为 49 人，却值得我们注意。

再次，专业教师对社会主义核心价值观在大学生思想政治教育中作用的认识，从表 4-8 可以看出，认为成效显著的占 24.47%，认为比较有成效的占 50.71%；认为成效一般的占 22.29%，认为没有成效的占 2.52%。由此可见，超过 75% 的人肯定了培育社会主义核心价值观的成效，但也有超过五分之一的人认为成效一般甚至没有成效，值得反思。

2. 专业教师在培育和践行社会主义核心价值观中有关做法的调研

表 4-9 列出了对专业教师在培育和践行社会主义核心价值观过程中一些具体做法的调研结果，主要有以下几个方面的情况。

一是专业教师对学生进行社会主义核心价值观的教育方式。从表4-9 看出，通过课堂教学进行的占 69.55%，利用网络互动的占 41.80%，开展实践活动的占 51.30%，开展讲座、讨论会和学习班的占 51.81%，其他方式的占 2.27%。由此可见，课堂教学途径还是主渠道，而网络互动、实践活动，以及讲座、讨论会和学习班等也是很重要的教育方式。

二是专业教师对发现学生在考试时有作弊行为的做法。这一问题直接涉及专业教师对社会主义核心价值观中诚信、公正等方面的认识和培育与践行问题。从表中可以看出，17.58% 的做法是当场抓住，严厉打击；60.13% 的教师做法是立即阻止，给予警告；16.99% 的教师做法是加以提醒，不提名批评；4.21% 的教师是视情况而定，可以理解；1.09% 的教师是视而不见，不加理睬。看来，超过四分之三的教师十分重视这一诚信问题，在实际工作中能够严格考试纪律、不姑息违反考纪考规的学生，体现了对公平公正和优良学风考风的维护。

三是专业教师对根据时事热点和科研进展适当调整讲课内容的做法。85.62% 的教师会根据时事热点和科研进展适当调整讲课内容，这样能够吸引学生学习兴趣，践行了既教书又育人的理念，体现了他们爱岗敬业的道德品质。但也有 11.69% 的教师不会调整，其中 8.24% 的教师认为时事热点和科研进展对授课影响不大，3.45% 的人认为重新备课太麻烦。还有 2.69% 的教师的态度是无所谓，想起来就提一下。由此看来，还有少部分教师在敬业方面、对学生用心教育方面有一定敷衍态度与不作为现象。

四是专业教师对学生在课堂上提出与其观点不符的看法的做法。4.71% 的教师对此不予考虑，认为学生的看法简单且片面；4.29% 的教师表面赞许，实际上并不赞同；4.46% 教师为了维护尊严，表面不接受，而实际接受；3.70% 的教师认为无所谓，听听就行了；值得肯定的是，82.84% 的教师是不论正误，鼓励学生独立思考，这种做法对于培养学生独立思考能力、营造良好课堂氛围等具有重要意义。

表 4-9　专业教师在培育和践行社会主义核心价值观中有关做法的调研情况

选项	频率（人次）	百分比（%）
（1）专业教师对学生进行社会主义核心价值观的教育方式		
A. 课堂教学	827	69.55
B. 网络互动	497	41.80
C. 实践活动	610	51.30
D. 讲座、讨论会和学习班	616	51.81
E. 其他	27	2.27
合计	—	—
（2）专业教师对发现学生在考试时有作弊行为的做法		
A. 当场抓住，严厉打击	209	17.58
B. 立即阻止，给予警告	715	60.13
C. 加以提醒，不提名批评	202	16.99
D. 视情况而定，可以理解	50	4.21
E. 视而不见，不加理睬	13	1.09
合计	1189	100.00
（3）专业教师对根据时事热点和科研进展适当调整讲课内容的做法		
A. 会，能够吸引学生学习兴趣	1018	85.62
B. 不会，因为对授课影响不大	98	8.24
C. 不会，重新备课太麻烦	41	3.45
D. 无所谓，想起来就提一下	32	2.69
合计	1189	100.00

选项	频率（人次）	百分比（%）
（4）专业教师对学生在课堂上提出与其观点不符的看法的做法		
A. 不予考虑，学生的看法简单且片面	56	4.71
B. 表面赞许，实际上并不赞同	51	4.29
C. 为了维护尊严，表面不接受，而实际接受	53	4.46
D. 无所谓，听听就行了	44	3.70
E. 不论正误，鼓励学生独立思考	985	82.84
合计	1189	100.00

3. 专业教师对培育和践行社会主义核心价值观相关理论问题的认识

表4-10列出了专业教师对于培育和践行社会主义核心价值观及思想政治教育中一些相关内容和具体问题的认识与思考，主要有以下几个方面的情况。

一是专业教师对影响学生学习社会主义核心价值观效果的因素的认识。从表4-10中看出，57.36%的教师认为影响学生学习社会主义核心价值观的因素的主要方面有教师的积极性，55.68%的教师认为有教学方式，56.60%的教师认为有学生的积极性，61.48%的教师认为有校风、院风、班风，62.15%的教师认为有社会环境。由此可见，以上几个方面的内容均有超过50%的教师认为这是影响学生学习社会主义核心价值观的因素，为我们探讨影响学生学习社会主义核心价值观的因素提供了依据。

二是专业教师对当前社会主义核心价值观培育过程中存在的问题认识。67.96%的教师认为存在的问题有缺乏创新，难以引起学生兴趣；58.70%的教师认为存在不注重理论与实践相结合的问题；61.31%的教师认为存在过于形式化，流于表面的问题；30.87%的教师认为存在不注重因材施教，压抑学生个性的问题；19.26%的教师认为存在过于频繁，引起学生反感的问题；9.92%的教师认为存在间隔时间太长，没有效果的问题。由此可见，缺乏创新、难以引起学生兴趣，不注重理论与实践相结合，过于形式化、流于表面等问题在大多数专业教师中产生了共鸣，让我们看到了当前社会主义核心价值观培育过程中存在的主要问题、突出问题。

　　三是专业教师对目前和谐的校园文化建设应加强的方面的思考。
68.71%的教师认为目前和谐的校园文化建设应加强开展丰富多彩的校园
文化活动，65.35%的教师认为要加强师德师风和学术道德建设，47.77%
的教师认为要加强校园环境设施建设，53.74%的教师认为要宣传学校核
心价值追求，还有43.15%的教师认为要利用网络技术加强文化宣传。由
此看来，这几个方面基本上都得到了大部分教师的认同，认为目前和谐的
校园文化建设应加强这些方面，尤其是更应该开展丰富多彩的校园文化活
动、加强师德师风和学术道德建设。

　　四是对教师如何更好地疏导学生心理、塑造学生健康人格的认识。
67.28%的教师认为应开展谈心活动，倾听学生心理困惑；66.69%的教师
认为应为人师表，做学生榜样；66.53%的教师认为应课堂渗透人生观、
价值观教育；49.29%的教师认为应加强心理学知识的学习。由此可见，这
几方面均获得了大多数专业教师的认同，开展谈心活动、倾听学生心理困
惑获得认同的人数最多。

　　五是专业教师对中华优秀传统文化对其本人价值观影响的看法。
51.30%的教师认为中华优秀传统文化强烈影响其本人的日常行为和生活；
41.30%的教师认为影响一般，有时会在行动中参照；6.64%的教师认为
影响较小，偶尔会在行动中参照；0.76%的教师认为完全没有影响。由此
可见，中华优秀传统文化还是较强地影响到了专业教师的个人价值观和日
常行为，但是认为影响效果一般的比例也超过了40%，应引起我们的思考。

　　六是专业教师对中华民族伟大的凝聚力内涵的认识。36.08%的教师
认为中华民族伟大的凝聚力主要是爱国主义，34.99%的教师认为是中华
传统文化，20.52%的教师认为是国家富强统一，8.41%的教师认为是人
民生活水平。由此可见，中华民族伟大凝聚力内涵也是多方面的，大部分
人比较认同爱国主义和中华传统文化，当然也包括国家富强统一。这也为
我们加强爱国主义、中华传统文化教育提供了依据。

　　七是专业教师对我国传统士人的情怀与担当在当今的情况的认识。
21.11%的教师认为我国传统士人的情怀与担当在当今得到很好的传承与发扬；
39.61%的教师认为当今有所淡薄，应加强传承；38.02%的教师认为应根据时
代要求，有选择地继承发扬；1.26%的教师认为新的时代，旧东西已过时。

八是专业教师对主要影响学生价值观念的文化类型或理论体系内容的认识。调查显示，15.90%的教师认为影响学生价值观念的文化类型或理论体系来源主要是西方外来文化，37.68%的教师认为主要是中国社会主义核心价值体系，14.97%的教师认为主要是中国传统文化，31.46%的教师认为主要是大众流行文化。可见，人们的认识并没有更多地明显倾向于某一种，但大多数还是认为影响学生价值观念的文化类型或理论体系来源是中国社会主义核心价值体系，而认为是大众流行文化的也占到了31.46%，这说明大众流行文化的影响作用还是较大的。此外，还有部分人认为是西方外来文化，这也表明了西方外来文化具有一定的影响作用，不可忽视。

表4-10　专业教师对培育和践行社会主义核心价值观相关问题的认识思考

选项	频率（人次）	百分比（%）
（1）专业教师认为影响学生学习社会主义核心价值观效果的因素		
A. 教师的积极性	682	57.36
B. 教学方式	662	55.68
C. 学生的积极性	673	56.60
D. 校风、院风、班风	731	61.48
E. 社会环境	739	62.15
F. 其他	24	2.02
合计	—	—
（2）专业教师认为当前社会主义核心价值观培育过程中存在的问题		
A. 过于形式化，流于表面	729	61.31
B. 缺乏创新，难以引起学生兴趣	808	67.96
C. 不注重理论与实践相结合	698	58.70
D. 不注重因材施教，压抑学生个性	367	30.87
E. 过于频繁，引起学生反感	229	19.26
F. 间隔时间太长，没有效果	118	9.92
G. 其他	14	1.18
合计	—	—
（3）专业教师认为目前和谐的校园文化建设应该加强的方面		
A. 宣传学校核心价值追求	639	53.74
B. 加强师德师风和学术道德建设	777	65.35
C. 开展丰富多彩的校园文化活动	817	68.71
D. 加强校园环境设施建设	568	47.77
E. 利用网络技术加强文化宣传	513	43.15
F. 其他	22	1.85
合计	—	—

续表

选项	频率(人次)	百分比(%)
(4)专业教师对教师如何更好地疏导学生心理、塑造学生健康人格的认识		
A. 加强心理学知识的学习	586	49.29
B. 开展谈心活动,倾听学生心理困惑	800	67.28
C. 为人师表,做学生榜样	793	66.69
D. 课堂渗透人生观、价值观教育	791	66.53
E. 其他	15	1.26
合计	—	—
(5)专业教师对中华优秀传统文化对其价值观影响的看法		
A. 强烈影响日常行为和生活	610	51.30
B. 影响一般,有时会在行动中参照	491	41.30
C. 影响较小,偶尔会在行动中参照	79	6.64
D. 完全没有影响	9	0.76
合计	1189	100.00
(6)专业教师对中华民族伟大的凝聚力主要方面的认识		
A. 中华传统文化	416	34.99
B. 爱国主义	429	36.08
C. 国家富强统一	244	20.52
D. 人民生活水平	100	8.41
合计	1189	100.00
(7)专业教师对我国传统士人的情怀与担当在当今的情况的认识		
A. 很好地传承与发扬	251	21.11
B. 有所淡薄,应加强传承	471	39.61
C. 根据时代要求,有选择地继承发扬	452	38.02
D. 新的时代,旧东西已过时	15	1.26
合计	1189	100.00
(8)专业教师对主要影响学生价值观念的文化类型或理论体系内容的认识		
A. 西方外来文化	189	15.90
B. 中国社会主义核心价值体系	448	37.68
C. 中国传统文化	178	14.97
D. 大众流行文化	374	31.46
合计	1189	100.00

　　从以上针对专业教师的调研和针对思政人员的调研情况相比较来看，二者之间在一些问题阐述和思考方面存在着比较一致或类似的态度与做

法，但也体现出一定的差异，反映出二者在培育和践行社会主义核心价值观以及开展思想政治教育过程中的不同理论认识和工作实践背景或体验感受的不同，为我们下一步更好地分析、探寻加强和提升高校培育和践行社会主义核心价值观及思想政治教育工作的对策与建议，提供了丰富的素材来源与现实依据。

第五章 高校思想政治教育情况调研（学生部分）

高校培育和践行社会主义核心价值观是高校思想政治教育工作的重要内容，我们在培育和践行社会主义核心价值观的过程中，需要更好地了解高校思想政治教育的实际情况。为此，课题组通过问卷和访谈的形式，以河南省高校为例，对高校思想政治教育情况进行了实证调研。本章我们首先分析以大学生群体为调研对象所进行的高校思想政治教育工作调研情况，即从大学生这一调研途径获知高校思想政治教育工作的有关情况。

一 思想政治教育调研问卷的编印

2017 年 2 月，在李申申教授的组织带领下，课题组随即启动了高校思想政治教育调研的学生问卷的编制工作。课题立项之前，课题组已有半年多时间的前期准备工作和积累，此次问卷编制历时两个多月，先后召开近 10 次问卷编制研讨会，对问卷调研目的、调研思路、问卷题目内容等进行充分研究，最终于 2017 年 6 月完成《高校思想政治教育调查问卷》（学生问卷）的编制工作。

《高校思想政治教育调查问卷》主要以河南省高校为例，面向河南省高校的大学生群体进行调研，旨在通过在校大学生这一途径，详细了解高校思想政治教育实施过程和基本现状。问卷编制之后，印制问卷 5000 份，后根据调研需要又先后加印 2 次（分别加印 500 份、200 份），最终该问卷共印制 5700 份用于开展调研。需要说明的是，本问卷同样适用于对全国其他地区的高校进行调研，根据研究计划，我们是以河南省高校为例展开调研的。

二　思想政治教育问卷调查的开展

根据课题研究需要和计划安排，课题组经过讨论并与有关高校参与支持的调研人员进行多次协商，学生问卷调研工作于 2017 年 9 月正式展开，至 2018 年 1 月全部结束。调研基本情况如下。

（一）调研学校、问卷发放与回收和有效问卷录入情况

《高校思想政治教育调查问卷》调研高校共计 25 所，具体高校名单、发放问卷数、回收问卷数、有效问卷数的情况详见表 5 – 1。

表 5 – 1　高校思想政治教育情况调查学校名单及问卷情况

单位：份

序号	学校名称	发放问卷数	回收问卷数	有效问卷数
1	华北水利水电大学	200	187	169
2	南阳师范学院	200	195	182
3	河南财政金融学院（原河南财专部分）	200	183	156
	河南财政金融学院（原河南教育学院部分）	200	191	169
4	郑州旅游职业学院	200	196	167
5	郑州师范学院	200	194	179
6	河南工业大学	200	175	165
7	许昌学院	200	160	149
8	河南牧业经济学院	200	197	185
9	郑州大学	200	183	183
10	河南科技大学	200	196	182
11	郑州工程技术学院	200	200	192
12	安阳工学院	200	191	181
13	中原工学院	202	202	195
14	南阳理工学院	200	200	171
15	河南大学	584	577	558
16	黄河水利职业技术学院	300	296	259

序号	学校名称	发放问卷数	回收问卷数	有效问卷数
17	开封大学	200	130	108
18	三门峡职业技术学院	200	187	150
19	驻马店职业技术学院	200	183	169
20	河南农业大学	200	191	181
21	信阳师范学院	200	197	191
22	开封文化艺术职业学院	200	192	170
23	商丘师范学院	200	198	187
24	洛阳师范学院	200	190	180
25	周口师范学院	200	199	180
	合计	5686	5390	4958

注：（1）序号排名不分先后；（2）发放问卷数系问卷印制后交由调研高校问卷的数量（数量一般为整数，部分高校由于发放时查数有微小误差而出现零数，列入本表时以事实为准，故有整有零）；（3）回收问卷数是指问卷回收时的数量，个别高校由于特殊原因回收数与发放数差别稍大，在此按实际情况列出，在一定程度上反映出本调研的工作量；（4）有效问卷数是指对回收问卷进行甄别后录入统计系统中、能够用于统计的有效问卷数量；（5）河南财政金融学院是最近一年合并的高校，当时校区正处于合并状态，调研时问卷发放在不同校区，故表中有原河南财专和原河南教育学院的区分。

由表 5-1 可知，调研的高校数量较多，代表性强，涵盖了河南省各个层次的高校，调研问卷共计发放 5686 份，回收 5390 份，回收率 94.79%；剔除不合格问卷 432 份，可用于统计的有效问卷数是 4958 份，有效率 91.99%，样本量较大，可以用于统计分析。

（二）调研对象基本情况统计

思想政治教育工作情况调研的具体对象包括本科生、专科生、研究生三个层次的在校大学生，其性别、年级、政治面貌、专业类别、生源地、是否为学生干部、是否为独生子女等基本信息如表 5-2 所示。

由表 5-2 看出，调研对象中，性别上男女生均占一定比例，女生比例较高些。年级分布上，本科大二是主体，几乎占据一半；其次是大一和大三，合计占比超过 40%。学生政治面貌上，中共党员数量较少，占比仅为 4.4%；共青团员数量较多，占比超过了 90%。专业类别方面，主要是理工农医和人文社科类，二者分别占 36.99%、32.71%，合计近 70%。生源地方面，来自农村的大学生超过 60%，来自中小城市的大学生超过 30%。调

表 5 - 2　高校思想政治教育专题调研对象性别及比例

选项	频率（人次）	百分比（％）
（1）性别		
1 男	1796	36.22
2 女	3162	63.78
合计	4958	100.00
（2）年级		
1 本科大一	803	16.20
2 本科大二	2459	49.60
3 本科大三	1224	24.69
4 本科大四	353	7.12
5 硕士一年级	51	1.03
6 硕士二年级	38	0.77
7 硕士三年级	22	0.44
8 博士一年级	1	0.02
9 博士二年级	5	0.10
10 博士三年级及以上	2	0.04
合计	4958	100.00
（3）政治面貌		
1 中共党员	218	4.40
2 共青团员	4569	92.15
3 其他	171	3.45
合计	4958	100.00
（4）专业类别		
1 人文社科	1622	32.71
2 理工农医	1834	36.99
3 体育艺术	520	10.49
4 军警国防	11	0.22
5 其他	971	19.58
合计	4958	100.00
（5）生源地		
1 农村	3043	61.38
2 中小城市（县城、地级市）	1628	32.84
3 大城市（省会级城市）	287	5.79
合计	4958	100.00
（6）是否为学生干部		
1 是	1479	29.83
2 否	3479	70.17
合计	4958	100.00

续表

选项	频率（人次）	百分比（%）
（7）是否为独生子女		
1 是	1076	21.70
2 否	3882	78.30
合计	4958	100.00

研学生中，学生干部的比例接近30%。关于是否为独生子女的调查情况，独生子女和非独生子女比例基本为1:4。

三 思想政治教育问卷调查内容的统计与分析

《高校思想政治教育调查问卷》共有35道题，其中有34道客观题（含3个评价题）和1道开放性的主观题。从问卷设计内容和调研情况看，本次调查涉及内容比较全面，获得了比较有价值的调查结果。下面主要分为六个方面，即思想政治教育内容，思想政治教育影响或作用，大学生的道德素质状况，高校思政课授课情况，高校思政教育组织与管理情况，大学生对思政教育工作的认识、评价与建议等，首先对每一方面调查内容的调查结果情况进行呈现，然后进行总体性分析，可以大致梳理出以河南省高校为例的高校思想政治教育的现实情况和基本面貌。

（一）思想政治教育内容的调研与分析

表5-3为我们呈现了当前高校思想政治教育内容的主要方面。我们主要从两个角度进行统计分析。

1. 思想政治教育内容包含的具体方面

从表5-3可以看出，思想政治教育内容比较丰富，涵盖许多具体方面，80%以上的学生都基本认为思想政治教育内容包括道德素质，政治教育，价值观、世界观、人生观，爱国主义；接近80%的学生认为思想政治教育内容还包括法制观念教育、心理健康教育等；63.17%的学生认为思想政治教育内容中包括传统文化方面，这说明大多数学生注意到了思想政治教育内容的传统文化教育成分。

2. 思想政治教育具体内容选项的分析

从表5－3还可以看出，高校思想政治教育内容所包含的这几方面之间相比较而言，大多数学生还是认为，思想政治教育内容更多地应包括道德素质、政治教育这些传统内容方面，这是更多人在提及高校思想政治教育内容时首先想到的方面。虽然有较多人（比例达到70%左右）认为，思想政治教育内容也包括心理健康教育、传统文化教育等方面，但这两个方面不如道德素质、政治教育而广为学生首先所想到，也相对表明这两方面的分量还相对较小，在大学生的认识中还略显薄弱。

表5－3　高校思想政治教育内容调研情况

选项	频率（人次）	百分比（%）
A. 政治教育	4321	87.15
B. 道德素质	4455	89.85
C. 法制观念	3903	78.72
D. 心理健康	3772	76.08
E. 传统文化	3132	63.17
F. 爱国主义	4001	80.70
G. 价值观、世界观、人生观	4002	80.72
合计	—	—

（二）思想政治教育影响作用的调研与分析

表5－4为我们呈现了思想政治教育对大学生成长与发展的各个方面的影响作用情况。

表5－4　思想政治教育对大学生成长与发展各个方面的影响作用

选项	频率（人次）	百分比（%）
（1）思想政治教育对提高大学生道德素质的作用		
A. 非常大	1022	20.61
B. 较大	2285	46.09
C. 一般	1525	30.76
D. 较小	126	2.54
合计	4958	100.00

续表

选项	频率（人次）	百分比（%）
（2）思想政治教育对增强大学生法制观念的作用		
A. 非常大	953	19.22
B. 较大	2269	45.76
C. 一般	1587	32.01
D. 较小	149	3.01
合计	4958	100.00
（3）思想政治教育对提高大学生心理素质的作用		
A. 非常大	912	18.39
B. 较大	1990	40.14
C. 一般	1825	36.81
D. 较小	231	4.66
合计	4958	100.00
（4）思想政治教育对大学生树立人生观、价值观、世界观的作用		
A. 非常大	1060	21.38
B. 较大	2234	45.06
C. 一般	1483	29.91
D. 较小	181	3.65
合计	4958	100.00
（5）思想政治教育对大学生了解国家政策、方针的作用		
A. 非常大	924	18.64
B. 较大	2128	42.92
C. 一般	1646	33.20
D. 较小	260	5.24
合计	4958	100.00
（6）思想政治教育对大学生的帮助情况		
A. 提高道德素养	4097	82.63
B. 增强爱国意识和民族自豪感	3917	79.00
C. 增强法制观念	3704	74.71
D. 完善人生观、价值观、世界观	3824	77.13
E. 促进心理健康	3517	70.94
F. 继承和弘扬中华优秀传统文化	3079	62.10
G. 提高思想政治水平	3340	67.37
H. 其他	131	2.64
合计	—	—

高校思想政治教育对大学生各方面具有重要的影响作用，对大学生各个方面的提高均能提供帮助。

1. 思想政治教育对大学生各方面成长的影响作用情况

从表5-4可以看出，当前高校思想政治教育对大学生身心成长与发展、各种素质养成的影响与作用，在整体上是较好或很好的。具体来说，60%以上的大学生认为，思想政治教育对他们道德素质的形成，法制观念的增强，心理素质的提高，人生观、价值观、世界观的树立和完善，以及对国家政策、方针的理解等方面，总体上起到了较大甚至非常大的作用。但从表5-4中也可以看出，相当一部分大学生（基本上占到了三分之一的比例）认为，思想政治教育对他们的影响作用还是很一般的，有些人甚至认为比较小。

2. 思想政治教育对大学生成长影响作用各方面之间的程度比较

思想政治教育对大学生成长发展的各个方面产生了不同程度的影响。从表5-4可以看出，70%以上的大学生认为，通过思想政治教育工作，他们的道德素养、爱国意识和民族自豪感以及法制观念得到有效提高，其人生观、价值观、世界观得以完善。相对来说，思想政治教育在促进大学生心理健康、提高大学生思想政治水平、继承和弘扬中华优秀传统文化等方面，还有更多的增强空间。

（三）大学生的道德素质状况

表5-5显示了大学生对当今大学生群体道德素质状况的自我认识。从该表中可以看出，关于当今大学生群体道德素质状况，认为整体非常好的比例为6.64%；近60%的人认为大学生道德素质整体上较好；而认为大学生道德素质整体一般的比例占到了33.26%。由此也可以看出，虽然大多数人对当今大学生群体道德素质持肯定态度，但这一比例并不高（64.85%），而认为大学生道德素质整体一般的比例基本达到了三分之一。大学生对其群体道德素质状况有这样的认识情况，十分值得我们关注。

表5-5 当今大学生的道德素质状况

选项	频率（人次）	百分比（%）
A. 整体非常好	329	6.64
B. 整体较好	2886	58.21
C. 整体一般	1649	33.26
D. 整体较差	94	1.90
合计	4958	100.00

（四）高校思政课授课情况

我们这里所说的思政课，也就是我国现阶段在普通高校开设的马克思主义理论课和思想政治教育课所包含的专门课程，即通常所说的"两课"。思政课是高校开展思想政治教育的主渠道之一，具有重要的地位和作用。高校思政课开设情况也是本课题组调研的重点内容之一。表5-6至表5-13的统计在一定程度上为我们呈现了当前高校思政课开展的基本情况。

表5-6 大学生对高校开设思想政治课的主要教学目的的认识

选项	频率（人次）	百分比（%）
A. 提高学生思想政治素质	2751	55.49
B. 传授思政课本的知识	832	16.78
C. 提升学生道德修养	925	18.66
D. 完成教育主管部门任务	450	9.08
合计	4958	100.00

表5-7 思政课任课教师授课内容与社会现实问题的结合情况

选项	频率（人次）	百分比（%）
A. 经常结合	1378	27.79
B. 较多结合	3009	60.69
C. 很少结合	552	11.13
D. 从未提及	19	0.38
合计	4958	100.00

表 5-8 思政课任课教师授课中涉及中国传统文化的情况

选项	频率(人次)	百分比(%)
A. 非常多涉及	644	12.99
B. 较多涉及	2838	57.24
C. 较少涉及	1435	28.94
D. 没有涉及	41	0.83
合计	4958	100.00

表 5-9 思政课的内容编排合理性

选项	频率(人次)	百分比(%)
A. 非常合理	703	14.18
B. 比较合理	3576	72.13
C. 不太合理	631	12.73
D. 非常不合理	48	0.97
合计	4958	100.00

表 5-10 激发思想政治课学习的积极性因素

选项	频率(人次)	百分比(%)
A. 课程内容丰富,兼顾趣味性	3995	80.58
B. 课程知识对自己有用	2858	57.64
C. 课堂环境宽松,与学生互动灵活	3120	62.93
D. 任课老师语言具有艺术性,课堂不枯燥	3521	71.02
E. 任课老师个人魅力	2637	53.19
F. 教育手段多样化	2156	43.49
G. 老师考前会划重点,给分高	1162	23.44
H. 其他	67	1.35
合计	—	—

表 5-11 思政课老师的授课方式

选项	频率(人次)	百分比(%)
A. 以讲授课本内容为主	3218	64.91
B. 能结合实例或补充资料讲授	3609	72.79
C. 组织课堂讨论	2258	45.54
D. 经常让学生授课	946	19.08
E. 组织课堂游戏或其他活动	1083	21.84
F. 组织观看视频资料	2676	53.97
G. 其他	43	0.87
合计	—	—

表 5 - 12 思政课上对大学生表达个人观点予以尊重的教师数量

选项	频率（人次）	百分比（%）
A. 大多数老师	2799	56.45
B. 部分老师	1188	23.96
C. 少数老师	345	6.96
D. 未表达过个人观点	626	12.63
合计	4958	100.00

表 5 - 13 大学生思想政治课的学习情况

选项	频率（人次）	百分比（%）
A. 积极主动地理解老师教授的内容	1954	39.41
B. 遇到自己喜欢的内容会认真听	2198	44.33
C. 被动听课，为了应付考试	382	7.70
D. 在课上做其他事情，考前突击	320	6.45
E. 经常逃课，考前突击	54	1.09
F. 对于上课和考试都无所谓	50	1.01
合计	4958	100.00

从表 5 - 6 至表 5 - 13 可以看到，本课题调研主要关注了高校思政课开设中的几个主要方面和其现实状况，这些方面在一定程度上显示了当前高校思政课出现的问题或存在的困境，我们分析如下。

1. 大学生对高校开设思政课的主要教学目的的认识

高校开设思政课的目的肯定不止一个，这些目的是综合性的。本问卷中列举了几种大家认为的主要开设目的选项，让学生选择自己所认同的（最）主要的开设目的，这种问卷设计旨在让大学生主动思考思政课最主要、最根本的教学目的，让他们表达出自己所认识的、现实正在接受的思政课开设的主要教学目的是什么。调研结果显示，55.49% 的大学生认为开设思政课的主要目的是提高学生思想政治素质；有 18.66% 的大学生认为开设思政课的主要目的是提升学生道德修养；而有 25.86% 的大学生认为，开设思政课的主要目的是传授思政课本的知识或完成教育主管部门的任务，这两种认识比例之和达到了四分之一多，值得我们关注。

2. 高校思政课授课内容的有关情况

关于高校思政课中的具体授课内容情况，我们主要考察了三个方面的主要问题:一是思政课任课教师的授课内容与社会现实问题的结合情况,调查显示,当前的思政课授课内容能够较多地或经常性地与社会现实问题相结合(这一认同比例达到了 88.48%),这也肯定了思政课对社会现实性的关照问题;二是任课教师授课中涉及中国传统文化的情况,调查显示超过 70% 的人认为当前思政课任课教师在授课中非常多或较多涉及中国传统文化内容,但也还有近三成的大学生反映思政课教学内容中较少或未涉及中国传统文化的情况;三是思政课内容编排的合理性问题,86.31% 的大学生认为思政课的内容编排非常合理或比较合理,这也肯定和反映出当前思政课内容改革的成效,但也有超过 10% 的大学生认为思政课的内容编排还不够合理。

3. 思政课授课具体情况

关于高校思政课授课具体情况,本调研关注了下述三方面的情况。一是激发思想政治课学习的积极性因素方面。从表中可以看出,激发思想政治课学习的积极性因素集中体现在课程内容、任课教师授课语言、课堂环境、课程知识有效性、任课教师个人魅力等方面,这几个方面值得思政课教学的深入研究,而这几个方面最突出的因素可以归结为两大方面,即课程内容和任课教师的教学,其中暗含二者的辩证关系,即有内容还需要有教学,内容与教学即课程与师资问题应该还是思政课教学的最重要问题。此外,有 23.44% 的大学生对思政课考试具有功利性认识问题。

二是关于思政课老师的授课方式调查。统计显示,70% 左右的大学生认为任课教师的主要授课方式是课程讲授与实例分析相结合,有较多的讨论形式或活动形式,进一步丰富了授课方式,从中也肯定了思政课教学需要充实资料、丰富素材,避免沦为说教,融合更多材料,才能让思政课更加"有味""有趣""有吸引力""有实效"。

三是关于思政课上对大学生表达个人观点予以尊重的教师数量的调查。表 5 - 12 可知,56.45% 的大学生认为大多数老师还是能够尊重学生表达个人观点的,体现了课堂教学具有一定的民主性,但这一比例并不十分高。而且调查也显示,思政课上还有"沉默的一部分学生",没有体现出思政课中思想性互动的一面。

4. 大学生思想政治课的学习情况

关于学习思政课情况的调查，我们也是一种整体性的调研，从选项中可以看出，本课题组主要调研考察了学生的听课情况、上课纪律情况、对待考试与学习情况。通过调查分析，大学生思想政治课的学习整体情况良好，39.41%的大学生能够积极主动地理解老师教授的内容，44.33%的大学生遇到自己喜欢的内容会认真听课。但有16.25%的大学生应付或消极应对思政课学习。

（五）高校思政教育组织与管理情况

关于高校思政教育组织与管理这一方面内容的调查情况，如表5-14至表5-21所示，我们主要从以下几个方面对调研情况进行总结分析。

1. 关于高校辅导员和党团部门老师与学生之间的关系

由表5-14可知，近四成大学生认为高校思政工作的老师与学生之间关系密切，能够注重帮助学生成长；而超过一半的大学生认为高校思政工作的老师与学生之间关系一般，主要在于布置工作、传达文件、组织活动等；甚至超过10%的大学生认为高校思政工作的老师与他们之间的关系不容乐观。师生关系是教育中最重要的关系，辅导员和党团工作管理部门的老师对大学生思想成长和素质养成具有主要影响，会直接影响大学生今后的社会关系营造，调研中师生关系不乐观的情况尽管比例小，但也超过了10%，十分值得我们注意。

表5-14　高校辅导员和党团部门老师与学生的关系情况

选项	频率（人次）	百分比（%）
A. 关系亲密，注重帮助学生成长	1826	36.83
B. 关系一般，主要在于布置工作、传达文件、组织活动	2613	52.70
C. 关系淡漠，交流少	460	9.28
D. 关系较差，学生有抵触情绪	59	1.19
合计	4958	100.00

2. 关于高校思想政治教育的组织与实践活动情况

从表5-15可以看出，近四成大学生认为高校经常组织思想政治教育活动或组织较多,而近一半学生则认为组织活动情况一般,有11.86%的大学生则觉得组织活动较少。这一方面反映出高校组织思想政治教育活动虽然达到了一定要求,但还有提高的空间;另一方面也反映出组织活动覆盖面不是很大,部分大学生参与性较低。

表 5 - 15　高校组织思想政治教育活动情况

选项	频率(人次)	百分比(%)
A. 经常	398	8.03
B. 较多	1521	30.68
C. 一般	2451	49.44
D. 较少	588	11.86
合计	4958	100.00

3. 关于高校进行思想政治教育的主要途径

从表 5 - 16、表 5 - 17 调研显示情况和对比情况可以看出,高校实际中进行思想政治教育的主要途径是思政课程、党团活动、级会或班会、讲座等,社会实践活动和网络也是其中的重要途径。而大学生更愿意接受的思想政治教育途径排在第一位的是开展社会实践活动,当然,有近四成大学生认识到思政课程的重要性和必要性。此外,许多大学生也愿意通过网络和讲座途径接受思想政治教育。这说明这几种途径各有优势,需要各高校根据实际情况综合运用。再者,结合表 5 - 18、表 5 - 19 可以看出,大学生一方面愿意接受党团活动这种形式,另一方面也反映出党团活动不能很好地让学生从根本上接受,需要改进;虽然较多学生更乐意通过社会实践活动接受思想政治教育,且社会实践活动总体上效果不错,但仍需要进一步提升其意义和价值。

表 5 - 16　高校进行思想政治教育的主要途径

选项	频率(人次)	百分比(%)
A. 思政课程	3798	76.60
B. 党团活动	2998	60.47
C. 级会或班会	3126	63.05
D. 社会实践活动	2282	46.03

续表

选项	频率（人次）	百分比（%）
E. 网络	1577	31.81
F. 讲座	2484	50.10
G. 其他	62	1.25
合计	—	—

表 5-17　大学生更愿意接受的思想政治教育途径

选项	频率（人次）	百分比（%）
A. 思政课程	1886	38.04
B. 党团活动	1660	33.48
C. 级会或班会	1530	30.86
D. 社会实践活动	3459	69.77
E. 网络	1950	39.33
F. 讲座	1870	37.72
G. 其他	76	1.53
合计	—	—

表 5-18　大学生对所在学校进行的党团活动的看法

选项	频率（人次）	百分比（%）
A. 高效且有意义	1081	21.80
B. 尚可接受	2961	59.72
C. 枯燥,浪费时间	748	15.09
D. 无所谓,不关心	168	3.39
合计	4958	100.00

表 5-19　大学生对所在学校思想政治教育组织的社会实践活动的看法

选项	频率（人次）	百分比（%）
A. 非常有意义	843	17.00
B. 比较有意义	2305	46.49
C. 一般	1614	32.55
D. 意义不大	196	3.95
合计	4958	100.00

在互联网时代，高校如何占领网络阵地加强思想政治教育也是一项重要课题，从表5-20可以看出，目前高校已经较为重视网络平台对于思想政治教育的宣传和教育作用，但还不够，还有待于进一步加强。

表5-20　高校网络平台对于思想政治教育的宣传频次

选项	频率(人次)	百分比(%)
A. 非常多	482	9.72
B. 较多	2049	41.33
C. 一般	2110	42.56
D. 较少	317	6.39
合计	4958	100.00

4. 关于高校的校园文化建设

高校校园文化建设涉及的内容也很多，我们主要调研了当前高校校园文化建设中涉及中国传统文化的情况。表5-21显示，当前高校比较重视传统文化进校园建设，大部分大学生认为校园文化建设涉及中国传统文化的因素比较多，但还有31.79%的大学生认为校园文化建设对中国传统文化还是较少涉及甚至没有涉及，值得关注。

表5-21　高校校园文化建设中涉及中国传统文化情况

选项	频率(人次)	百分比(%)
A. 非常多涉及	669	13.49
B. 较多涉及	2713	54.72
C. 较少涉及	1531	30.88
D. 没有涉及	45	0.91
合计	4958	100.00

（六）大学生对思想政治教育的认识、评价与建议

为了更深入地了解和探讨高校思想政治教育有关问题，我们设计了部分问题，主要调研大学生对思政教育工作本身的认识、评价与建议等情况，主要有两个目的，一是从理论上进一步探讨如何更好地深入开展思想政治教育工作；二是从大学生角度获得他们对高校思政教育工作的总体性评价，为我们进一步反思和改进高校思想政治教育提供实践支撑。具体调研情况如表 5-22 至表 5-28 和图 5-1 至图 5-4 所示。下面我们从四个方面分别叙述我们调研的基本情况。

1. 关于大学生对思想政治教育工作有关问题的认识

本问题的调研主要从以下三个方面展开。

一是对当前高校思想政治教育中存在主要问题的认识。从表 5-22、表 5-23 看出，当前高校思想政治教育工作中较为突出的问题依次是：学生参与度不高、内容枯燥乏味、缺乏浓厚的校园氛围、脱离学生实际需要、缺乏良好的社会环境、教育过程流于形式、不考虑学生个体差异等。调查显示，产生这些问题的原因主要有：思想政治教育的吸引力不足、社会环境复杂、思想政治教育不能内化于心、网络对思想政治意识的淡化、外来文化对价值观的冲击，当然也与对思想政治教育不够重视、校园风气不良、教师队伍建设不够有一定关系。

表 5-22　当前高校思想政治教育中存在的主要问题

选项	频率（人次）	百分比（%）
A. 缺乏良好的社会环境	2129	42.94
B. 缺乏浓厚的校园氛围	2417	48.75
C. 脱离学生实际需要	2157	43.51
D. 不考虑学生个体差异	1768	35.66
E. 内容枯燥乏味	2464	49.70
F. 学生参与度不高	3126	63.05
G. 教师队伍水平不一	870	17.55
H. 教育过程流于形式	1893	38.18
I. 其他	46	0.93
合计	—	—

表 5-23　高校思想政治教育存在问题的原因

选项	频率（人次）	百分比（%）
A. 校园风气不良	1144	23.07
B. 社会环境复杂	2415	48.71
C. 网络对思想政治意识的淡化	2262	45.62
D. 外来文化对价值观的冲击	2070	41.75

选项	频率（人次）	百分比（%）
E. 思想政治教育不能内化于心	2406	48.53
F. 对思想政治教育不够重视	1677	33.82
G. 思想政治教育的吸引力不足	2653	53.51
H. 教师队伍建设不够	669	13.49
I. 其他	44	0.89
合计	—	—

二是优秀传统文化与思想政治教育之间的关系问题。从表5-24、表5-25可以看出，大部分大学生认识到我国优秀传统文化与思想政治教育之间具有密切的联系，具体表现在我国优秀传统文化为思想政治教育提供大量史料、提供民族精神传承的土壤、促进思想政治教育的创新，思想政治教育应当与我国优秀传统文化融为一体。尤其是我国优秀传统文化为思想政治教育提供民族精神传承的土壤，这一观点得到了绝大部分大学生的高度认同。调研情况进而指出，优秀传统文化融入思想政治教育创新的途径主要有：营造校园环境、举办各种主题活动、充分利用新媒体以及加强课程建设等。

表5-24　大学生对我国优秀传统文化与思想政治教育之间关系的认识

选项	频率（人次）	百分比（%）
A. 我国优秀传统文化为思想政治教育提供大量史料	3013	60.77
B. 我国优秀传统文化为思想政治教育提供民族精神传承的土壤	4030	81.28
C. 我国优秀传统文化促进思想政治教育的创新	2967	59.84
D. 思想政治教育应当与我国优秀传统文化融为一体	2624	52.92
合计	—	—

表5-25　优秀传统文化融入思想政治教育创新的途径

选项	频率（人次）	百分比（%）
A. 营造校园环境	3828	77.21
B. 加强课程建设	2960	59.70
C. 举办各种主题活动	3599	72.59
D. 充分利用新媒体	3096	62.44
E. 其他	74	1.49
合计	—	—

三是大学生对思想政治教育工作者需要具备有关知识素质的问题看法。这一调研问题主要考察了对思想政治教育工作者是否需要学习心理辅导知识技能的认识。从表5－26看出，29.51%的大学生认为思想政治教育工作者学习心理辅导知识技能这一点非常需要，44.53%的大学生认为比较需要；而24.28%的大学生认为有一定需要。以上数据说明大学生迫切需要具有良好心理素质和较高心理辅导能力的辅导员带领和引导他们心理健康成长，也反映出思想政治教育工作者在实际教育工作中较好地掌握心理辅导知识技能的必要性和重要性。

表5－26 大学生对思想政治教育工作者是否需要学习心理辅导知识技能的认识

选项	频率（人次）	百分比（%）
A. 非常需要	1463	29.51
B. 比较需要	2208	44.53
C. 有一定需要	1204	24.28
D. 无所谓	83	1.67
合计	4958	100.00

2. 关于大学生对思想政治教育视野下的自我认识问题

思想政治教育对大学生的学习生活及其成长发展具有重要影响，成为他们学习生活的重要组成部分。本调研主要考察了大学生在思想政治教育视野下对思想教育影响及其自身发展的自我认识问题。

一方面，关于思想政治教育在大学生学习生活中的地位问题。如表5－27所示，65.17%的大学生认为思想政治教育在大学生的学习生活中占有非常重要或比较重要的地位，而31.57%的大学生认为思想政治教

表5－27 思想政治教育在大学生的学习生活中占有的地位

选项	频率（人次）	百分比（%）
A. 非常重要	875	17.65
B. 比较重要	2356	47.52
C. 一般	1565	31.57
D. 可有可无	162	3.27
合计	4958	100.00

育在其学习生活中地位一般，还有个别大学生认为思想政治教育在其学习生活中可有可无，尽管持此种观点的大学生占比较小，我们认为，哪怕仅有一人持此种观点，高校思想政治教育工作者和全体教育者都不可听之任之，对于任何一名大学生来说，其在成长与发展的过程中一旦发生偏差，其自身将会受到100%的影响。

另一方面，在思想政治教育视野下，通过调研，我们也看到了许多大学生认识到了大学生群体存在的不足。由表5-28可知，大学生认为他们（大学生群体）存在的几种主要不足表现，首先是社会经验不足、缺乏集体意识、心理素质较差、缺乏责任感、以自我为中心，其次是缺乏艰苦奋斗精神、适应能力差，再次是理想信念缺乏、道德观念淡薄、价值取向偏离等。这些不足表现为很大一部分同学所认同。这也反映出思想政治教育实际工作中应着重加强的一些方面。

表5-28 大学生群体普遍存在的不足表现

选项	频率（人次）	百分比（%）
A. 心理素质较差	2721	54.88
B. 缺乏集体意识	2832	57.12
C. 缺乏责任感	2687	54.20
D. 适应能力差	1965	39.63
E. 社会经验不足	3383	68.23
F. 道德观念淡薄	1842	37.15
G. 以自我为中心	2560	51.63
H. 缺乏艰苦奋斗精神	2428	48.97
I. 价值取向偏离	1398	28.20
J. 理想信念缺乏	1875	37.82
K. 其他	91	1.84
合计	—	—

3. 关于大学生对当前高校思想政治教育情况的总体性评价

本次调研数量为4958人次，评议者对各项指标打分从最低1分至最高10分，评分在1~4分属于较低，评分在5~7分属于一般程度，评分在8~10分属于优秀。具体评分情况详见图5-1至图5-3，图横轴为评分分值，纵轴为评分比例，柱状图显示该评分下的具体比例。

一是对思政教育内容的整体评分。如图5-1所示，评分为8分以上的比例为48.21%，接近50%；评分在5~7分的比例为46.06%，比较接近50%；评分在1~4分的比例为5.72%，较少一些。这说明大学生比较肯定思政教育的内容，但思政教育内容的优秀率并不很高，一般程度的也占较大比例，思政教育的内容有待进一步优化。

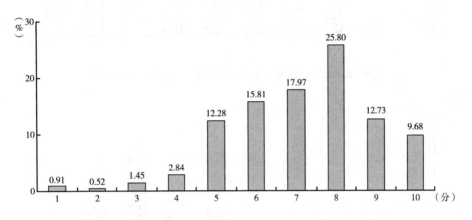

图5-1 大学生对当前高校思政教育内容的整体评分一览

二是对当前高校思政教育方式的整体评分。如图5-2所示，评分为8分以上的比例为41.41%；评分在5~7分的比例占49.33%；评分在1~4分的比例为9.26%。同样，优秀率并不很高，一般程度占比较大。

三是对当前高校思政教育工作者的整体评分，如图5-3所示，评分为8分以上的比例占到了57.48%，超过50%；评分在5~7分的比例占38.25%；评分在1~4分的比例为4.27%。与内容评分和教育方式评分相比较，对思政教育工作者的评分优秀率上升，达到57.48%。这也是对思政教育工作者的肯定。

从以上三方面看出，高校思政工作在整体上值得肯定，但还需要加强和提高，尤其是我们调研的这三个方面更需要进一步的优化和提升。

4. 大学生对当前高校的思想政治教育工作建议的调查

本次调研设计了一个开放题，请参与调研的大学生谈谈对当前高校的思想政治教育工作的建议。本问卷调研数量共4958份，由于是开放题，

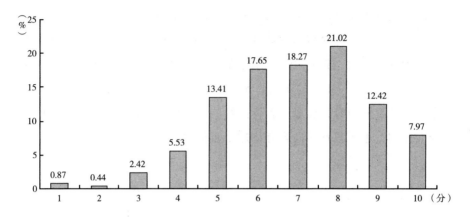

图 5-2　大学生对当前高校思政教育方式的整体评分一览

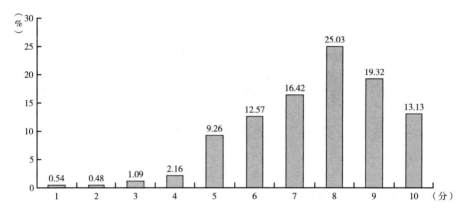

图 5-3　大学生对当前高校思政教育工作者的整体评分一览

需要调研对象写出具体的意见和建议的文字，有部分调研者并没有对此作答或写出明确的建议，但有相当一部分参与者对本题进行了很好的回答，这个比例从图 5-4 可以看出，回答人数的比例占了大约三分之一，回答人数也达到了约 2000 人次，因此从中我们可以做一下统计与分析。

　　我们对大学生回答的原话进行了整理统计与分析，从中看出学生回答的内容很丰富，有的语言十分中肯，有的语言言简意赅，有的语气充满期望，有的建议十分到位，我们认为这些都是他们比较自然的、真诚的回答。经过对这些回答内容进行梳理和分类，通过统计分析方法处理，我们得到如图 5-4 所示的大学生对思想政治教育工作提出主要建议内容的频次图。图中的横坐标为大学生提出的主要建议的分类内容，纵坐标数字显示了提出该建议内容的频次。由图 5 - 4 可以看出，大学生强烈呼吁在思想政治教育工作中多组织实践活动，通过活动形式更好地开展思想政治教育；较强烈呼吁要增加学生参与度，让更多学生甚至全部学生更好地参与到各种思想政治教育活动中；大学生还呼吁高校在开展思想政治教育时教育形式要多样化、注重创新、加强思想政治教育的趣味性、注重理论与现实相结合、营造良好氛围。

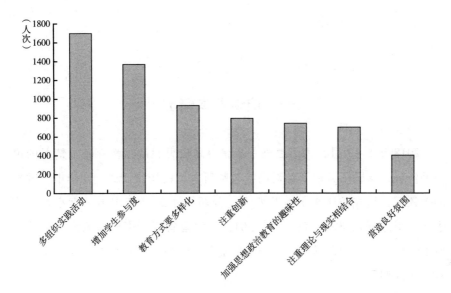

图 5 - 4　大学生对思想政治教育工作主要建议内容提出人次

第六章 高校思想政治教育情况调研（教师部分）

一 访谈基本情况

2018 年 5 ~ 7 月，为了更进一步获得高校思想政治教育基本情况的第一手资料，课题组开展了针对高校教师所进行的访谈调研。在李申申教授的带领下，组成访谈调研组共四人，分两个小组（李申申、李小妮；陈永强、李志刚），以河南省高校为例，对河南省五所高校即河南大学、中原工学院、商丘师范学院、三门峡职业技术学院、周口师范学院，进行了实地访谈调研。

（一）访谈具体过程

一是选择访谈调研路径。主要采取实地访谈的方式，即课题组成员亲自赶赴这些高校，与访谈对象进行面对面的访谈调研和实地考察。

二是确定访谈调研对象。通过比较熟悉的高校联系人，抽取了这些高校具有一定代表性的思政课教学和思政教育工作教师进行访谈。这些教师一般来说具有一定的工作年限（高校教龄不能太短，至少有 3 年及以上工作经历），热爱教育尤其是思政教育工作，爱岗敬业，认真负责，由此有望获得更多的、具有一定价值的信息材料。

三是确定访谈基本方式。采用非结构化访谈，拟定一个主题，围绕主题展开访谈，目的在于营造良好宽松的访谈氛围，多方面获取有价值的信息材料。拟定的访谈主题是：从您个人工作的角度谈一谈，当前高校思想政治教育工作，以及培育和践行社会主义核心价值观，存在的主要问题是什么？或者最大的困惑是什么？并简述其中的原因、因素等；您对改进和提升高校思想政治教育工作，对高校培育和践行社会主义核心价值观等，有哪些意见和建议？

（二）访谈记录情况

本次访谈采用无记名、开放式方式进行，记录访谈对象的基本信息，包括姓名、性别、年龄、教龄、职称、岗位或职务，以及本硕博等毕业学历及其专业和学校，从事思政工作或教学工作情况，以及访谈内容等。

访谈对象共有 16 人。我们主要采用到所在高校进行实地考察、面对面访谈的形式。其中一所高校由于其中 1 位接受访谈的老师到河南大学出差，见到了课题组成员，我们随即进行了面对面访谈，并列出一份调查提纲，委托其在所在的高校再进行 3 位老师的访谈，其他 12 位老师的访谈均是课题组访谈人员亲自到访谈对象所在高校进行当面的访谈，收到了很好的效果。每次访谈过程中，课题组的访谈人员和访谈对象都紧紧围绕中心问题进行充分的交流和谈话，必要时进行追问和讨论，大家畅所欲言，尤其是主要听取了访谈对象对高校思政教育工作、思政课教学等方面的看法，十分真切地聆听了高校一线思政教学和思政工作人员的心声，发现了许多存在的问题与困惑，收到了十分宝贵的意见和建议。为了更好地记录保存访谈内容，我们采用专门稿纸进行记录，达 33 页，随后整理成 Word 文档，字数有 13000 多字。

二 访谈内容及整理

（一）访谈对象基本信息

本研究的访谈共调研了 16 位教师。我们对访谈对象的基本信息进行了整理，如表 6-1 所示。从表 6-1 可以看出，16 位访谈对象中，男教师 7 人、女教师 9 人；他们的平均年龄为 43 岁；在高校的教龄平均为 18

年；教授 3 人、副教授 8 人、讲师 5 人；辅导员 1 人、专业任课教师 2 人，其余 13 人均为思政课一线任课教师，有的甚至从教达 30 余年。从面对面的访谈中我们能够清楚地感受到，这些老师对思政工作和思政课教学均十分认真投入、敬业上进，大多数老师均承担着繁重的思政课教学任务，部分老师还主持有多项思政课题的研究，有的获得教学、科研、师德等各种层次类别的奖励和荣誉称号。

表 6-1　访谈对象基本信息

访谈对象代号	访谈学校	访谈对象	性别	年龄	教龄	职称	学历	岗位/职务	工作内容	备注
FT01	A 大学	C 老师	女	52	27	教授	硕士	思政课任课教师	主讲《毛泽东思想和中国特色社会主义理论体系概论》《中国近现代史纲要》	
FT02	A 大学	L 老师	男	50	26	讲师	本科	思政课任课教师	主讲《毛泽东思想和中国特色社会主义理论体系概论》《中国近现代史纲要》	
FT03	A 大学	H 老师	女	39	10	副教授	博士	思政课任课教师	主讲《思想道德修养与法律基础》《毛泽东思想和中国特色社会主义理论体系概论》	
FT04	A 大学	L 老师	男	40	16	副教授	博士	思政课任课教师	主讲《科学技术哲学》《形势与政策》	
FT05	B 大学	L 老师	女	39	10	讲师	硕士	思政课任课教师	主讲《思想道德修养与法律基础》	
FT06	B 大学	Z 老师	女	41	17	副教授	硕士	思政课、大学生就业与创业课任课教师	主讲《职业规划与职业素质养成训练》《思想道德修养与法律基础》《毛泽东思想和中国特色社会主义理论体系概论》	
FT07	B 大学	H 老师	男	45	12	讲师	硕士	思政课任课教师	大部分思政课都教过	本校思政课师资缺乏

续表

访谈对象代号	访谈学校	访谈对象	性别	年龄	教龄	职称	学历	岗位/职务	工作内容	备注
FT08	C大学	J老师	男	38	15	讲师	本科	思政课任课教师/学院办公室主任	主讲《马克思主义基本原理概论》《形势与政策》	
FT09	C大学	L老师	女	55	32	教授	本科	思政课任课教师	主讲《毛泽东思想与中国特色社会主义思想概论》	
FT10	C大学	Z老师	男	43	20	副教授	博士	思政课任课教师/校纪委办主任	主讲《形势与政策》	
FT11	C大学	C老师	女	35	5	副教授	博士	专业课任课教师	主讲《教育学》	
FT12	D大学	N老师	女	33	5	讲师	硕士	思政教育工作者	学生工作办公室副主任/辅导员	
FT13	D大学	L老师	女	38	16	副教授	硕士	思政课任课教师	主讲《中国近现代史纲要》《形势与政策》	
FT14	D大学	F老师	女	47	23	副教授	本科	专业课任课教师/教研室主任	主讲《普通心理学》《青少年心理发展与教育》	
FT15	E大学	W老师	男	38	16	副教授	博士	思政课任课教师	主讲《形势与政策》	
FT16	E大学	Z老师	男	55	31	教授	博士	思政课任课教师	主讲《马克思主义基本原理概论》	

注：（1）访谈代号只是为了对其访谈内容整理分析时更方便一些；为了更方便地统计分析，我们对访谈的学校和访谈的对象均采用了字母指代；（2）岗位或职务的分类包括思政课任课教师、专业课任课教师、思政教育工作者（包括辅导员和其他学生管理岗位的老师）。

（二）访谈内容整理

本次访谈采取非结构化形式，获取了十分丰富的信息资料，使我们较为直观、如同亲历、深刻感受到高校思想政治教育工作和思政课教学现实状况，也让我们多方面、多角度发现其中存在的一些问题，每位访谈对象还本着认真负责、爱岗敬业的精神与态度，向我们提出许多富有积极意义和现实价值的意见与建议。

为了更加清晰、深入了解和分析访谈内容,我们对每一位访谈对象谈论的原始内容按照每句话表达一个意思的标准进行了梳理,列出了261条访谈信息。对这些访谈信息中的每句话所包含的主题、关键词和涉及的基本问题等进行了认真的梳理和厘定,统计分析于后。

我们根据访谈时的原始记录,整理了如表6-2所示的共计261条原汁原味的访谈信息,较详细地呈现了与每位访谈对象进行谈话时所涉及的访谈内容。

表6-2 高校教师思想政治教育工作情况访谈调研内容

1. 访谈对象 FT01 的访谈内容[第(1)~(13)条,共13条]

(1)从(思政课)内容上看,交叉重叠多。

(2)学生(对思政课)没有了新鲜感。

(3)(思政课)知识弹性大,缺乏刚性要求。

(4)学生几乎对所有的理论性偏宏观的(思政)课程都缺乏兴趣。

(5)学生对(思政课)缺乏学习动力,或兴趣使然不愿学(随着性子不想学)。

(6)学生价值取向多元化。

(7)大多数(思政课)教师实际都付出了比专业课更多的努力,而且对自己的要求也高于其他,尽管也有用各种科技手段吸引学生的做法,但成效难以一概而论。

(8)思政课教师还得以德化人、以理服人。

(9)从哲学科学研究角度,仍缺乏足以服人的研究成果,使思政课沦为说教。

(10)思政课的问题是全社会的问题,仅靠思政课改革实在是不能承受之重。

(11)全社会需要营造起共同重视思想政治教育、关注思想政治教育的氛围。

(12)网络等来源的各种各样的信息对思想政治工作存在极大影响。

(13)需要(对网络等来源的信息)通过行政手段、技术手段加以甄别和处理;否则,光靠思政老师效果并不好。

2. 访谈对象 FT02 的访谈内容[第(14)~(23)条,共10条]

(14)学生对政治理论课学习的兴趣不高。

(15)(学生)上课玩手机、做其他课作业,甚至睡觉的现象比较多。

(16)(学生)迫于考勤压力,虽然旷课迟到的情况不多,但属于情非得已,一旦考勤放松,就会很快反弹。

(17)(学生思政课的)作业抄袭、慕课刷课情况普遍。

(18)部分(思政课)教师责任心不强,对学生上课情况不管不问。

(19)部分(思政课)教师教学方法死板生硬,离开课件就不会上课。

(20)学校相关负责领导和教学主管部门应该关注政治理论课教学,给予政治理论课足够的重视,比如办公室的分配和教学的投入上,不能歧视。

(21)(思政课)教师要改变传统的教学方法,利用慕课等教学资源,采用课堂讨论、翻转课堂等形式,逐步改变学生上课被动接受知识的模式,调动学生学习的积极性。

(22)改变大班上课情况,方便教学各环节的开展和对学生课堂学习的管理。

(23)允许老师对教学过程和方法的探讨,不能用条条框框进行约束。

续表

3. 访谈对象 FT03 的访谈内容［第(24)~(31)条,共 8 条］

(24)课程内容变动大,让老师和学生有应接不暇之感。有的教材几乎每两年变动一次,每一次教材修改就要对教学内容进行较大改动。

(25)老师备课量较大。

(26)课程内容的变化也会对教育内容的稳定性、系统性造成一定的影响。

(27)由于对于内容的理解的深度、广度有一定差异,这也造成不同教师对思政课内容传达效果有一定差异。

(28)大班额上课问题很多;学生数量太多,非常不利于教师对关键问题做出深入讨论,也不利于检测学生对课程内容的掌握程度。

(29)(大班额上课)有时维持课堂纪律还会占用教师挺长的时间,影响心情。

(30)保持教材和教学内容的相对稳定性。可以通过使教材相对稳定、学材动态修改的方式解决内容变化过大的问题。或者教师主要讲解相对稳定的方面,教师和学生对变化较大的问题做出讨论性安排,而不是更多采用传统的讲授方式。

(31)多种形式扩充思想政治课教师数量规模。老师数量少,但思政课任务非常重,在课程数量不断增加的情况下,大班额是没办法解决的,必须通过各种方式解决。

4. 访谈对象 FT04 的访谈内容［第(32)~(49)条,共 18 条］

(32)学生对政治理论的重要性认识不足。让学生写为何学理论、学政治,很多人认识不清。

(33)(学生)认为政治遥远,政治理论不好接受。

(34)老师(要)把重要性灌输给学生,不得不用故事、视频等,虽有形式上的创新,但理论、政治教育的高度不够,失去了应有的理论高度。

(35)下一步需集体攻关,告诉学生理论与政治密切相关。政治老师本身对政治的认识高度不够,问题认识不清,仅视(思政课)为一种职业。

(36)看到意识形态方面形势严峻,青年人易被国外的一些敌对势力利用、占有。要一本正经地给青年人讲意识形态,不能只追求形式生动。

(37)思政课的实践领域(有)参观博物馆、福利院等。

(38)(思政课)实践效果如何? 现在学生写作业是在应付,如参观二七塔(之后写的作业)。

(39)许多学校都在让学生(上思政课过程中进行)调研,但我了解效果不好,效果目标达不到服务于思想政治教育的目标。

(40)理论教学枯燥,下一步通过实践有体验、熏陶,应通过实践体会各种情感,应该通过实践教学,让学生有历史感、责任感,提高理论认知。

(41)(实践和实践课教学)比(一味)学习思政理论更重要。现在孩子看到国旗有无庄严感,在人民英雄纪念碑前回忆先烈有无崇敬感?(疑问反思,话外之音是没有庄严感、崇敬感)。

(42)想有重大突破应在思政课的实践方面立国家重大课题。

(43)形势政策课,不应(只)讲事实,应引导学生想为什么出现该状况,因为事实学生会通过各种媒体获得,讲时事政治,在讲具体事例的同时,我就重点分析事态发生的原因、实质及其评价。例如,讲朝鲜半岛争执为何牵涉如此多的问题。

(44)(形势政策课)要给学生以方法、思想上的引导,给学生传授思想比传授事实更重要,让学生离开课堂后,能用方法去判断、理解事情。

(45)互联网时代影响学生的因素太多,甚至比老师的影响还大,老师要教方法。

(46)新时代是信息、数据的时代,学生接触信息的途径多种多样,教师应更加侧重对学生思想、方法上的引导。

(47)自己也有孩子,(在信息时代)也担心孩子如何发展。

(48)(在信息时代)更感觉思政重要。

续表

（49）原认为给学生传授知识，现认为（发展）思想重要，要能解释事实。

5. 访谈对象 FT05 的访谈内容[第（50）～（72）条，共 23 条]

（50）大班上课，实践课不好开展。

（51）（本校）学生入学（高考成绩才）200 分，（学生）听课的专注力不是很高，同本科有差异。

（52）我校开展的思政课活动，如戏剧等，有志愿者活动——天鹅使者，获全国银奖。

（53）学生听课情况不太好，但戏剧表演、微电影活动很好，如医护学院的《因为爱》还是不错的。宣传十九大知识竞赛效果也可以。

（54）活动对学生行为上起引导作用。

（55）我们在课程中也有项目研究，但效果不如实践课。带学生去函谷关、三门峡大坝，也有学生会背《道德经》。另外，在校体育馆摆"中国心"，对职业道德很有好处，也可摆中国地图。

（56）（思政课教学中）还是要多一些视频、案例。

（57）豫西高校思政论坛主题——让思政课活起来，引导学生用手机 APP。

（58）我院对工科更重视些。

（59）除师资不足外，老师们外出培训机会很少，没听过其他高校老师讲课。

（60）按学校要求（上课）用手机 APP 点名出勤率。

（61）本校的单招生，学习积极性主动性更差，无学习欲望。

（62）五年制是中考考不上高中的，比单招生更差（河南中招 700 分，本校的五年制录取生考不到 350 分）。

（63）我感到现在讲的社会主义核心价值观挺好的，但抵不住手机的内容。

（64）让学生讲时政播报时，有的学生讲的专题很好，如三门峡黄河旅游文化节、体育新闻、马航失联、环保等，都很好，还有两会，做得也很好。微电影校园公益，做得也很好。

（65）思想道德修养课，出一些思考题，不能让只写（传统形式的）作业。

（66）（思政课考试）不（应）只看一张考卷。

（67）思政课得考虑如何提高兴趣。

（68）学生对社会主义核心价值观的认同感还可以，只是在责任感方面还要引导。

（69）教师自身还要多学习。

（70）我们愿选中文、教育等师范类的学生教（思政课），（这些学生）素质较高。因为我们是教务处安排教师到一定专业授课。

（71）校级科研（立项）偏其他专业方向，今年还好，校级课题有思政方面。

（72）思政课教学与校园文化建设是融为一体的，教材中都有社会主义核心价值观部分。

6. 访谈对象 FT06 的访谈内容[第（73）～（87）条，共 15 条]

（73）学校抓（思政课）教学质量。

（74）上课好的老师，学生（上这些老师的课时）也玩手机。

（75）（学生）理想信念缺乏。

（76）我教职业生涯课，在一次教学讨论活动中，学生对于价值观及有关认识的讨论中，对金钱、环球旅行机会、豪宅、家庭、友情等涉及多，对学习涉及较少。

（77）前几年，湖南株洲一教师称让学生努力学习可以有金钱、美女，学生认同（此事）。我经常让学生思考，如此选择对不对？

（78）（高职高专教育）要唤醒职业意识。

（79）我们也想搞活动。

（80）原来讲案例可以，现在不行了。

（81）教师培训少。

（82）（思政课）考试把平时活动也计算在内。

（83）思政课应开放。

（84）不能过于分专业，照顾不同专业特点。

（85）校领导说不搞科研上不好课，鼓励（思政课）教师搞科研。

（86）教师科研方法、理论基础缺乏，思政课涵盖面较广，如经济、法律、环保等，搞科研不知从何下手。

（87）现在（学校）要求各专业都要结合思政。

7. 访谈对象 FT07 的访谈内容［第（88）～（95）条，共 8 条］

（88）（本人）思政课都教，本院教师少，还要聘请党校教师。

（89）（思政课是）大班上课。

（90）（思政课）实践课少。

（91）（本校是高职高专学生）与本科差距很大。

（92）毛概课不好上，为吸引学生用各种方法。

（93）有同学（对思政课）关注，（愿意）参加活动；有的同学无论如何提不起兴趣。上课时问到国务院有几个部委，一学生连一个也答不出来。

（94）专业课时，（专业课老师让学生把）手机装手机袋中；我的思政课没有收手机，利用手机看案例。他（学生）不看手机，也是睡觉。

（95）上海某高校思政与音乐结合（很好）。

8. 访谈对象 FT08 的访谈内容［第（96）～（112）条，共 17 条］

（96）思政课现在考试改革了，考试内容基本上都是主观题。

（97）学生手机，只能疏导，不能卡压。

（98）李老师（本校思政课一位资深老教师）对微信、雨课堂（智慧课堂一种）运用得相对成熟，教育部专家听过李老师的课，本校校长、书记都听过李老师的课。

（99）（上思政课）不用手段，学生也用手机听歌、看剧，现在引导学生正向利用手机。

（100）有部分学生，请再知名的专家（来讲思政课）也不听。

（101）（上思政课时）学生喜欢听点课外的东西，如讲故事、笑话、段子等。

（102）你讲很多内容，挡不住一件事把他思想转了。

（103）学生（对思政课教师）评价不客观公正，好好讲的老师，学生评价并不高。

（104）考试改为过程性评价，还是正确的。

（105）我在上大学时，对有些（思政）课也不想听，但毕业后想一想，老师讲的还是很系统的。

（106）老师对学生的影响很大，（学生）喜欢一个老师，也会喜欢教师讲授的这门课程。

（107）课件只是依托，每个人对问题理解不一样。

（108）老师对教师职业的看法认识不一，有人认为是一种事业，就会教好。有人认为是一种职业，若当负担，就不会有好效果。

（109）学生选课时，喜欢对课堂要求宽松、好过关的老师的课，要求严的教师的课程很少有人选。这是听上届学生说的。

（110）（思政课）内容涉及多方面，需多联系资料来讲。

（111）思政课教师所讲内容必须与中央、国家保持高度一致，不得随意发挥。

（112）教思政课教师语言难度要比专业教师大。

9. 访谈对象 FT09 的访谈内容［第（113）～（144）条，共 32 条］

（113）这几年对思政从上到下都很重视，但学生是否重视，需打问号。

（114）让领导上一学期课，体验如何调动学生，这样才理解思政课教师困境。

（115）思政课教师北京、上海、江苏对一线教师（待遇）每月增加 2000 元。

（116）我在学校 30 多年，对思政教师的起起伏伏了解得太清楚了。

(117)我们的老教研室主任 70 多岁了,对邓小平理论亲自一句一字下功夫研究,对我影响很大,敬业精神很强。现在年轻人有几个学原著?

(118)原来我们为教学亲自到农村、到企业去调研。去前写调研报告。刘庄我去过两次,到农民家走访。1995 年我去了华西村。

(119)(思政课教学)强调过程性评价,平时(成绩)50%、考试(成绩)50%。

(120)雨课堂便于大班点名,更注重师生互动。以前课结束,老师走,现在可以随时联系。课堂提问用此软件所有人可回答,且可见谁答对打错。此软件 2016 年(由)清华大学开发,我 2016 年即使用,待学校此方面改革时我已使用一年。自己需关注,以前上课学生不听,教师得关注改革的事。

(121)师生之间互动、沟通加强之后,学生对老师很亲,甚至比专业老师还亲。

(122)学生进入课堂扫码(即签到)后,我的 PPT 即输入他们的手机。对于专业课而言,记录学习过程、课堂表现很有用。

(123)思政课老师都很努力、敬业,但效果不好,不能把板子打在教师身上,我看此情况很纠结。

(124)不管如何,老师在下功夫备课中自身提高了。

(125)有学生说,老师讲的内容高中时听过了,但一问三不知;有学生是实用主义者,问学这些有何用。学生也纠结,认为耽误时间。

(126)也不否认有老师是在应付(教)课。

(127)有一名思政课教师教学(水平)很好,领导去听课,高度评价,评上了校长教学质量奖,但学生往学校教评中心告状,主要是对其教学内容不满意。教师本人很努力,下了很大功夫,也在运用软件。教师内心很纠结,不知是该迎合学生,还是该好好上课,怎样才算好。若学生能瞪眼听讲,老师的情绪很快也会越来越高。

(128)一次考前,我看学生在背题,问教研室领导今年是这题吗?回答不是。学生只背代代相传(上下年级)的考题。

(129)去年我出的(思政课考试)题,压中了国家高考题:由共享单车使用过程中出现问题解决的思考。这就是改革考试起到了作用。促使学生思考现状,就是思政课的目的。

(130)我出的题看起来不难,当让学生从宏观、理论上分析就有难度。如:由纪念马克思诞辰二百周年想到的。

(131)思政课老师应每年加强培训。

(132)我研究教学是为了实用,对学生教学有用,很少为发表论文做研究。我已有十来年没发文章、没申请项目了。

(133)我在网上看"对分"教学模式,主旨为精讲。留一部分时间给学生(留白)。关键是如何留白?

(134)有些教师采用翻转课堂,效果不好。

(135)许多教师模仿了一些教学方法、改革的表面,只用方法皮毛,没有掌握其精髓。

(136)对(思政课教学)方法已事先预定,表演性质,起不到任何作用。

(137)思政课是最难讲的课。学生首先认为不是专业课。要转变学生的看法,需下更大功夫。

(138)我有次备课到凌晨 4 点还未睡觉,后一看天亮了。

(139)共享课件行不通,每个人知识储备不一样。集体备课并不是用同一个课件。

(140)听(其他)老师课,讲的内容与教材精神不一致,有出入,甚至有错,由此角度可见集体备课也有必要。

(141)集体备课操作过程流于形式,没有被很好地执行。

(142)有些私立学校用网络视频课取代课堂教学修学分,这是教育部不允许的。

(143)思政课下了功夫还达不到效果,自己心里很纠结。

续表

（144）不能把（思政）课教成娱乐课。

10. 访谈对象 FT10 的访谈内容［第（145）～（157）条，共 13 条］

（145）学生（上思政课）是用着就听、就学，用不着就不学。

（146）社会现实与教材有矛盾，你讲的与现实不一致，一些负面的东西对学生影响很大。

（147）现在全国性的相关会议很多。我准备跟院领导申请咱院承办全国思政研讨会。上海师范大学马克思主义学院（曾）承办过，除代表往返路费外，一律不收费。

（148）探索新的教学方法、新的教学尝试。

（149）课堂上随时随地出现一些问题，学生们的提问，其实是对教师素质要求更高；在讲课中，学生发生一些新情况，如何应对？教师要有驾驭课堂的能力。

（150）无论用哪种教学方法，教师最终要实现对学生的引导。

（151）思政课的知识性与趣味性结合很重要，学生很受欢迎。

（152）王易教授（中国人民大学马克思主义学院）讲课座无虚席，很多情况下与传统文化结合，从传统文化结合当代社会，知识与趣味结合。

（153）思政课教师备课压力很大。

（154）每个老师对课程的侧重点的把握和理解不一样。

（155）当今对学生进行世界观、人生观、价值观的引导更难，因为学生们掌握、了解到的负面信息量比老师还大，现在学生理解能力较强，一旦思想有错误倾向，转变他就有难度了。

（156）领导要调动老师积极性，切实与学生互动。

（157）社科院要求思政教师读马列原著。

11. 访谈对象 FT11 的访谈内容［第（158）～（164）条，共 7 条］

（158）有的学生认为自己学校层次低，教师层次低，所以不好好学，这是误导。

（159）也有学生说老师（上课）老跑题（讲课程内容以外的东西）。

（160）同样一门课，不同班学生情绪不一样。

（161）我上专业课，一开始（学生认为是考试课）为考试，学生很认真，后了解是考查课，学生明显不注意听。

（162）现有的教师拿的还是几年前的讲稿。

（163）我院从下学期开始每门课两位老师来教（AB 角教师配备）。

（164）学生评教时，对讲错内容的教师评分有时会很高（评教不是很看重教学内容好坏）。

12. 访谈对象 FT12 的访谈内容［第（165）～（170）条，共 6 条］

（165）现在学生很势利（学习和为人）。

（166）学生上课迟到，不愿意即时给老师说明，而在其（网络媒体）空间说说栏目中发表"动态"："今天又迟到了。"（这种做法）让人无语。

（167）现在学生基本离不开手机，（在学校学习和生活中）一直用手机。

（168）学生攀比（现象）较多，如一个女生宿舍 6 个人中有 5 个人谈朋友，而剩余 1 个人没有谈朋友，这个人就被别人说是"另类"。

（169）学生干部选拔很重要。

（170）对学生加强信念教育。

13. 访谈对象 FT13 的访谈内容［第（171）～（192）条，共 22 条］

（171）思政课上课最大的问题不光是知识性，更重要的是"育"，引导好学生。

（172）网络时代，学生获取信息渠道多，要加强引导，但是课堂引导还是远远不够的。

（173）思政课的课堂规模较大，（教师去）关注学生就少了，一般是 160 人左右，（教学）效果不好，应改观一下了。

（174）思想政治教育工作要做得更细一些，关注现实。

(175)上思政课,如果学生缺课了,总是随便找个理由就行,常常说是辅导员找我有事,有的还说是某某领导找我,底气很足的样子来请假或解释。

(176)上课纪律和考勤也与各学院的风气有关,有的学院抓得紧一些、好一些,缺课(现象)就少。

(177)思政课要加强正能量的引导,与现实紧密结合,学习十九大,联系现实热点。

(178)上思政课,虽然规模较大,但(尽力)与学生互动交流也有不少。

(179)作为思政课教师,对现实问题、思政教育问题,要寻根找因,寻求真实性,让学生明明白白,做明白人,对待网络信息事件更是如此。

(180)让学生有独立思维,这很关键;更重要的是引导好学生(这位老师已经第三次、下面还继续强调了要引导好学生,可见思政课教师自身垂范和学术能力重要性和对学生思想发展的引导重要性和教育价值)。

(181)学生对社会的关注和思考,一直是有一定看法、困惑的,作为老师,引导学生,让他们实地、亲自看看自己身边、家乡、父母等变化,了解生活环境,在社会现实和熟悉环境中亲身体验所讲内容是否属实、科学,要看到变化,认识到意义。或者反向推论,社会现实中当然会存在不好的东西(腐败、矛盾等),但要运用哲学思维,一分为二分析问题,联系我国社会发展变化去进行反思,就会更好接受和理解思政课老师所讲内容。

(182)思想政治教育工作是长期过程。

(183)思政课要多融入生活,生活化的东西多一些。

(184)(思政课要)关注现实、加强引导(第五次说引导学生了)。

(185)在思政课教学中,进行调研活动,实地察看调查身边、家乡的变化,了解小人物、大历史,这使学生很积极,效果也好。

(186)(老师在思政课教学中要)挖掘地方文化资源。

(187)思政课学知识,也要长见识(访谈者与其交流:长见识即让学生在学知识的同时也要促进其世界观、人生观、思想的发展等)。

(188)在网络教育时代,(学生)通过微信、QQ与教师沟通多一些。

(189)班干部(在思想政治教育工作)很重要。

(190)现在学生干部是学生的"领导",很牛,要知道,其他学生都是在看着他们(指班干部)的,他们有"榜样"(好与坏的两种)作用的。

(191)任课教师与学生打交道时感觉到,辅导员在学生身上很管用,学生围绕辅导员转(访谈者与其交流:学生围绕任课教师包括思政课、专业课教师等的人数少了,围绕辅导员的人数多了,因为辅导员可以带来荣誉、光环、显眼的发展,而学生对知识、专业和其他教师的育人漠视的现象多,这也是现在的学生比较势利的表现吧)。

(192)思政教育工作是(多方面)合力的结果。

14.访谈对象FT14的访谈内容[第(193)~207)条,共15条]

(193)我对专业课教学的认识是:心理学(即这位老师所教的心理学课程)本身是给人幸福的课程。

(194)我主讲青少年心理发展与教育,(在现实教学中)不得不围绕教师资格能力的培养讲,理论性强,难一些,所有关于人性、幸福、健康的东西少了,甚至没有了,就无法充分发挥好学科课程本身的育人作用了。

(195)课程内容可以有讲座性质的安排,这样讲课的效果会好一些。

(196)心理学科的作用是:学会思考,拥有辩证思维,尊重别人和自己。(学生)需要被引导。

(197)(学生在)专业课程学习中,看问题的态度、视角、心境更重要。

(198)结合学生自身分析教学问题。

(199)网络害了几代人,对学生影响大(访谈者与其交流:我们要做好网络教育工作)。

（200）专业课教学中,学生还需要主动与教师沟通。学生愿意与你沟通,说明学生还是有心智的,能认识自己,清楚要改变自己。

（201）班干部要有试用期,做好服务学生的工作,不行(有功利目的)要换,有些学生官腔十足。

（202）说到网络暴力,网络发达,网上舆情没法控制(表示忧虑)。

（203）对(网络)信息解读很重要(信息获取与利用)。

（204）现在孩子是不缺乏自我表达能力和机会的,缺乏的是自律、自我管理的能力,总是通过微信、各种空间动态、说说、微博等发表、表达自己,表现自己。

（205）我对自己孩子的教育是从小让其放松(不禁止,宽松环境),让其自己寻找方法和解决问题(自我教育),引导好(访谈者的体会:由此可见对大学生的教育引导作用的重要性)。

（206）心理学课程的作用是,让学生在纷乱(社会现象)中笃定,认识自己,清楚自己到底需要什么样的生活。

（207）大学生不爱读书,爱"读"手机(访谈者当时的体会记录:大学生的手机利用、手机素养、手机与健康、手机与生活、手机与学习方式、手机与习惯等问题比较突出;有没有手机的替代品?)。

15. 访谈对象 FT15 的访谈内容［第(208)~(228)条,共 21 条］

（208）学生认识层面上,根据自己多年的思政课教育教学工作,关于大学的思想政治教育和思政课的教育教学,有极大的负面认识:大学新生入学教育时,在对其专业培养方案中的课程性质(公共基础平台课、学科基础平台课、专业基础平台课等)进行介绍时,多带有"等级"色彩,认为公共基础平台课主要是思政课,不如专业课重要,使得学生对思政课带上了"先入为主"的认识,即大学学习一开始就形成了的对思政课地位的认识,未把其放在主要位置,造成学生思想上认为其不重要,这种"先入为主"的影响很大,一直影响着学生对思政课的学习和老师的教育教学工作。虽然有考勤等纪律进行了约束,但是学生人到了课堂上心不在课堂上,尤其是理科生更有如此表现,多数就玩手机、做作业等。

（209）据我自己的了解,部分院系甚至在"三评"时不把思政课的成绩计入(综合性大学院系较多、三评标准细则会有差别),很功利,导致学生更不把思政课放在眼里,大部分抱着应付的态度。

（210）思政课教育教学一是进行了有关知识的教育,如社会主义核心价值观等知识性的内容解读和学习;二是不纯粹的知识教育和学习,这一部分是属于思想品德的教育,也就是高大上的人生、价值、意义等方面的教育,这一方面更是未深入人心。

（211）据我不断地了解,有些辅导员老师都认为思政课的学习时间过长,"太耽误事",甚至想改变学时、减少思政课学习时间。

（212）在学校里,对思政课教师的地位也认识不足,他们收入较低(课时费低)、(学校规定的完成教学工作量)课时量大,像副教授就规定一学年 350 节(学时)以上。

（213）学生(上思政课的选课人数)多,(开课的师资)老师不多,都是 135 人的大班教学。

（214）大班教学组织教学很难进行,教室空间大,(老师)只要离开讲台就得用麦克风。

（215）(大班教学中)小组活动难进行。

（216）现在一个教学班连 90 人都不让排了(多数都排 135 人的大班)。

（217）学校督导组和领导们去听课,(看到思政课都是大班教学情况)提出老师要讲课中讲一会,走下讲台走到学生中间去互动一会,(这样)不行,教室太大,空间大,声音总是听不清,(都到中间的话)前面听清了后面听不清,后面听清了前面又听不清。

（218）管理上,教务处好像充当了灭火队员,(主要由于师资紧张)学生选不上课(选不上课也有别的原因,主要是开班少),学生就反映到教务处那里,教务处就压任务到马克思主义学院,说我们开班少,多开班(说得很轻松的样子),每个人(每位思政课教师)开 8 个班(每班都是 135 人的规模),男老师甚至开 10 个班,一个老师的授课人数就可能达到近 1500 人,天天上课,一次课重复 8 次、10 次,(期末考试)改卷得改多少天(很多天)。督导组、领导来听课,有可能是这一节的第 8 个班,你想想,老师讲了 8 遍,哪还有激情,(为了让课生动和丰富而举例,但是连续上 8 遍的课,到后来)连例子也不想举了。

(219)我们一线教师提议要减少教学班,提了 10 来年,无任何改观。

(220)教师层面,(再次强调)辅导员(在对学生进行教育管理时)把思政课放在二等地位,(学习这些课程)净耽误事,不(把思政课成绩)放在评优奖先(标准)的行列。

(221)学生选课,(实行选课制的大学)选得顺利的话,一般 2 学年就可以学完(思政课),选得不顺利的话(有挂科或选课不得当)得 2 年半、3 年(学完思政课)。

(222)教学层面,最主要的问题,一是大班教学的问题;二是教师个人,你也知道,每个教师的情况不一样,有的讲得好,(而)有的水平就低一些,水平高的(讲课)效果好一些,水平低的有些可以努力提高一些,有些就一直不好(教学效果欠佳),但这些教师有的还能申请国家级课题,所以也受单位重用,不影响评职称。

(223)思政课教师评职称,与各学院的专业课教师标准相同,有论文、科研项目的同样要求。

(224)教材内容(的特点)主要以宣传教育为主,讲授上就以灌输教育为主了,不是启发、诱导,学生听多了就烦。

(225)内容上,如 24 字价值观,有多少人(任课教师)对内涵真正弄懂了? 老师们才学习了不长时间就教给学生,如果只是告诉学生(24 字价值观)一个词,则只能面上粗浅地讲,学生学到的也是表面含义,要深入人心才行。

(226)要加大社会主义核心价值观个人层面的教育。

(227)思政课教学的内容与形式问题:思政课老师上课,普遍只注重形式,理论上(内容上)不够深入。有些大学的老师穿皇帝服、学生扮大臣,穿上戏服演情景剧,(思政课)形式上新颖,吸引人,问题来了,有多少人能去买戏服? 这种形式也花费不少时间,必然压缩其他内容的课时,(这种做法)特别注重形式,要知道形式对内容有反作用,而内容决定形式,讲课成了表演,语言(太)优美,有诗歌,唱个红歌之类的,也有好的方面,当更多是要讲透理论,用理论吸引人,用思想和教导吸引人,不要多年后老是学生只记住当时老师组织了一次活动,自己扮演了什么角色,有什么有意思的地方,而没有记住老师的教导、思想、理论。

(228)提升学生思想和品质更重要。

16. 访谈对象 FT16 的访谈内容[第(229)~(261)条,共 33 条]

(229)最初工作时,教 2 个系的学生课程,后来(大约 1995 年后)逐渐扩招以后,每学期增多了教学班,达到 8~10 个,尤其是选课制(2001 年)后,平均每学期 10 个班,每个班 54 学时,有 80~180 人,规模不等,小班很少 1~2 个,一般都为大中型班,一学期下来至少授课人数 1000 人以上吧。

(230)现在教研室里老师有的生二胎,有的出国进修或提高,作为老教师了也是承担很大的教学任务量,每年都超工作量。

(231)教学中严格按照国家规定的教学大纲进行教学,深知教学目的和任务,18 个周 54 个学时至少 8 个章节部分的内容(含绪论),紧抓一条主线(人类社会发展规律),务必知识内容重点突出。

(232)教学主题很鲜明:思政课是铸魂工程,信仰争夺的战场,无硝烟的较量,要与资产阶级、非无产阶级世界观进行斗争,政治必修课。

(233)(教学)目的就是转变学生思想观念,让他们对世界观方法论的掌握,这些是思想方法的方面,看起来是软指标,但实际上是硬标准,形软实硬。

(234)强调确立信念转变观念,通过联系实际,进行多样化的、科学的讲解,内化于心、外化于行。

(235)现在大环境变了,市场经济快速发展,网络化、信息化迅速普及,学生信息知识来源广,大学生思想多变、出于敏感期,很容易受到形式上东西的感染。

(236)有些学生表面上对政治课不叛逆,但(上课)必须抓住大学生的心。

续表

（237）（一节课的）前半小时（任课教师）如果不紧紧抓住学生的心，学生就会对老师有看法，有所定位，觉得不是学者、老师，感觉就是政治传声筒，自然影响政治课的学习了。

（238）（教师）上课要先入为主，擦亮牌子、演好角色，不高高在上，要抓住学生的思想，通过自己的学科、学术的内在魅力，赢得学生、感染学生，不要说必须怎么怎么之类的话，你是挡不住学生想什么的。

（239）（我校思政课教师）整体上是可以的，有敬业精神，（对待教育教学）有些还超认真。

（240）但也有的（思政课教师）存在科研不强、不能把最前沿的东西拿来、厚度不够、温度不够（等不足），（上课时）会有冷场现象。

（241）学生学习（思政课）与院风有关，有的（学院）学生就会有逃课、上课看手机现象（多一些），艺术体育学生上课纪律不是很好。

（242）（存在）大学生（上课）看手机（影响课堂学习）等现象，这是思想认识问题。

（243）课堂上（老师）也说，通过讲看手机的危害，从学生角度去引导，让学生感觉老师为他好，很善良，替他着想，为他成长设计，会接受（老师建议的）。

（244）（上课时）课本上讲一下，还要现代化的动态资料，通过看视频资料，进行引导，看有哪些问题，进行点评，让视频资料活起来，是（成为）课本真正的延伸。

（245）《马克思主义哲学原理》是一门方法论的课程，教给学生世界观，是理论、理性。

（246）（《马克思主义哲学原理》授课时）四个环节联系起来：课题回顾、历史追踪、精讲原理、归结意义。

（247）课题回顾：每个原理、每个主题的研究现状进行梳理，学术史回顾。

（248）历史追踪：原理成为正确科学的世界观指导真理，它的发展历史如何，进行历史比较。

（249）原理内容：要精讲，这是重点，精确、准确，观点鲜明，立场态度端正。

（250）归结意义：联系现实，国家社会发展，印证原理的科学性，上升到学术理论高度，（让学生）系统把握（中学也学，但大学要更进一步，让学生系统把握，有所提升）。

（251）教学要多环节、多手段综合运用，多媒体运用。

（252）根据学生特点和专业不同，采用不同方式方法。

（253）（问关于实践活动）以前带过整班学生参观考察南街村、刘庄、郑东新区等，后来扩招学生多了，带学生干部代表去。

（254）现在人数多，无法开展社会实践活动了，课时中的实践学时取消了。

（255）现在有分组讨论、分组进行调研写报告，有的还用 PPT 进行汇报，很好。

（256）调研前要给学生开个调研证明，写上调研提纲，有个介绍证明材料，好让学生去调研。

（257）这门课主要是理论上要服人，学生世界观形成了，内化于心，上升高度，理论化，系统化（形成）理论体系。

（258）仅使学生这种学识的提高还不够，（老师）要考虑如何"转识成智"，把学生学到的、掌握的学识（理论、理性认识等）转为方法、技术、德行（这三方面），有可操作性、可实行性，让学生形成一种特定的境界、道德自觉，必须给学生提供这些，达到这些，让其明白，也就是理论理性向实践理性的转变，实践理性是工具、价值，可操作、可运行的，这样理论与实践才能结合起来，才能真正促进学生发展，才能理论指导实践，实践上升为理论，把学术水平转化为能力素质水平。

（259）教学相长，思政课老师要研究这门课，教学科研互相促进。

（260）学生能力培养、品质培养，真正外化于行。

（261）思政课除了传授知识、方法外，还要有育人作用。

注：（1）为方便统计与分析，我们对所有条目的访谈内容按顺序延续编号；（2）每一条内容的括号中文字是访谈者根据访谈情景和访谈对象表达的意思所加，为了显示出访谈对象想要表达的意思；括号外的文字是访谈对象原汁原味的访谈内容；（3）访谈内容主要针对的是思政课和思想政治教育工作。

三 访谈内容的分析

（一）访谈内容中所涉及的高校思政课教学及思想政治教育工作的关键词分析

我们对表 6-2 罗列的 261 条访谈信息中所涉及的高校思政课教学及思想政治教育工作的关键词进行厘定，统计发现，一是访谈信息中涉及的关键词数量及其频率庞大，我们所认为的关键词达 500 多个，频次累计超过 1000；二是关键词的种类繁多，涵盖高校思政课教学及思想政治教育工作的方方面面；三是关键词中所内含的具体内容很丰富，对高校思政课教学及思想政治教育工作各个方面的问题都有详尽而明确的点明，虽然有些关键词的表述比较相近，但这些关键词多是来自基层教师比较简单而朴素的表达，言简意赅、铿锵有力。从这些关键词的出现及其频次，可以大致看出访谈对象对高校思政课教学及思想政治教育工作的关注点、聚焦点，也可以呈现出高校思政课教学及思想政治教育工作的基本问题、突出问题。下文对这些关键词从三大类进行统计分析（三大类中的关键词并非完全不重叠，这三类的分类罗列主要为了更好地说明或反映高校思政课教学及思想政治教育工作的情况而进行相对的分类与统计分析）。

1. 第一类关键词分析

第一类关键词主要是基本概括了高校思政课教学及思想政治教育工作的主要方面、主要因素或主要角度等。这些关键词主要有：教师、学生、课程内容（教材内容）、教学（过程）、教学管理、教学评价、思政课地位、思想政治教育价值目标等。我们大致统计了一下一些关键词呈现的频次，分别是：教师，58 次；学生，125 次；课程内容（教材内容），49 次；教学（过程），279 次；思政课地位，15 次；思想政治教育价值目标，29 次。这些统计还不完全，但可以看出，访谈对象在不断强调和呈现出以这些关键词为中心所涉及的高校思想政治教育问题。

2. 第二类关键词分析

第二类关键词主要是较多地和具体地呈现了高校思政课教学及思想政治教育工作的突出问题、聚焦点等。这类关键词表现频次较多的主要有：

手机、引导学生、大班教学、师资、育人、理论教育、学习兴趣、思想教育、政治学习、效果、考试、社会现实、结合、一致性、实践活动、网络、信息等。这些关键词的出现频次也比较多，为 10～30 次不等，使我们能够较为强烈地感受到高校思政课教学及思想政治教育重要的问题、亟待解决的问题在哪里，也是高校思想政治教育教学改革与提升的关键点、切入点和重难点。

3. 第三类关键词分析

第三类关键词主要是一些典型性、特殊性的关键词，虽然出现的频次不如前两类关键词相对多一些，但是无论出现的频次是多少，我们都可以从中看到一些最真实、最直接、最形象的高校思政课教学及思想政治教育工作的相关主题与问题。这类关键词列举如下：雨课堂、转识成智、多元化、引导、学生干部、势利、过程性评价、宏观把握能力、唤醒职业意识、教师语言、学生思想、教学表演、教学精髓、教学情绪、合力、浸入人心、理想信念教育、历史感、责任感、马列原著、慕课刷课、沦为说教、流于形式、攀比、明白人、认同感、生活化、实践理性培养、学校层次、严肃教育、意识形态、庄严感、崇敬感、作业抄袭、自我表达能力、自律管理能力、资料、转变思想等。这些关键词最大的特点在于，向我们呈现了包含一些问题、建议等在内的高校教学基层的最真实的、丰富的教育教学实践现状，其中也体现出高校教学一线教师的教育教学智慧、教育洞察力和教育忧患意识、敬业精神等。

（二）访谈内容中所涉及的高校思政课教学及思想政治教育工作的基本问题分析

通过对表 6-2 所罗列的 261 条访谈信息进行分析，加上我们对以上关键词的梳理，我们对其中涉及的高校思政课教学及思想政治教育工作的基本问题进行了总结，主要包括如下四个大的方面。

1. 对高校思政课教学及思想政治教育工作的理论认识

从对 261 条访谈信息进行研读发现，涉及对高校思政课教学及思想政治教育工作的理论认识、思想观点的信息达 74 条。主要内容包括：访谈对象谈论到，在辅导员队伍中，一些自身作为思政教育工作者的人却对思政课地位价值认识存在一些问题，特别谈到了他们认识具有较大偏差，甚至认为思政课教学可以减少学时、不列入学生学习评价、地位弱化边缘化问题；谈论到思政课教育教学对大学生成长和发展的影响问题，例如教思想、教方法、唤醒职业意识、提高思想水平、应对社会现实能力等；有的还谈论到了思政课教学和思想政治教育对大学生进行政治教育、理论教育、理想信念教育的作用、重要性等。

2. 对思政课教学及思想政治教育工作现状问题的叙述

从对 261 条访谈信息研读发现，涉及对当前高校思政课教学及思想政治教育工作现状与问题的信息达 174 条。主要内容包括如下三个方面。

一是思政课教学问题。访谈对象主要谈论到了班级规模问题，普遍反映班级规模较大，一般都是 100 人左右的大班教学；谈到了思政课教学的文化因素包括利用地方文化资源、与传统文化相结合、加强学校文化建设等改进与提升思政课教学和思想政治教育；有的谈到了教师对待教学的态度、努力程度、教学方法、教学研究问题；有的谈论到了教材内容问题及教学中内容处理和发挥问题；还有的谈论到了教学实践问题，包括组织社会实践活动、小组调研活动等；此外还有课堂教学纪律问题，包括学生带手机、手机影响、学习兴趣积极性问题、师生互动问题等。

二是思政课教学成效问题。有的认为教师尽管采用各种方法手段，但成效难以一概而论，有的教师尽管很努力地进行思政课教学，但成效不佳，获得学生认同度低，有的很想改革提升思政课教学，但是社会大环境影响的副作用、学校管理和政策支持跟不上等因素使得思政课教学出现了一些困境。

三是思政课教师工作量、地位、待遇问题。这一问题用一句话概括就是，思政课教师大部分均承担着繁重的教学任务、普遍工作量较大，评定职称方面条件与其他专业教师没有区别，地位边缘化，待遇（课时费）较低等。此外还有其他一些问题，非常多，也非常细，在访谈过程中我们不断产生一些共鸣，逐渐加深了许多感受，我们切实体会到，高校思政课教学及思想政治教育工作的每一个细小问题、细节问题，都是值得关注和研究的问题。

3. 对思政课教学及思想政治教育工作现状问题的原因分析

从对 261 条访谈信息的研读发现，访谈对象对当前高校思政课教学及思想政治教育工作现状问题的原因分析的信息达 46 条。主要内容包括：一是师资不足问题，主要表现是班级规模较大，更多在于师资不足，此外还在于经费和重视问题；二是大学生生源问题，主要表现是学生高考分数的高低、高校层次水平问题等，造成思政课教学一些问题的产生；再一个对思政课地位和价值认识的问题，访谈对象谈到了从学生到辅导员再到学校层面均存在对思政课地位和价值认识不足且重视程度不够的情况；此外，思政课教学和思政教育工作中对校园文化建设不足、对待传统文化重视不够、结合不多等，也是造成目前高校思政课教学和思政教育现状问题的一些原因。

4. 对改进与提升思政课教学及思想政治教育工作对策建议的表达

从对 261 条访谈信息的研读发现，访谈对象对改进、提升高校思政课教学及思想政治教育工作的对策建议表达的信息达 64 条。主要内容包括：与上述三个方面主题内容相对应，访谈对象从提高理论认识、认真研究现状问题、全面进行原因分析等角度谈论了诸多非常中肯的意见和建议。例如，要对学生加强引导教育，尤其是面对互联网和信息化社会，必须提高大学生思想水平、注重自我教育能力的培养与提高；要形成全社会都关注和重视思想政治教育的氛围和环境，注重考虑长期性、坚持性因素；提升思想政治教育认识和地位；加大投入增强社会实践活动效果；改革教育教学方法；开展思政课教学和思想政治教育科研立项；加强师资队伍建设、开展师资培训和学习提升；等等。

其中，上述 261 条访谈信息中，有部分条目的访谈信息，还包含了以上两个或多个主题，这些主题也让我们倾听了来自高校思政教学和思想政治教育第一线工作者的原始表达、地道情感、真实声音。

（三）访谈内容中涉及的高校思政课教学及思想政治教育工作突出问题分析

在对表 6 - 2 罗列的 261 条访谈信息进行总结时，我们还发现，此次访谈调研中呈现出思政课教学和思想政治教育工作中一些较为典型的、突出的问题，在此简要分析如下。

1. 思政课教学班级规模和教学工作量问题

从访谈信息中可以获知，每个人基本上对思政课教学的班级设置、班级规模问题都提出了一定看法。大家比较强烈地指出，当前的思政课教学班级和规模都是比较大的，小的班级规模不让设置，实际中教学班的规模设置一般都达到 100 人以上，有的甚至达到近 200 人。大家一致反映，大班教学由此带来一系列教学问题，诸如社会实践活动的组织问题、小组分组讨论和调研问题、师生互动和交流问题、讲课效果问题等。大班教学也普遍反映出高校思政课师资不足的问题，有的还包含思政课不受重视的问题。例如，访谈信息中的下列条目内容均显示出如上问题：022、028、029、031、088、089、120、173、178、212、213、214、215、216、217、218、219、222、229、230、253、254、255（在此我们不再重复展示出文字叙述，仅列出表 6-2 的条目编号，下同）。

2. 思政课上课时学生带手机及其影响问题

许多访谈的教师反映，学生上课带手机问题是个突出问题。一方面，部分大学生对思政课不感兴趣而玩手机打发时间；另一方面，手机时代机不离身已成为大学生的生活习惯，似乎见怪不怪。但由此带来一系列问题，一是手机危害，包括其中负面信息危害；二是对学习的危害，如耽误学习、影响课堂秩序等；三是对使用者本身即学生身心健康的危害，学生花费大量时间玩手机，耗费大量精力而身心疲惫。例如，访谈信息中的下列条目内容均显示出如上问题：015、057、060、063、074、094、097、098、099、120、122、166、167、207、208、241、242、243。

3. 网络信息时代及其对思政课教学和思政教育工作影响问题

访谈对象一致认为，网络信息时代对思政课教学和思政教育工作带来很大挑战。网络时代，信息来源广泛多样，信息泥沙俱下，难以分辨，给信息素养不足者造成信息选取、甄别、整合、应用等难题；同时信息时代也造成了多元化价值观问题。例如，访谈信息中的下列条目内容均显示出如上问题：012、013、045、046、047、048、063、064、102、110、155、172、179、199、202、203、235。

4. 对思政课及思政教育的本质及其价值认识问题

对思政课本质及其价值的认识和宣讲问题，是思政课教师必修的功课。几乎所有的访谈对象已经认识到这一问题。思政课教学和思政教育，应使学生建立思想、促进思想观念的形成和发展，使其具有独立思维能力，达到思政育人目的。例如，访谈信息中的下列条目内容均显示出如上问题：008、010、、011、032、044、171、179、180、182、183、184、192、193、197、206、208、210、220、224、226、227、228、232、233、234、245、246、257、258、261。

5. 思政课教学和思政教育工作中的学生引导和教育问题

面对信息化时代、网络化时代、学生成长发展问题等，不少访谈对象均提及了对学生加强引导和教育问题，以及切实转化思想、树立正确思想观念问题。有一位访谈对象前后近 10 次不断提及对学生的引导问题。例如，访谈信息中的下列条目内容均显示出如上问题：006、036、046、054、057、068、097、099、150、155、171、172、177、180、181、184、196、205、244。

6. 学生学习思政课兴趣问题

访谈者普遍反映学生对思政课兴趣不足、学习动力不够、主动性不强。例如，有访谈对象说到，学生对思政课没有了新鲜感，几乎对所有的理论性偏宏观的思政课程都缺乏兴趣，缺乏学习动力，或兴趣使然不愿学，甚至请再知名的专家来讲课也不愿意听。例如，访谈信息中的下列条目内容均显示出如上问题：002、004、005、014、021、061、062、067、076、091、092、093、100、101、113、114、125、127、137、145、151、158、160、161、227、236。

上文所述的类似问题还有很多，例如思政课教师的教育教学投入问题、思政课的师资问题、思政课的社会实践活动问题、思政教育教学研究问题等。通过访谈这种调研方式，我们同样发现了当前高校思政课和思想政治教育工作中存在的各种问题，与问卷调研相配合，为我们进行思政教育问题的分析和对策建议的研究提供了很好的着眼点与思路。

第七章　加强高校培育和践行社会主义核心价值观及思想政治教育有效性的对策与建议（一）

一　重视思想政治教育的地位，正视国外价值观的渗透

（一）重视思想政治教育的地位

强调和重视思想政治教育似乎是老生常谈，没什么新鲜价值，似乎这一问题与发展学科专业问题相比，远不在一个高度和层面，其实不然。思想政治素质、价值观问题，或者再扩大一点说人的文化素养，是一个完整的人不可或缺的基本素养，是一个专业人才日后走什么样的路，成为什么样的人，并在多大程度上发挥出自身才能的关键所在。一个人、一个民族能不能把握好自己，很大程度上取决于核心价值观的引领。一个真正的大国，不是靠卖产品给世界就可以的，它更需要在思想理念、价值观念上，拥有影响这个世界的力量。可以说，价值观的力量，比生存的需要更崇高，比血浓于水的亲情更博大，有什么样的核心价值观，就有什么样的国家、社会和公民，就有什么样的取向、路径和行动。因此，核心价值观对于世界上任何一个民族来说，都是不可缺少的精神内核、发展的基本动力。

发展起来的当代中国，更加向往美好的精神生活，更加需要强大的价值支撑。构建具有强大凝聚力、感召力的核心价值观，关系社会和谐稳定，关系国家长治久安；要实现"两个一百年"的奋斗目标，实现中华民族伟大复

兴的"中国梦"，也必须有广泛的价值共识和共同的价值追求。而社会主义核心价值观，正是中华民族走向新时代、实现伟大复兴的"中国梦"须臾不可离开的精神支柱、行动向导，对丰富人们的精神世界、建设民族精神家园，具有基础性、决定性作用。若要振奋人们的精气神、增强全民族的精神纽带，必须积极培育和践行社会主义核心价值观，铸就自立于世界民族之林的中国精神。因此可以说，社会主义核心价值观是高校思想政治教育的灵魂，两者实际上是融为一体的。若没有社会主义核心价值观的培育和践行，思想政治教育在很大程度上就只剩下一个空架子，只留下一种形式，而无实质性的价值和意义。社会主义核心价值观中所蕴含的中华优秀传统文化、中国革命文化、社会主义先进文化以及人类进步文化的深厚而丰富的内涵，成为当今有效进行思想政治教育工作的充实而丰富的养料，成为使思想政治教育生动、有趣、不枯燥、活起来，学生乐于接受的宝贵的资源。

新时代知识分子的榜样黄大年，若不是从青年时代就立下"振兴中华，乃我辈之责""只要祖国需要，我必全力以赴"的报国之志，绝不会放弃在国外优越的工作和生活待遇，毅然决然接受祖国的召唤，以无私的奉献精神将一腔热血和全部知识投向祖国的现代化建设，直至献出自己的生命。作为有着忧国忧民之心的学者、高校教师，我们曾在社会科学文献出版社 2012 年出版的《跨文化视野：中国特色和谐社会的探索》一书中，发出了当前"从社会整体上看，缺乏一种伦理共识和价值认同"的忧患之声。我们在书中写道："改革开放以来，特别是进入 21 世纪，在全球化迅猛发展和改革开放不断深入的背景下，中国社会价值观逐步由一元向多元发展。而这种价值观多元化的发展趋势，从社会整体上看，缺乏一种伦理共识和价值认同。这种现象的形成与社会的稳定、和谐之间产生了矛盾和冲突"，"缺乏一种伦理共识和价值认同，这就导致我们思想上和道德上的混乱，导致我们的社会不和谐，人民很迷茫，不知道人活着是为了什么，不知道人生的意义何在，这些都是我们在以后的发展过程中需要解决的问题"[①]。因此，社会主义核心价值体系及社会主义核心价值观

[①]　李申申等：《跨文化视野：中国特色和谐社会的探索》，社会科学文献出版社，2012，第 160～161、164 页。

的提出与发布，对于全体国民凝心聚力、凝魂聚气建设社会主义，实现中华民族伟大复兴的"中国梦"，奠定了深厚的思想基础，是非常及时的。

习近平总书记在 2016 年 12 月 7 日至 8 日举行的全国高校思想政治工作会议上强调："教育强则国家强。高等教育发展水平是一个国家发展水平和发展潜力的重要标志。实现中华民族伟大复兴，教育的地位和作用不可忽视。我们对高等教育的需要比以往任何时候都更加迫切，对科学知识和卓越人才的渴求比以往任何时候都更加强烈。""我国高等教育肩负着培养德智体美全面发展的社会主义事业建设者和接班人的重大任务，必须坚持正确政治方向。高校立身之本在于立德树人。只有培养出一流人才的高校，才能够成为世界一流大学。办好我国高校，办出世界一流大学，必须牢牢抓住全面提高人才培养能力这个核心点，并以此来带动高校其他工作。""正确认识时代责任和历史使命，用中国梦激扬青春梦，为学生点亮理想的灯、照亮前行的路，激励学生自觉把个人的理想追求融入国家和民族的事业中，勇做走在时代前列的奋进者、开拓者；正确认识远大抱负和脚踏实地，珍惜韶华、脚踏实地，把远大抱负落实到实际行动中，让勤奋学习成为青春飞扬的动力，让增长本领成为青春搏击的能量。""要坚持不懈培育和弘扬社会主义核心价值观，引导广大师生做社会主义核心价值观的坚定信仰者、积极传播者、模范践行者。"① 习近平总书记还在中共中央政治局第十三次集体学习时强调："核心价值观是文化软实力的灵魂、文化软实力建设的重点。这是决定文化性质和方向的最深层次要素。一个国家的文化软实力，从根本上说，取决于其核心价值观的生命力、凝聚力、感召力。"② 2015 年 11 月，习近平总书记在北京会见第二届"读懂中国"国际会议外方代表时曾说："我们从哪里来？我们走向何方？中国到了今天，我无时无刻不提醒自己，要有这样一种历史感。伫立在天安门广场的人民英雄纪念碑有一组浮雕，表现的是 1840 年鸦片战争到 1949 年中国革命胜利的全景图。我们一方面缅怀先烈，一方面沿着先烈的足迹向

---

① 《习近平在全国高校思想政治工作会议上强调：把思想政治工作贯穿教育教学全过程　开创我国高等教育事业发展新局面》，《人民日报》2016 年 12 月 9 日，第 1 版。
② 《习近平在中共中央政治局第十三次集体学习时强调　把培育和弘扬社会主义核心价值观作为凝魂聚气强基固本的基础工程》，《人民日报》2014 年 2 月 26 日，第 1 版。

前走。我们提出了中国梦，它的最大公约数就是中华民族伟大复兴。……中国有坚定的道路自信、理论自信、制度自信，其本质是建立在5000多年文明传承基础上的文化自信。"① 2017年10月19日，习近平同志在党的十九大报告中又强调："社会主义核心价值观是当代中国精神的集中体现，凝结着全体人民共同的价值追求。要以培养担当民族复兴大任的时代新人为着眼点，强化教育引导、实践养成、制度保障，发挥社会主义核心价值观对国民教育、精神文明创建、精神文化产品创作生产传播的引领作用，把社会主义核心价值观融入社会发展各方面，转化为人们的情感认同和行为习惯。坚持全民行动、干部带头，从家庭做起，从娃娃抓起。深入挖掘中华优秀传统文化蕴含的思想观念、人文精神、道德规范，结合时代要求继承创新，让中华文化展现出永久魅力和时代风采。"② 以上这些论述，应当成为高校培育和践行社会主义核心价值观以及重视思想政治教育工作的重要依据。

在我们面向全国54所各类高校发放的《高校培育和践行社会主义核心价值观调查问卷》（学生版）中，回收的有效问卷为11904份，在有效问卷中，学生对于调研问卷的第1题"你认为，一个国家具有全民认可的核心价值观，形成伦理共识"的选择中，61.63%的大学生认为"十分必要"；36.12%的大学生认为"有一定必要"；认为"没有必要"或"无所谓"的比例很小，仅为2.26%；对于调研问卷的第2题"你认为，核心价值观与价值观多元化之间的关系是"的选择中，65.90%的大学生认识到"核心价值观是轴心和根基"；但也有少量的大学生持有对核心价值观泛化或一般化的认识，如：认为"二者并行不悖"的占18.98%，认为"核心价值观只是多元价值观的一种"的占14.29%，认为"二者并无质的区别"的占0.83%。这说明多数学生对社会主义核心价值观的认同度较高，认识得较清晰，但也有少数学生的认知较为泛化

---

① 杜尚泽：《阔步走在中华民族伟大复兴的历史征程上——记以习近平同志为总书记的党中央推进全方位外交的成功实践》，《人民日报》2016年1月5日，第1版。

② 习近平：《决胜全面建成小康社会　夺取新时代中国特色社会主义伟大胜利——在中国共产党第十九次全国代表大会上的报告》，http://www.xinhuanet.com/politics/19cpcnc/2017-10/27/c_1121867529.htm。

和模糊。

在我们面向全国 48 所各类高校发放的《高校培育和践行社会主义核心价值观调查问卷》（专业教师版）中，回收的有效问卷为 1189 份，而在有效问卷中，专业教师对于调研问卷的第 2 题 "您对高校进行社会主义核心价值观培育的看法是" 的选择依次为："赞成，认为很有必要"（49.54%）、"赞成，但方式需要改善"（42.22%）、"不赞成，效果很不明显"（4.12%）、"不赞成，浪费时间"（2.35%）、"无所谓，有没有都可以"（1.77%）。第 3 题 "您认为，社会主义核心价值观对于大学生思想教育的作用" 的选择依次为："比较有成效"（50.71%）、"成效显著"（24.47%）、"成效一般"（22.29%）、"没有成效"（2.52%）。可见，绝大部分专业教师对于社会主义核心价值观有高度认同，并且具有清晰的认识。

在我们面向全国 46 所各类高校发放的《高校培育和践行社会主义核心价值观调查问卷》（思政人员版）中，回收的有效问卷为 1165 份，而在有效问卷中，思政人员对于调研问卷的第 1 题 "您对高校培育和践行社会主义核心价值观的看法是" 的选择依次为："赞成，认为很有必要"（64.38%）、"赞成，但方式需要改善"（33.48%）、"不赞成，浪费时间"（1.12%）、"不赞成，效果很不明显"（0.94%）、"无所谓，有没有都可以"（0.09%）。第 2 题 "您认为，社会主义核心价值观对于大学生思想教育的作用" 的选择依次为："比较有成效"（45.75%）、"成效显著"（30.47%）、"成效一般"（22.83%）、"没有成效"（0.94%）。可见，绝大部分思政人员对于社会主义核心价值观也有着高度的认同，并具有清晰的认识。

在我们以河南省为例，面向河南省 25 所各类高校发放的 5686 份关于高校思想政治教育工作的调研问卷中，回收的有效问卷为 4958 份，而在有效问卷中，学生对于调研问卷的第 27 题 "当前思想政治教育在你的大学生活中占有的地位" 的选项中，选择 "比较重要" 的占 47.52%，居第一位，后面依次是 "一般"（31.57%）、"非常重要"（17.65%）、"可有可无"（3.27%）。"比较重要" 和 "非常重要" 的占比加在一起达 65.17%，说明多数学生对思想政治教育的重要性是有清晰的认知的。但是，不容乐观的是，还有相当一部分学生，即 34.84% 的学生〔选择 "一般"（31.57%）加上选择"可有可无"（3.27%）的学生占比34.84%]认识是模糊的，对此抱着无所谓的心态，这是值得注意的，并且需加大力度做工作。

在我们课题组面向河南省几所高校对一线教师们进行的访谈中，老师们都普遍认为思政课与专业课相比，往往处于不被重视的尴尬地位。这种不重视，既有来自学校层面的不重视，也有来自学生层面的不重视。如E大学的W老师讲道：

根据自己多年的思政课教育教学工作，感觉学校有关部门对大学思想政治教育和思政课的教育教学的认知，存在很大的弊端。大学新生入学教育时，在对其专业培养方案中的课程性质（公共基础平台课、学科基础平台课、专业基础平台课等）介绍时，多带有"等级"色彩，认为公共基础平台课主要是思政课，不如专业课重要，使得学生对思政课带上了"先入为主"的认识，即大学学习一开始就形成了对思政课地位的认识，未把其放在主要位置，造成学生思想上认为思政课不重要。这种"先入为主"的影响很大，一直影响着学生对思政课的学习和老师的教育教学工作。虽然有考勤等纪律进行约束，但是学生人到了课堂上而心不在课堂上，尤其是理科生更有如此表现，多数就玩手机、做作业等。据我自己了解，部分院系甚至在"三评"时不把思政课的成绩计入（综合性大学院系较多，"三评"标准细则会有差别），很功利，导致学生更不把思政课放在眼里，大部分抱着应付的态度。一些院系的辅导员对学生也有误导。据我不断地了解，有些辅导员老师认为思政课的学习时间过长，"太耽误事"，甚至想改变学时、减少思政课学习时间。有些辅导员在对学生进行教育和管理时，把思政课放在二等地位，认为学习这些课程净耽误事，不把思政课成绩放在评优奖先标准的行列。

D大学的L老师说：

上思政课，如果学生缺课了，总是随便找个理由就行，常常说是辅导员找我有事，有的还说是某某领导找我，底气很足的样子来请假或解释；上课纪律和考勤也与各学院的风气有关，有的学院抓得紧一些、好一些，缺课（现象）就少；作为任课教师，在与学生打交道中，感觉到辅导员在学生身上很管用，学生围绕辅导员转。

D 大学的 N 老师也说：

现在学生很势利；学生上课迟到，不愿意及时向任课老师说明，而在其（网络上的）"空间"发说说，在栏目中发表"动态"："今天又迟到了。"（看到这句话之后）真是让人无语。

A 大学的 C 老师认为：

从学生看，几乎对所有的理论性偏宏观的课程都缺乏兴趣。缺乏学习动力的原因，或因价值取向多元化，或是兴趣使然不愿学。

A 大学的 L 老师指出：

在思政课教学中，感觉存在的主要问题是：学生对政治理论课学习的兴趣不高，上课玩手机、做其他课作业甚至睡觉的现象比较多。迫于考勤压力，虽然旷课迟到的情况不多，但属于情非得已，一旦考勤放松，就会很快反弹。作业抄袭、慕课刷课情况普遍。

上述老师们在教学实践中所体验到的状况，说明了当前高校的思想政治教育工作确实存在不被重视，乃至受到歧视的一些缺憾，也确实应当引起我们的警觉。从理论上认识思政教育工作的重要性是一个方面，但更重要的方面则在于长期地、浸入式地将其落实于高校的实践工作之中。

（二）正视国外价值观的渗透

可以说，世界上没有哪个国家和民族不重视意识形态工作、价值观教育和伦理道德教育。如：新加坡以国会法案的形式确立本国的"共同价值观"，要求在全社会推行"国家至上，社会为先；家庭为根，社会为本；社会关怀，尊重个人；协商共识，避免冲突；种族和谐，宗教宽容"① 等价值观念，有力地促进了新加坡这个多民族国家的稳定和发展。再如：美国作为目前世界上的头号大国，丝毫不放松对青少年乃至全体国民的意识形态教育和价值观教育。有学者在走访美国的高校后指出："美国等西方国家十分重视自己的价值观教育，这不仅体现在高校的通识教育课程上，也体现在高校的所有课程上；不仅体现在书本里、课堂里、校园里，也体现在社会生活的方方面面。美国高校把美国历史、美国政治、美国文化等列为大学生的必修课，美国的文化产品渗透着美国的价值观。美国的历史并不长，却很重视自己的历史。在美国，处处可见飘扬着的星条旗，时时能看到与美国历史有关的纪念馆、纪念碑、纪念人物雕像等，让人感到美国价值观的无处不在。各类博物馆、纪念馆不仅免票，而且政府根据参观人数的多少给予不同程度的支持，鼓励更多的人前去参观。这样，年复一年，久而久之，美国价值观和美国精神就深深刻印在美国人的头脑中，外化在他们的行为上。"② 不仅如此，美国还积极地甚至强势地将自己的价值观输出国外。笔者注意到，美国"2017～2018 年中美富布赖特研究学者项目"的指南中明确指出，"申请人应是在美国研究领域中具有副教授及以上职称的大学教师；项目优先考虑那些在大学和研究机构专门从事美国研究方面的教学和研究人员，例如美国生活方式、美国机构、美国历史等等。项目更欢迎来自建有美国研究中心和开设美国研究专业的中方院校的学者提出申请；从未获得富布赖特学者项目资助的或没有在美国长期学习或工作过的申请人将给予优先考虑；申请人的研究领域应为宽泛意义上的美国研究。富布赖特访问学者项目申请人必须是从事社会科学和人文科学的专业人员，这样他们才能够就美国研究领域的某一具体方面开展研究工作。比如：美国历史、美国政府与政治、美国外交政策、

---

① 卢艳兰、张在喜、何岸青：《新加坡共同价值观教育评介》，《南昌航空大学学报》2010
年第 4 期，第 101 页。

② 李传柱：《对美国价值观教育的几点认识》，http：//www.qstheory.cn/wp/2016 - 04/06/c_
1118538510.htm。

美国文学、美国音乐、哲学、教育、公共管理、公共政策、社会工作、公共卫生、艺术史、社会学与文化、戏剧、城市规划、新闻、法律、环境研究、信息科学等；需要着重指出的是，申请人必须能够表明他们有在美国进行某项研究的必要性和可行性，同时能够阐明他们回国后如何能够将其所学运用到本国的课堂教学之中；申请人必须能够说明他们的研究怎样能够增进中美双方的相互理解；另外，需重点强调的是，并不是所有的社会科学和人文科学学科都适合得到富布赖特的资助，因为所研究的课题必须包含美国研究的成分。有些领域，比如美国文学和美国历史，几乎所有的研究课题从定义上都包含美国研究的成分；但是在另外一些领域，比如语言学、经济学、哲学和信息科学等，只有那些能够加深对美国了解的研究课题才符合富布赖特项目的资助。在这些领域里进行的与美国无关的一般性理论研究或具体的学科调查，评审委员会将不予太多支持"，由此可见美国将其价值观极力在中国高层次人才中加以推行和传播的意向。

在被调研的学生中，学生对于我们发放的高校思想政治教育调研问卷的第30题"你认为，当前高校思想政治教育存在问题的原因是"的选择中，选择"外来文化对价值观的冲击"的达41.75%，居9个选项中的第5位，看来，学生们对这一问题也是有所认识的。学生对于我们提供的高校培育和践行社会主义核心价值观调研问卷的第4题"你认为，影响大学生确立社会主义核心价值观的最主要原因是"的选择中，选择"全球化背景下西方价值观的渗透和冲击"的占47.66%，在8个选项中居第3位；而在回答第11题"你认为，在大学生中进行社会主义核心价值观教育的重点是"时，选择"防止西方文化入侵"在6个选项中被排在最后一位（仅占15.35%）。由此看来，我们的学生对西方的价值观渗透有所认识，但似乎并不很重视。

当然，正视国外价值观的输出，采取相应的应对措施，并非极力抵御或惊慌失措，而要冷静思考，高水平面对，并积极引导。因为其一，国外价值观含有的成分十分复杂，可以说既有人类共同的价值追求和积极的道德内涵，也有霸权主义、极端个人主义、腐朽的享乐主义等糟粕，可谓是泥沙俱下，如何在沙里淘金，借鉴、吸纳其有价值的东西，批判、抵制腐朽的、糟粕性的东西，是需要我们下一番功夫认真对待的。其二，对于腐朽的、糟粕性东西的批判，也不能用简单化的态度扣个大帽子一批了之。以这种简单化的态度对待易于盲目崇信西方价值观的青年学生，是不能令他们信服的。他们正处在价值观的形成和确立时期，有一定的思考和理解能力，但阅历尚浅，对问题的认识尚不成熟，只有对西方文化进行高水平的解析与阐释才能真正将思想工作深入学生内心。

二　以"内化"为根，在"外铄"与"内化"之间寻找切入点

（一）以"内化"为根

所谓"内化"，即要入心，要融入血脉之中。毫无疑问，思想政治教育与文化的传承与弘扬密不可分，可以说两者是二而一的事情。因为，思想政治教育无论从外在形式或是内在意蕴，说到底都是一种与人密切相关的文化的问题。而文化，是维系一个民族血脉的根本力量。对于具有悠悠五千年历史的中华民族来说，文化更是其魂魄归向的精神家园、生存延续的筋骨血脉。因此，文化的力量，不仅仅在于表层，更在于其"化"的深层意蕴。这种力量是融入血脉、沁人肺腑的无形力量。中国有句老话，叫作"以文化成"——"观乎人文，以化成天下"①，指的就是此意。因此，国学大师南怀瑾先生曾说："一个国家，一个民族，亡国都不怕，最可怕的是一个国家和民族的根本文化亡掉了，这就会沦为万劫不复，永远不会翻身。"② 著名学者、当代新儒学的代表杜维明教授也指出："一个民族的自信心彻底丧失，它是无力的、无气的、无理的，一个失去自信的民族，要精神团聚起来，向西方学习真正有意义的东西，可能性太小了。在对传统文化进行非常强烈的批判的同时，一定要真正了解它的精华，把它

---

① 《易·上经卷三·贲卦第二十二》，载黄寿祺、张善文撰《周易译注》，上海古籍出版社，2004，第 174 页。
② 韦雨选编《四书五经精选本》，新世界出版社，2004，第 4 页。

的优质部分好好地保护……在现代化的过程中，我们曾经以为要把传统彻底消除，才能进入现代文明。其实，传统文化是塑造现代文明的基石，是背景，是零，它加在任何数字后面，都是十倍百倍的增加。"① 习近平总书记在 2016 年 5 月举行的全国哲学社会科学工作座谈会的讲话中说："站立在 960 万平方公里的广袤土地上，吸吮着中华民族漫长奋斗积累的文化养分，拥有 13 亿中国人民聚合的磅礴之力，我们走自己的路，具有无比广阔的舞台，具有无比深厚的历史底蕴，具有无比强大的前进定力，中国人民应该有这个信心，每一个中国人都应该有这个信心。我们说要坚定中国特色社会主义道路自信、理论自信、制度自信，说到底是要坚定文化自信。文化自信是更基本、更深沉、更持久的力量。历史和现实都表明，一个抛弃了或者背叛了自己历史文化的民族，不仅不可能发展起来，而且很可能上演一场历史悲剧。"②

　　同时，文化的力量对于高校学生和教师而言，更具有一种独特的、不可替代的作用。原因有以下几方面。其一，高校是集聚了具有相当理解能力和知识基础的从事人文社会科学、自然科学的学习或研究的文化人和学者，对文化的涉猎和求取有着较厚实的知识底蕴、较宽泛的兴趣和较强的判断与领悟能力，一旦优秀文化渗透于心，在做人和做事上都会具有更高的自觉性和自律性，这其中的动力来自内在而非外力所强求。其二，高校学生与中小学生相比，具有更强的理性思维和价值判断，他们更易于接受经过思考理解的东西和渗透进内心的东西，而较为反感简单、硬性的说教和形式化的照本宣科。与此同时也不可否认，在高校充分宣扬优秀文化的力量，扎实推进社会主义核心价值观教育和思想政治教育的过程中，也存在其他组织和个体不曾面对的特殊困难。这种特殊困难，是由当代大学生的年龄特点、所处的时代特征及其思维特点等因素所决定的。譬如，虽然与中小学生相比，大学生有了更强的理性思考能力，但他们的思维水平尚处于走向成熟而并不完全成熟的阶段，对问题的认知尚缺乏深刻性，往往

　　① 腾讯评论"燕山大讲堂"：《袁伟时 VS 杜维明　如何看待中国传统文化》，https：//view. news. qq. com/a/20101202/000042_ 2. htm。

　　② 习近平：《在哲学社会科学工作座谈会上的讲话》，http：//www. xinhuanet. com/politics/2016－05/18/c_ 1118891128. htm。

容易形成一些偏激的看法。又如，大学生正处于价值观形成的关键时期，而当代社会文化及价值观的发展日益呈现出多元化的趋势，这些对当代大学生自然会产生多重影响。这些现实状况，就要求我们进行高水平的、有效的引导。

由此可知，作为一种内在的影响力量、渗透力量、凝聚力量，文化可以说有一种"大音希声，大象无形"的意味，它的力量是强大的、无与伦比的，但又是自然而然形成的。因此，思想政治教育是文化陶冶和社会主义核心价值观教育的有机组成部分，应当同文化的润泽融为一体，应当同社会主义核心价值观教育互为因果。简单化地生硬灌输，或空话和套话连篇，将难以实现思想政治教育的目标。

（二）在"外铄"与"内化"之间寻找切入点

当然，强调"内化"，强调"以文化人"，并非否认一些卓有成效的"外铄"的各种活动形式，正是种种"外铄"的形式，使教育内容"内化"于学生身心。譬如：各科生动的课堂教学（包括思政课在内），校内外的各种公益活动，各种知识竞赛、知识讲座、书籍阅读、网络传播等。这些活动看起来是一种外在的教育形式，但可以"化"为学生内心的有益养分，成为学生思想和知识的有机组成部分。事实也证明，多种多样、生动活泼的教育形式，学生是乐意接受的。在我们的问卷调查中，多数学生希望学校和院系组织多种多样的实践活动，而不乐意单调的灌输。

1. 课堂教学是主渠道——要使课堂活起来

文化的陶冶和滋养、思想政治教育的深入人心，首先在教师的讲课（包括专业课、通识教育课、思想政治教育课等各类课程）中进行。课堂教学作为对学生进行自然的文化陶冶和滋养的主要形式，应当渗透进高校所开设的所有课程，包括人文社科、理工医农及体育、艺术等各门学科，因为所有专业和学科的学生都应当被培养成顶天立地、素质较高的中国人。在关于高校思想政治教育调查问卷中我们得知，学生在对调研问卷的第21题"你所在学校进行思想政治教育的主要途径有哪些"进行选择时，选择"思政课程"的达76.60%，高居第一位；其次分别是年级或班会（63.05%）、党团活动（60.47%）、讲座（50.10%）、社会实践活动

（46.03%）、网络（31.81%）、其他（1.25%）。在关于高校培育和践行社会主义核心价值观情况的调研问卷中，学生在对调研问卷的第 7 题"你所在学校宣传社会主义核心价值观的主要方式有"进行选择时，选择"思政课程"的达 82.14%，同样高居第一位；其余依次是："党、团教育"（79.35%）、"学生手册和各类评优活动"（51.07%）、"课外实践活动"（39.89%）、"网络互动"（28.14%）、"读书评论活动"（22.08%）、"不清楚"（2.18%）、"其他"（1.22%）。可见，高校进行思想政治教育和社会主义核心价值观培育与践行的主渠道是思政课的课堂教学。在问卷的设计问题上，此处未能涉及其他的专业性课程，但实际上，每种课程的任课教师都有进行思想政治教育的责任和义务，即我们现在所强调的课程思政。

笔者以为，当前我国进行的高校本科教学评估，对本科教学质量的保障起到了相当大的作用。但是应进一步考虑，评估不应过于偏重对教学文档的检查，不应简单地以教学数字的统计等一些量化性的指标为依据，还应考察一些不宜进行量化的、往往被认为是形而上的东西，如一所高校所形成的教学氛围总体情况如何？不囿于功利性追求、对教学具有热情和激情的教师能否对学校的教学风气产生较大影响作用？学生已有的知识面情况如何？这些不能量化的东西，在某种程度上恰恰反映了一所高校真正的教学水平和教学质量，但这又需要一定的时间加以深入观察，不是一两天走马观花式的评估所能得到的。

（1）关于思政课堂生动性、趣味性与思想性、理论性的结合

本课题组在对高校思想政治教育调研问卷的调查中发现，学生对思想政治教育课程内容丰富、兼顾趣味性，以及任课教师语言具有艺术性、课堂不枯燥是最为期盼的。在该调研问卷的第 15 题"你认为，激发思想政治课学习积极性的因素有哪些"的选择中，选择"课程内容丰富，兼顾趣味性"的高达 80.58%，居第一位；选择"任课老师语言具有艺术性，课堂不枯燥"的达到 71.02%，居第二位；此外，选择"课堂环境宽松，与学生灵活互动"的达 57.64%，选择"任课老师个人魅力"的达 53.19%，选择"教育手段多样化"的达 43.49%，而选择"老师考前会划重点、给高分"的仅占 23.44%。可见，上述绝大部分有效因素的选择

都指向了教师，教师是课堂的主导者、引领者和智慧的组织者，如何使课堂这一思政教育的主渠道"活"起来，使其更有色彩、更有吸引力，是要下大功夫进行研究并加以改进的。

而现实中的思政课堂情况并不尽如人意。例如，学生在对《高校思想政治教育调查问卷》第 30 题"你认为，当前高校思想政治教育存在问题的原因是"进行回答时，选择最多的是"思想政治教育的吸引力不足"，选择比例达 53.51%，居第一位；选择"思想政治教育不能内化于心"的占 48.53%，选择比例居第 3 位。同样对于该问卷的第 35 题"你对当前高校的思想政治教育工作有什么建议"，这是一项主观开放题，我们对参加作答者的回答内容进行筛选分析，提炼出其中的关键信息，并对这些关键信息进行汇总、统计，结果显示呼声很高的建议内容主要有"多组织实践活动"（建议人数达到约 1700 人）、"增加学生参与度"（建议人数达到约 1400 人）、"教育方式要多样化"（建议人数达到约 1000 人）、"注重创新"（建议人数达到约 900 人）、"加强思政教育的趣味性"（建议人数达到约 800 人）、"注重理论与现实结合"（建议人数达到约 700 人）、"营造良好氛围"（建议人数达到约 500 人）。另外，在《高校培育和践行社会主义核心价值观调查问卷》（学生版）的调查结果统计中，学生对该问卷的第 8 题"你对当前学校进行的社会主义核心价值观的培育和实践的看法是"进行选择时，选择"高效且有趣"的占 16.78%，选择"尚可接受"的占 49.63%，选择"无用且浪费时间"的占 6.14%，选择"过于形式化"的占 24.61%，选择"无所谓，不关心"的占 2.84%。这说明，包括思政教育课堂与社会主义核心价值观培育和践行在内的整体的思想政治教育工作的质量和吸引力有待于进一步提高。

在提供给专业教师的高校社会主义核心价值观培育与践行情况的调研问卷中，专业教师对第 6 题"您认为，当前社会主义核心价值观培育过程中存在的问题有"的选择依次为："缺乏创新，难以引起学生兴趣"（67.96%）、"过于形式化，流于表面"（61.31%）、"不注重理论与实践相结合"（58.70%）、"不注重因材施教，压抑学生个性"（30.87%）、"过于频繁，引起学生反感"（19.26%）、"间隔时间太长，没有效果"

（9.92%）、"其他"（1.18%）。可见，专业课教师对包括教师课堂教学方面的种种问题是有着清醒的认识的。对于该问卷的第 8 题"您是否会根据时事热点和科研进展适当调整您的讲课内容"，绝大部分专业教师的选择为"会，能够吸引学生学习兴趣"，这一回答的比例高达 85.62%。其余的选择依次为："不会，因为对授课影响不大"（8.24%）、"不会，重新备课太麻烦"（3.45%）、"无所谓，想起来就提一下"（2.69%）。另外，对于第 9 题"当您的学生在课堂上提出与您的观点不符的看法时，您会怎么做"的选择，绝大部分教师选择"不论正误，鼓励学生独立思考"，这一回答的比例高达 82.84%。其余的选择依次为："不予考虑，学生的看法简单且片面"（4.71%）、"为了维护尊严，表面不接受，而实际接受"（4.46%）、"表面赞许，实际上并不赞同"（4.29%）、"无所谓，听听就行了"（3.70%）。由后两题选项可见，绝大部分专业教师都在努力提升课堂教学质量，鼓励学生积极独立思考问题，以提高学生的理论思维水平。这方面，教师们是下了功夫的，但还有待于进一步改进与提高。

在提供给思政人员的高校社会主义核心价值观培育与践行情况的调研问卷中，思政人员对第 3 题"您认为，当前社会主义核心价值观培育过程中存在的问题有"的选择依次为："缺乏创新，难以引起学生兴趣"（72.79%）、"不注重理论与实践相结合"（55.54%）、"过于形式化，流于表面"（55.45%）、"不注重因材施教，压抑学生个性"（30.90%）、"过于频繁，引起学生反感"（20.86%）、"间隔时间太长，没有效果"（10.21%）、"其他"（1.37%）。可见，思政人员对包括教师课堂教学在内的整个学校层面在培育与践行社会主义核心价值观方面的种种问题，也是有着清醒的认识的。

笔者 2017 年从《中国青年报》上看到一则报道，是说武汉高校的大学生自动组织起了一个"大学生蹭课联盟"，各校学生互通有无，将优质、高水平的讲座、讲课资源通报给联盟中的各校学生，以便学生们择机跨校听讲。同时，这个联盟还成立了读书沙龙，交流读书和听讲心得。目前，该蹭课联盟平稳运行着两个几乎涵盖武汉所有高校、流动人员突破 7000 人的 QQ 群，以及一个官方微信和线下启林青年坊的工作。在创始人刘灿看来，大学生应该走出寝室、走出课堂、走出校门、走出专业的限制，感受不同领域学者的思想和魅力，与各种不同类型的人进行交流碰撞，与一批有思想的朋友践行理念，同时坚持人文社科的阅读与分享，这些才是比90分的成绩更重要的东西。他说，大学生需要培养主动学习的精神，"大学生蹭课联盟"营造的正是一个热爱读书、敢于争鸣的读书氛围。[①] 这一信息使人感到振奋和欣慰，这说明高校的青年学子有着较高的寻求知识的热情，以及竭力寻求优质教育资源的主动性。

本课题组在以河南省高校为例对思想政治课教师的访谈中，关于如何使思政课的生动性、趣味性和思想性、理论性有机结合的问题，也了解到了一些老师对此很有见地、很有启发性的思想和认识。

A 大学的 J 老师说道：

老师为了把思政理论的重要性灌输给学生，在课堂上不得不采用讲故事、放视频等一些所谓生动的教学方法或形式，但是，这往往失去了应有的理论高度。下一步须集体攻关，讨论如何生动而又有水平地告诉学生理论的重要性、理论与政治及社会现实的密切相连。我去年调到学校宣传部工作，看到意识形态方面形势严峻，青年人受到国外意识形态势力较强的冲击。因此，要一本正经地给青年人讲意识形态，不能只追求形式上的生动。我在讲时事政治时，于讲具体事实、实例的同时，重点分析事态发生的原因、实质及对其的评价，即教给学生思维的方法，让学生离开课堂后，能自己用方法去判断、理解事情。如讲朝鲜半岛的问题时，我并不是只给学生罗列事实，而是分析其背后为何牵涉到如此之多的问题。我原来认为，给学生传授知识是最重要的，现在认为教给学生思想方法是最重要的，要能解释事实。互联网时代，影响学生的因素太多，甚至比老师还多，因此老师不能只复述事实，而要教给学生思维的方法。

---

① 王浠凤、陈红艳、雷宇：《跨越 50 所高校的人文课堂》，《中国青年报》2017 年 2 月 21 日，第 1 版。

E 大学的 W 老师说：

思政课教育教学一是进行有关知识的教育，如社会主义核心价值观等知识性的内容解读和学习，二来不纯粹是知识的教育和学习，这一部分是属于思想品德的教育，也就是高大上的人生、价值、意义等方面的教育。思政课教材内容的特点以宣传教育为主，这方面在教学中若不注意，讲授上就往往会以灌输为主了，而不是启发、诱导，学生听多了就烦。如 24 字社会主义核心价值观，教师若只是告诉学生这 24 个字，只是面上粗浅地讲，学生学到的也是表面含义，要深入人心才行。目前来看，思政课老师上课，普遍只注重形式，理论上不够深入。有些大学的老师穿皇帝服、学生扮大臣，穿上戏服演情景剧，这样形式上新颖，吸引人，但问题来了，有多少人能去买戏服？且这种形式也花费不少时间，必然压缩其他内容的课时，这种做法就是特别注重了形式，要知道形式对内容有反作用，但内容决定形式，若讲课成了表演，虽有好的方面，但太形式化，更重要的是要讲透理论，用理论吸引人，用思想和教导吸引人，不要多年后学生只记住当时老师组织了一次活动，自己扮演了什么角色，有什么有意思的地方，至于老师的教导、思想、理论，则没有记住。因此，提升学生思想和品质是更重要的。

E 大学的 Z 老师强调：

思政课的教学主题很鲜明，是铸魂工程，是信仰争夺的战场、无硝烟的较量，目的就是转变学生思想观念，让他们对世界观、方法论进行掌握。这些方面看起来是软指标，但实际上是硬标准，形软实硬。我们在教学中强调要确立信念，转变观念，力图通过联系实际，进行多样化的、科学的讲解，使理论内化于心、外化于行。作为思政课教师，上课要擦亮牌子、演好角色，不高高在上，要抓住学生的思想，通过自己学科、学术的内在魅力，赢得学生、感染学生，不要说必须怎么怎么之类的话，你是挡不住学生不想什么的。上课在讲课本上内容的同时，还要配以现代化的动态资料，通过看视频资料，进行引导，看有哪些问题，并进行点评，从而让视频资料活起来，使视频资料成为课本真正的延伸。本人所讲的《马克思主义哲学原理》是一门方法论的课程，是教给学生世界观的理论性的课程。授课时，我将课题回顾（即将每一原理、每一主题的研究现状和学术史进行梳理）、历史追踪（即讲明原理成为正确、科学的世界观，它的发展历史如何，并进行历史比较）、精讲原理（即原理内容要精讲，这是重点，要精确、准确，观点亮明，立场态度端正）、归结意义（即联系现实，联系国家、社会发展，印证原理的科学性，上升到学术理论高度，让学生系统把握）四个环节联系起来。马克思主义哲学原理中学也学，但大学要更进一步，让学生系统把握理论，有所提升。这门课主要是理论上要服人。同时，学生世界观形成了，内在于心、上升了高度，理论化、系统化加强了，但这仅是学生学识的提高，还不够，要考虑如何"转识成智"，把学生学到的、掌握的学识（理论、理性认识等）转化为方法、技术、德行，让学生形成一种特定的境界、道德自觉，这是非常重要的，这也就是理论理性向实践理性的转变。实践理性是工具、价值，是可操作、可运行的，这样理论与实践才能结合起来，才能使理论指导实践，实践上升为理论，把学术水平转化为能力素质水平，从而真正促进学生发展。

河南大学有位教思政课的刘老师，所讲课程深受学生欢迎，堂堂课都有热烈的掌声，学生选他的课很难选得上，可谓讲出了兴趣、讲出了魅力、讲出了风采。2018 年 5 月，河南卫视的《新闻 60 分》栏目对其事迹进行了专题报道。究其原因，他的课之所以受欢迎，一方面是讲得非常活，不枯燥，大段的理论和套话少了，多的是一个个接地气的故事和段子。而为了做到这一点，每一节思政课背后，光是搜集素材，他往往就要花费八九个小时。于是，上到天文地理，下到政治经济，无论国际风云还是柴米油盐，都走进了他的课堂，成为最鲜活的教学案例。而且，为了讲好每节课，他课前都要面对着家中的墙将上课时所要讲的内容练上几遍，甚至是十几遍。所以，在学生们眼里，他上课的这三个小时永远充满激情又妙语连珠。另一方面，刘老师善于在深入钻研的基础上，将一个个生动鲜活的故事、案例同高深的理论知识恰当地、巧妙地结合起来，把道理讲入学生的内心。由此也可看到，刘老师对学生的非同一般的爱心。面对记者的采访，他这么说道：

> 新闻背后是什么样的故事，我们为什么要这么做，亦即这么做跟我书本中的理论又是怎么联系的，这就是让同学们有一种参与感，让孩子们觉得思政课就在我们身边。我们也可以通过我们自己的方式去践行它。

学生们评价他说，"他就给我们一些很正能量的东西，超级棒"；"他讲课的时候，玩手机已经不在我们的范围之内了"；"选他的课太难了，我们经常很多人都是三轮选课都选不到他的课，然后就只能去蹭，上大学不听他的课会遗憾"。在刘老师看来，学生们愿意听他的课，能够向学生传递正确的世界观、人生观和价值观就是他最大的动力。

D 大学的 L 老师也说：

> 思政课上课最大的问题不光是知识性，更重要的是"育"，引导好学生。作为思政课教师，对现实问题、思政教育问题，要寻根找因，寻求真实性，让学生明明白白，做明白人，对待网络信息事件更是如此。让学生有独立思维，这很关键；更重要的是要引导好学生。学生对社会的关注和思考，一直是有一定看法、困惑的，作为老师，要善于引导学生，让他们实地、亲自看看自己身边、家乡、父母等变化，了解生活环境，在社会现实和熟悉环境中亲身体验所讲内容是否属实、科学，要使他们能看到变化，认识到意义，或者能够反向推论。社会现实中当然会存在不好的东西（腐败、矛盾等），但要运用哲学思维，一分为二分析问题，联系我国社会发展变化去进行反思，就会更好接受和理解思政课老师所讲的内容。总之，要让学生在学知识的同时，促进自身世界观、人生观、思想的发展。

C大学的Z老师说：

> 无论何种方法，最终要引导学生。思政课的知识性与趣味性的结合很重要。

C大学的另一位老师L老师是一位教学效果非常好、很受学生欢迎、拥有教授职称的50多岁的老教师，她说：

> 不能把思政课教成娱乐课。思政课是最难讲的课，学生认为思政课不是专业课，重视程度不够，而要转变学生的看法，教师就要下更大的功夫。我有次备课到凌晨4:00还未睡觉，后一看天亮了。有些私立学校用网络视频课取代课堂教学修学分，这是教育部不允许的。

在提供给学生的高校社会主义核心价值观培育和践行情况调研问卷的第19题"面对多种文化，你往往会采取以下哪种态度"的选择中，学生选择最多的是"有自己的思考，但受教师或同学影响"，这一比例达51.40%；其余的选择依次为"经过自己独立思考来取舍"（43.55%）、"以大多数人的选择为主"（4.08%）、"不假思索全盘接受"（0.97%）。可见，绝大部分学生是有自己的思考的，其中接近一半的学生能经过独立思考来加以取舍、判断，但有一半的学生也受到教师或其他同学的较大影响。这一方面说明我们的思政课堂对学生的引导是有成效的，另一方面也说明教师身上肩负着立德树人的义不容辞的重任。

（2）关于思政课堂灵活运用手机等多媒体工具及综合采用教学方法

关于充分发挥手机等多媒体工具在思政课堂的积极的正向功能，C大学的L老师做得较为突出。她是一位教了多年的、资深的思政课老师，曾经获得河南省优秀教学成果二等奖、河南省教育厅思想政治理论课优秀教师荣誉称号。但是，她仍在钻研如何提高课堂效果。她以50多岁的年龄，比年轻人都早地、娴熟地掌握和运用了"雨课堂"这项现代教育技术（这是清华大学和学堂在线共同开发出来的一项新型智慧教学工具，目的是全面提升课堂教学体验，让师生互动更多、教学更为便捷）。她说：

> 运用"雨课堂"技术，使手机派上了正当的用场。学生进入课堂扫码（即签到）后，我的PPT即输入他们手机。通过手机进行课堂互动，不仅可以通过手机来点名，掌握学生的出勤情况，而且向学生所提的问题可让学生用手机当场回答，并可及时掌握每人回答的对错，由此对回答问题进行反馈，这样就使课堂进一步活跃起来。而且，以前教师讲完课即走人，现在师生在课外也可随时联系。这一软件在2016年刚开发出来时，我即已使用，待学校在此方面进行改革、在全校推广运用时，我已使用一年。师生之间互动、沟通加强之后，学生对老师很亲，甚至比对专业课老师还亲。

与L老师同校的J老师说：

> 李老师是我校教改的引领者。她对微信、"雨课堂"已运用到相对成熟的地步。教育部专家听过李老师的课，本校校长、书记都听过李老师的课。对于学生玩手机，只能疏导，不能卡压。教师上课即使不利用手机这一工具和手段，学生也用手机听歌、看剧，现在我们老师是引导学生正向利用手机。

B大学的老师也提到，他们利用手机APP点名，以掌握学生的出勤情况，并利用手机APP让学生参与、动起来。一位L老师说：

> 前不久在我校举办了"豫西高校思想政治教育论坛"，主题是"让思政课活起来"，其中就提出引导学生利用手机APP。

另一位H老师说：

> 得考虑让学生动起来。有些案例得让学生通过手机看，他若不看手机，也是睡觉。

关于思政课教学方法的运用，老师们也强调，不能为方法而方法，不能把某种方法推向极端，包括现代多媒体技术的运用。教师要有驾驭课堂的能力，教学要多方法、多手段综合运用，要根据学生年龄、专业等不同的特点，采用不同的方式方法。要允许教师对教学过程和方法进行探讨，不能用条条框框进行约束。但无论运用何种方法，最终是要引导学生。如C大学的L老师所提观点，很有启发意义：

> 我在网上看到"对分教学模式"，其中既有时间、内容的对分，也有师生、过程的对分。该教学模式的主旨为精讲，留一部分时间给学生，即留白。关键问题是如何留白，应当慎重考虑。有些教师采用翻转课堂，但效果并不好，只用了方法的皮毛，而不达精髓。

与C大学L老师同校的Z老师插话说道，"新方法实际对教师要求更高"，L老师表示同意，她说，"教学中若对方法已事先预定，带有表演性质，那就起不到任何作用"。

(3) 关于思政课的考试形式

关于思政课的考试形式，老师们说，现在强调过程性评价，平时成绩占50%，考试成绩占50%，这种过程性评价的方向还是正确的。出考试题也应有水平，要能够促使学生运用所学理论思考现实问题，要提升他们的思维水平。

此方面，C大学的L老师所说的思路发人深思：

> 一次考前，我看学生在背题，就问教研室领导：今年考试是这些题吗？回答说不是，可能是往年的考题。看来，学生只背代代相传的考题，这是不行的。去年（2017年）我出的考题是"由共享单车使用过程中出现问题解决的思考"，这道题也押中了当年国家的高考题。这就是改革考试起到了作用。促使学生思考现状，就是思政课的目的。我出的考题看起来不难，但让他从宏观上、理论上分析就有一定难度，如有一题的题目是"由纪念马克思诞辰二百周年想到的"。我研究教学是为了实用——对提升学生的思维水平有用、有好处。

（4）习近平总书记和教育部部长陈宝生的有关讲话指出要改进含思政课在内的大学课堂教学

习近平总书记在 2016 年 12 月 7～8 日举行的全国高校思想政治工作会议上强调："做好高校思想政治工作，要因事而化、因时而进、因势而新。要遵循思想政治工作规律，遵循教书育人规律，遵循学生成长规律，不断提高工作能力和水平。要用好课堂教学这个主渠道，思想政治理论课要坚持在改进中加强，提升思想政治教育亲和力和针对性，满足学生成长发展需求和期待，其他各门课都要守好一段渠、种好责任田，使各类课程与思想政治理论课同向同行，形成协同效应。"① 习近平总书记关于高校思想政治工作和思想政治理论课教学的讲话具有重要的指导意义。

教育部部长陈宝生在 2018 年 6 月 21 日召开的"新时代全国高等学校本科教育工作会议"上，发表了题为《坚持以本为本 推进四个回归 建设中国特色、世界水平的一流本科教育》的讲话。在讲到改进包括思政课在内的大学课堂教学时，陈宝生说："对大学生要合理'增负'，提升大学生的学业挑战度，合理增加课程难度、拓展课程深度、扩大课程的可选择性，激发学生的学习动力和专业志趣，真正把'水课'变成有深度、有难度、有挑战度的'金课'。对大学生既要有激励也要有约束，要改变考试评价方式，严格过程考评，通过鼓励学生选学辅修专业、参加行业考试等，让学生把更多的时间花在读书上，实现更加有效的学习。"陈宝生指出："要着力推进课程内容更新。及时调整专业人才培养方案，构建思想政治教育与专业教育有机融合的课程体系，建设综合性、问题导向、学科交叉的新型课程群，将学科研究新进展、实践发展新经验、社会需求新变化及时纳入教材，不能再用过时的知识培养明天的毕业生。要着力推动课堂革命。我们要改革传统的教与学形态，高校教师要把育人水平高超、现代技术方法娴熟作为自我素质要求的一把标尺，广泛开展探究式、个性化、参与式教学，推广翻转课堂、混合式教学等新型教学模式，把沉默单向的课堂变成碰撞思想、启迪智慧的互动

---

① 《习近平在全国高校思想政治工作会议上强调：把思想政治工作贯穿教育教学全过程 开创我国高等教育事业发展新局面》，《人民日报》2016 年 12 月 9 日，第 1 版。

场所，让学生主动地'坐到前排来、把头抬起来、提出问题来'。"关于提升思想政治教育的水平，陈宝生说："这里我要特别强调一下课程思政、专业思政的问题。2018年高校师生思想政治状况滚动调查结果显示，对大学生思想言行和成长影响最大的第一因素是专业课教师。加强课程思政、专业思政十分重要，要把它提升到中国特色高等教育制度层面来认识。我们要旗帜鲜明，在持续提升思政课质量的基础上，推动其他各门课都要'守好一段渠、种好责任田'，与思政课同向同行，形成协同效应。高校要明确所有课程的育人要素和责任，推动每一位专业课老师制定开展'课程思政'教学设计，做到课程门门有思政，教师人人讲育人。"①

（5）有关河南大学和江南大学思政课经验的两则报道

在这里，我们以有关河南大学和江南大学思政课教学的报道，来阐述一下思政课教学及思想政治教育如何更好地浸入人心，达到更好的效果。

河南大学的思想政治教育课近年来已经取得了整体的良好效果，2018年7月16日的《中国教育报》以"河南大学：思政课没了'说教味儿'"为题，对河南大学的思政教育工作进行了报道。

该文指出，一改以往思政课的枯燥沉闷，河南大学思政课课堂上，教师们妙语连珠、金句不断。自推进思政课建设以来，曾被吐槽以"填鸭""说教""划重点"为特点的思政课摇身一变，如今成了河南大学的"抢手课"。该文介绍，这种效果主要来自三个方面的努力。

首先，"理论从'本本'走出，教师肚里要有'货'"，该校马克思主义学院院长张兴茂介绍说，"培养青年教师，教师个人、学院和教研室都要重视，形成三方合力……为了让年轻教师尽快成长，学院每学期举办教学竞赛和教学观摩活动，形成'比、学、赶、帮、超'的良好氛围"，"每周四上午的学术研究制度，我们会深入开展中国特色社会主义理论研究，发挥马克思主义理论学科对思政课建设的支撑作用"。该文指出，马克思主义学院通过教研活动、教学研究团队培育等，培养一大批受欢迎的

---

① 陈宝生：《在新时代全国高等学校本科教育工作会议上的讲话》，《中国高等教育》2018年第Z3期，第7~8页。

思政课教师，他们精心设计教学内容，有效调动学生学习主动性，使思政课变得"有意思""都爱听""真相信"。如今，马克思主义学院锻造出一支学历层次高、职称年龄结构合理的高素质教师队伍，其中有专任教师77人。在做好课堂教学的同时，一大批思政课教师通过校内外宣讲等形式，开展习近平新时代中国特色社会主义思想等专题宣讲活动，涌现出一批理论宣讲先进个人。

其次，"内容为王是思政课上出效果的关键"。思政课的内容不再照本宣科、囿于理论，而是从现象级话题导入，由现实上升到理论，再将理论回归现实、指导现实。马克思主义学院颇受学生欢迎的青年教师刘嘉尧老师深有感触地说，"只有将教学重点与学生兴趣点有机结合，才能真正提高教学实效性"，"内容为王，这是思政课上出味道、上出效果的关键"。该文强调，教师只有从与学生成长、国家发展密切相关的现实问题谈起，再引导学生运用理论去分析、解决问题，才能吸引学生的眼球，激发他们的兴趣。该文提到，由2016级哲学与公共管理学院学生陈国泰小组完成的《形势与政策》课后调研成果《"一带一路"新机遇》的小论文，得出了"'一带一路'倡议是要建立一个政治互信、经济融合、文化包容的利益共同体、命运共同体和责任共同体的结论"，对此，主讲教师卜万红说道，"在发挥这门课应有的知识教育功能的同时，还要努力发挥它的价值引领作用"，要改变传统的思政课教学单向灌输，打破教学壁垒，搭建起师生间的交流共享平台。自课改以来，河南大学思政课教学形成了一些教学特色和优势，品读经典、社会调研、短剧表演等教学形式充分调动了学生课堂学习的积极性。同时，思政课教师还积极参与指导学生社团活动和"青年马克思主义者培养工程"，着力培育一批富有马克思主义理论素养的学生理论骨干。

再次，"让学生在思政课中汲取思想力量"。该文指出，"真学、真信、真教、真做"是河南大学马克思主义学院的院训，思政课教师要做大学生的青春引路人。2017年9月，该校党委书记卢克平深入课堂了解思政课教学情况。听过课后，卢克平对思政课给予高度评价，并表示："思政课要注重培养学生德行，帮助学生树立并不断完善正确的世界观、人生观、价值观，增强学生幸福感和获得感。"马克思主义学院党总支书记马润成说："要牢牢把握立德树人这个根本，在教学原则上，以人为本，聚焦人的全面发展；在教学内容上，突出解惑，而不仅仅是传道、授业；在教学着力点上，做到政治素质和人格完善、做事和做人并重。"只有做好学生的引路人，他们走入社会后才能成为社会主义核心价值观的自觉践行者以及社会主义事业的合格建设者和可靠接班人。2017 年 12 月，河南大学"思想道德修养与法律基础"课的教学实践环节"弘扬社会主义核心价值观短剧大赛暨成果展演"现场，一个个鲜活的题材，一段段跌宕起伏的情节，一幕幕引人深思的往事，深深感染着在场每一位师生。这项至今延续 11 年的活动，从"思修短剧"发端，形成了培育社会主义核心价值观的新型教学方式。为让学生切身了解历史、感知社会，每名任课教师会与学生讨论剧本，采取"双向教育"形式，让思政课理论知识"内化于心，外践于行"。2017 级体育学院学生闫世超说："短剧编排和老师的修改，让我们深切感受到思政课的力量，对我的思想产生了积极影响。"小切口、大主题、全过程、全方位、全参与，既是河南大学思政课改革创新的鲜明特征，又是立德树人育人目标的积极探索。面对已迈入大学校门的"00 后"，思政课如何提供营养丰富、美味可口的精神食粮？马润成心中有了清晰答案："我们要按照习近平总书记的要求，在提高'亲和力'和'针对性'上下功夫，让学生在思政课中汲取做人做事的智慧，获得放飞人生梦想的强大思想力量。"①

《光明日报》2018 年 1 月 27 日的一篇报道介绍了江南大学思想政治教育课的经验。该文的题目是"江南大学思政课教学改革：内容实起来　师生动起来　课堂活起来"，也很有启发。

该文报道说："'文化自信的深厚根源，首先是中华优秀传统文化，夸父逐日、精卫填海、玄奘西游取经、苏武牧羊，这些传说、故事展示了中华文化中英勇无畏、勇往直前的文化因子……'近日，在江南大学思政课上，围绕'文化自信'主题，教师蔡瑶带领学生开启了一段'文化之旅'。"该校数媒学院 1502 班的学生张宁远评价说："喜欢这样的思政

---

① 李见新、王剑：《河南大学：思政课没了"说教味儿"》，《中国教育报》2018 年 7 月 16 日，第 1 版。

课，内容充实不枯燥，启发我们思考，感受到了中华文化的魅力。"该校马克思主义学院副院长徐玉生说："高校思政课要及时把十九大精神贯穿到课堂教学内容中，结合我们正在进行的启拓教学改革，让十九大精神在学生心中扎根。"

该文指出，在高校，作为立德树人的核心课程，思想政治理论课是学生上得最多的课，也是最难上的课。"配方"陈旧、"工艺"粗糙、"包装"不时尚是思政课面临的共同难题。该校马克思主义学院在前期专题教学改革探索的基础上，2015 年开始试点"启拓（QITO）"教学改革。"启拓（QITO）"由贯穿教学过程的 4 个关键词"问题"（Question）、"互动"（Interaction）、"思想"（Thought）、"优化"（Optimization）的英文单词首字母组合而成，寓意启发学生思维、拓展学生视野，提升学生自主学习能力与理性思考分析国情和社会现实问题的能力，真正实现高校思想政治理论课"立德树人"的根本任务。目前，"问题导向 + 专题授课 + 智能课堂"三位一体的"启拓"教学模式已经形成。为了推动十九大精神进课堂，十九大开幕后 3 天，该校党委宣传部就与马克思主义学院展开专题研究。在"启拓"教学模式下，以《毛泽东思想和中国特色社会主义理论体系概论》课为例，分为马克思主义中国化、社会主义探索、改革开放等 14 个专题，把十九大精神融入教学中。"启拓"教学课程组采取了集中备课的形式，组织教师学习、吃透、弄懂十九大精神，修改完善教案和课件。实施"启拓"教学改革后，手机这个曾经的课堂教学"隐患"，"光明正大"地进入思政课堂，借助学校慕课平台，手机不仅可以用来点名签到、查阅资料、上传课件，还可以用于课堂提问、作业考核，大大增强了学生的参与性和课堂实时互动。该校马克思主义学院院长张云霞说："十九大召开后，我们曾经做过一次'你最关心的十九大话题'课堂调查，学生课上投票，选出了他们最关心的问题。从统计结果看，'夺取反腐败的压倒性胜利'等成为学生最关注的话题。学生关心的也是课堂关注的，对学生关心的实质性问题进行对接式的回应，彰显了思政课对学生进行思想引领的功能。"内容实起来、师生动起来、课堂活起来，是"启拓"教学带来的最大变化。"启拓"教学有力释放了思政课在价值塑造、思想引领上的创新潜力。"不同的老师让我受益良多，不只是教书上的知识，而是引导我们思考"——这是学生评教中说得最多的话。目前，"启拓"教学改革实践已涵盖江南大学近 200 个自然班 6000 多名学生。"通过教学改革，让思政课真正成为学生喜爱、终身受益的课程，启发引导大学生增强对中国特色社会主义的道路自信、理论自信、制度自信和文化自信。"江南大学决定，从 2018 年春季学期开始，在《毛泽东思想和中国特色社会主义理论体系概论》课程全面推行"启拓"教学。[①] 这种探索与改革，对思想政治教育工作的改革不无启发意义。

2. 有效组织学生感兴趣的思政教育实践课程或实践活动

从我们对全国大学生的问卷调研中发现，学生对通过实践活动进行思想政治教育较为推崇。在《高校思想政治教育调查问卷》的第 22 题 "你更愿意接受的思想政治教育途径是"的选项上，学生认为"社会实践活动"是其更愿意接受的思想政治教育途径的比例高达 69.77%，居第一位，由此可见学生对参加社会实践活动的兴趣与渴求。对于问卷的第 31题 "你认为，目前大学生群体普遍存在的不足有"，学生选择最多的选项是 "社会经验不足"，达到 68.23%，居第一位。在问卷的第 35 题 "你对当前高校的思想政治教育工作有什么建议"的主观开放题回答中，我们对参加作答者的回答内容进行筛选分析，统计出了呼声较高的 7 项建议内容：多组织实践活动、增加学生参与度、教育方式要多样化、注重创新、加强思想政治教育的趣味性、注重理论与现实相结合、营造良好氛围。其中，呼声最高的建议内容是 "多组织实践活动"，由此也可见学生对参与社会实践活动的迫切心情。而在对学校现有组织活动的评价中，学生认为意义一般的占多数。问卷第 25 题 "你对所在学校进行的党团活动的看法是"，选择最多的是 "尚可接受"，占 59.72%；其余的选择依次为 "高效且有意义"（21.80%）、"枯燥，浪费时间"（15.09）、"无所谓，不关心"（3.39%）；问卷第 26 题 "你对所在学校思想政治教育组织的实践活动的看法是"，选择最多的是 "比较有意义"，占 46.49%；其余依次为"一般"（32.55%）、"非常有意义"（17.00%）、"意义不大"（3.95%）。

---

① 苏雁、舒媛媛：《江南大学思政课教学改革：内容实起来　师生动起来　课堂活起来》，《光明日报》2018 年 1 月 27 日，第 2 版。

可见，学生对于参加实践活动虽具有浓厚的兴趣与渴求，但对学校组织的现有实践活动评价为"比较有意义"、"一般"或"尚可接受"，并非十分满意，看来学校在活动的组织方面还有提升的空间。如何更有效地引导、组织学生参加有意义的、能激励他们情感的社会实践活动，也是需要下功夫研究和探讨的问题。

另外，在提供给学生的有关高校社会主义核心价值观培育和践行情况的调研问卷中，学生对问卷的第10题"你愿意通过哪种途径来学习社会主义核心价值观"进行选择时，选择"实践活动"的高达65.16%，居第一位，其余选择依次为"学校教育"（58.38%）、"电视广播"（46.58%）、"网络学习"（44.67%）、"家庭教育"（34.95%）、"社区宣传"（26.81%）、"其他"（1.26%）。第18题"你认为，在高校宣讲和传播中华优秀传统文化的最好方式"的选择中，选择"通过学校或院系组织的各种文化活动"的比例高达58.95%，居第一位，其余的选项依次是"通过课堂主渠道"（15.47%）、"通过相关学术讲座或在线交流"（12.99%）、"通过推荐读书活动"（12.59%）。可见，这套有关社会主义核心价值观培育与践行的问卷也印证了学生最愿意接受的途径是实践活动。

在对几所学校的教师进行访谈时，教师们也都认为学生对思政课的实践活动是很感兴趣的，而且有些活动的效果也很好。如B大学的L老师说：

我校学生入校时成绩较低（属高职高专院校），听课的专注力不是很高，同本科学生相比有差异。但我校开展思政实践活动效果还是不错的。如：戏剧、微电影表演效果很好，像医护学院的表演《因为爱》，还是不错的；我校的志愿者活动——"天鹅使者"（三门峡是天鹅栖息地），还获得了全国银奖；宣传党的十九大的知识竞赛活动，效果也不错，对学生的行为上起了指引作用；我们带学生去函谷关、三门峡大坝参观体验也很有效，有的学生会背诵《道德经》（《道德经》由先圣老子在函谷关写成）；让学生讲时政播报时，有学生讲的专题很好，如三门峡黄河旅游文化带、体育新闻、马航失联、环保、两会等，讲得都很好；另外，让学生在校体育馆摆放"中国心"、摆放中国地图，也起到了教育的效果。

D 大学的 L 老师说：

思政课教学中，进行分组调研活动，实地察看、调查身边的、家乡的变化，了解小人物大历史，学生很积极，效果也好；另外，还可以挖掘地方文化资源，作为思政课的重要补充。

而关于思想政治教育课的实践领域如何达到更好的效果，A 大学的 J 老师的谈话也发人深省：

在思政课的实践领域，参观博物馆、福利院等都是不错的形式，但效果如何，值得研究。我发现，现在有些学生写实践课作业是在应付。如：有一位学生写参观二七纪念塔，从他写的内容看，我怀疑他是否真的去参观了二七纪念塔。还有，现在许多高校都在让学生自己选择题目进行调研，有的学生就选择了对学校的学生作息时间进行调研，这能否达到实践课的目的？据我了解，这方面的实践调研课程效果并不好。下一步工作应考虑，如何通过实践使学生真正有体验，受到熏陶，这比学习思想政治理论更加重要。我们要研究，现在孩子看到国旗有无庄严感？在人民英雄纪念碑前回忆先烈时有无崇敬感？在此方面若想有重大突破，应当在思政课的实践方面设立国家级重大课题。越教课，越感到思想政治教育工作的重要，与此同时也更感到从严治党的重要。

2018 年 5 月《人民日报》上刊登的一篇文章《崇尚英雄才会诞生英雄》，笔者看后很有感慨，感觉这篇文章所表达的思想和这位老师表达的思想是一致的。文章写道："'朋友，你是否意识到你是在幸福之中呢？……请你们意识到这是一种幸福吧，因为只有你意识到这一点，你才能更深刻了解我们的战士在朝鲜奋不顾身的原因。'1951 年，魏巍发表《谁是最可爱的人》的通讯文章，讲述了幸福生活靠血肉之躯铸就的朴素道理，把志愿军浴血奋战保家卫国的英勇事迹传遍全国。同时也启迪我们：越是国泰民安、幸福易得，越不要忘记那些曾经奋不顾身殉国家之急的英雄和烈士。英雄者，国之干，族之魂。'同英雄伟大动机相伴随的，往往是伟大的社会效果'。英雄烈士不仅以其顽强抗争推动了历史进步，更以其坚定信念、无畏气概和高尚人格，充实了民族的精神殿堂。透过长征将士，人们惊叹于'人类的精神一旦唤起，其威力是无穷无尽的'；走近抗战军民，人们感佩于'一寸山河一寸血'；品读革命故事，人们更深刻理解，为什么中国'一定有一个可赞美的光明前途'。回望历史的天空，正是无数先贤英烈，挺立起民族精神的万里河山。对于'谁是最可爱的人'这样的历史之问，无论任何时候，我们的回答不应有改变。"①

3. 在校园显性和隐性文化的熏染中，对学生进行文化的陶冶和润泽

高校的校园文化建设对于文化的陶冶和润泽工作是至关重要的。所谓校园显性文化，指以实物为主，能看得见、听得到或摸得着的文化设施。如，标语牌、横幅、雕塑、建筑、绿化园地、广播、视频、文件的颁布等。显性文化具有直观性、直接性、易接受性等特征，是一所学校指导精神和思想的外在彰显。有成效的显性文化环境建设，会使学校师生置身其中，浸润于温馨而又充满正向激励功能的环境，产生昂扬向上的精神。所谓校园隐性文化，则是指一种看不到、摸不着的大学精神、学校中的文化氛围，以及师生之间的关系等诸多方面对学生无形之中的影响和陶冶。实际上，这种精神的陶冶和滋养作用往往会来得更加深沉、更加持久、更加不可磨灭。尤其是历史悠久的大学，其在长期磨砺与发展中形成的大学精神传统，更应该成为融入师生身心的大学独有的不朽精神，及一所大学区别于其他大学的靓丽名片。

在高校思想政治教育状况课题的调研问卷中，涉及校园文化建设的有以下几题：第17题"你所在高校的校园文化建设中有否涉及中国传统文化"，选择最多的是"较多涉及"，占54.72%，其余选项依次是"较少涉及"（30.88%）、"非常多涉及"（13.49%）、"没有涉及"（0.91%）；第19题"你认为，优秀传统文化融入思想政治教育创新的途径有"，选

①　李斌：《崇尚英雄才会诞生英雄》，《人民日报》2018年5月4日，第4版。

择最多的是"营造校园环境"，占比高达 77.21%，其余依次是"举办各种主题活动"（72.59%）、"充分利用新媒体"（62.44%）、"加强课程建设"（59.7%）、"其他"（1.49%）；第 29 题"你认为，当前高校思想政治教育中存在的问题主要有"，选择"缺乏浓厚的校园氛围"的占 48.75%，居 9 个选项的第三位，比选择"缺乏良好的社会环境"（42.94%）的比例还要多；第 30 题"你认为，当前高校思想政治教育存在问题的原因是"，选择"校园风气不良"的占 23.07%，居第七位（选择此项的比较少，但其比例也接近四分之一），低于"社会环境复杂"（48.71%）的选项。学生对这几道题的回答在一定程度上说明了高校在校园文化建设和校园良好氛围营造方面有所努力，采取了一些措施，但是力度还不够，校园氛围不够浓厚，而且高校实施的力度也不平衡，差异较大。这是需重视的问题。

与此同时，在对学生所提供的有关社会主义核心价值观培育与践行情况的调研问卷中，涉及校园文化建设的有以下几题：第 11 题"你认为，在大学生中进行社会主义核心价值观教育的重点是"的选择中，选择"培养正确的价值观"的占 85.69%，居第一位；选择"加强校园文化建设"的占 63.71%，居第二位。其余选择依次是"建设良好舆论环境"（59.05%）、"加强爱国教育"（54.97%）、"宣传法制观念"（49.52%）、"防止西方文化入侵"（15.35%）。可见，学生对加强校园文化建设具有较强烈的渴望。第 12 题"你所在学校的文化氛围对你的影响"的选择中，学生的选择依次是"有一定影响"（42.92%）、"影响较大"（36.07%）、"非常强烈，不可磨灭"（11.53%）、"没什么影响"（9.48%）。由此题可见，目前高校校园文化对学生有一定影响，但影响有限。第 13 题"你所在学校举行的文化活动中，你印象最深刻的活动是"的选择中，选择最多的是"志愿者服务活动"，占 52.85%，其余依次为"知识竞赛与演讲"（21.98%）、"学术讲座"（21.91%）、"其他"（3.26%），学生对此题的选项，也印证了前面学生最愿意通过实践活动（包括志愿服务活动等）的途径学习社会主义核心价值观。若把学校开设通识教育课程的情况归入校园文化的建设之中，那么对于问卷的第 14、15 两题，学生的选择情况是：第 14 题"你所在学校在开设通识教育课程方面"的选择依次是"较多开设"（42.74%）、"普遍开设"（33.48%）、"较少开设"（21.18%）、"没有开设"（2.6%）；第15题"若你已选修通识教育课程，你认为该课程对于你整体素质的提升"的选择依次是"有一定影响"（54.60%）、"影响比较大"（27.94%）、"影响非常大"（10.47%）、"没有影响"（7.00%）。由学生对此两题的选择可见，大部分高校对通识教育课程的开设是重视的，开设较为普遍，但是效果并不十分理想：此类课程虽对学生有一定影响，但认为影响非常大的仅占10.47%。因此，今后在通识教育课程的开设和质量的提升方面，还需做更大的努力。另外，若把第21题"你所在学校的心理咨询中心在疏导学生心理的工作中"的选择也放在校园文化建设的大背景下，学生的选择依次为"起到了一定的作用"（56.83%）、"起到了重要作用"（19.60%）、"起到的作用较小"（15.77%）、"几乎没有作用"（7.80%）。可见，高校的心理咨询工作对学生起到了一定作用，但并不尽如人意，还有进一步加强和提升的必要。

在对专业教师提供的有关社会主义核心价值观培育和践行的调研问卷中，第10题"您认为，目前和谐的校园文化建设应该在哪些方面加强"，教师们的选择依次为"开展丰富多彩的校园文化活动"（68.71%）、"加强师德师风和学术道德建设"（65.35%）、"宣传学校核心价值追求"（53.74%）、"加强校园环境设施建设"（47.77%）、"利用网络技术加强文化宣传"（43.15%）、"其他"（1.85%）。可见，教师们对包括加强师德师风和学术道德建设在内的校园文化建设（含显性与隐性），是非常重视的，并具有迫切的要求。第11题"您认为，教师如何更好地疏导学生心理，塑造学生的健康人格"，教师们的选项依次为："开展谈心活动，倾听学生心理困惑"（67.28%）、"为人师表，做学生榜样"（66.69%）、"课堂渗透人生观、价值观教育"（66.53%）、"加强心理学知识的学习"（49.29%）、"其他"（1.26%）。可见，教师们对疏导学生心理的态度是积极的，而且把"为人师表，做学生榜样"这样的向内下功夫、提高自身素养的选项放在了非常重要的地位，值得肯定。

在对思政人员提供的有关社会主义核心价值观培育和践行的调研问卷中，第8题"您认为，目前和谐的校园文化建设应该在哪些方面加强"，思政人员的选择依次为"开展丰富多彩的校园文化活动"（70.99%）、"加强师德师风和学术道德建设"（70.21%）、"宣传学校核心价值追求"（60.77%）、"加强校园环境设施建设"（55.19%）、"利用网络技术加强文化宣传"（53.73%）、"其他"（1.20%）。可见，思政人员对此题的选择同专业教师大体相同，均将开展丰富多彩的校园文化活动作为首选，而选项"加强师德师风和学术道德建设"紧随其后。对这两项选择的比率相对来说都较高。第9题"您认为，教师如何更好地疏导学生心理，塑造学生的健康人格"，思政人员的选项依次为："开展谈心活动，倾听学生心理困惑"（76.82%）、"为人师表，做学生榜样"（71.42%）、"课堂渗透人生观、价值观教育"（69.53%）、"加强心理学知识的学习"（62.92%）、"其他"（1.89%）。此题思政人员的选择情况与专业教师基本相同，但"开展谈心活动，倾听学生心理困惑"选项比例更高。思政人员与专业教师相比较，选择非常一致，说明都十分重视与学生的谈心活动、教师的为人师表，以及要在课堂上渗透人生观和价值观教育。

4. 充分利用互联网和多媒体，以喜闻乐见的方式加强中华优秀传统文化传承、弘扬及思政教育的有效性

前述高校的思政课堂上，一些老师已积极利用互联网和多媒体手段，努力推动思政课堂质量的提升，使课堂活起来。本部分则更强调在整个学校层面，紧紧围绕加强中华优秀传统文化的传承与弘扬、加强社会主义核心价值观的培育与践行、提升思想政治教育工作有效性这一重大战略任务，充分利用互联网和多媒体等现代化的技术手段，使"立德树人"的培养目标得以顺利实现。因为，在自媒体时代，微信、微博、QQ等自媒体在社会中，尤其是在青少年中广为流行。大学生群体在这一潮流中应该说是运用自媒体形式更为普遍、更为成熟的群体。微信、QQ等的传播优势，深刻地影响着青年一代的世界观、人生观、审美观、价值观等。但是，各种"微产品"又是一柄双刃剑。在互联网中迅速传播的信息如泥沙俱下，其影响力非常之大但又十分复杂。因此，互联网在给我们带来大量便捷信息套餐的同时，也往往带来了碎片化的世界观，这是一种肤浅、浮躁的观念。而青年人恰恰是传承中华优秀传统文化、实现中华民族伟大复兴的主力军。有鉴于此，我们认为，各高校已经开通、建设的微信、

QQ 等平台在中华优秀传统文化的传承与弘扬、在思想政治教育方面要发挥出更有影响力、更深入人心的传播力量，通过喜闻乐见的形式将优秀传统文化、思政教育内容自然而然地融入高校学子的内心。有学者指出："创新、发展是科技文化的重要特色，现代科学技术的迅速发展正在深刻地改变着人们的生产方式、生活方式、思维方式，特别是随着互联网、多媒体等现代化传媒的发展，信息覆盖的范围更广、传播速度更快，人类进入了大数据、微传播、微文化的时代，传播方式、传播环境产生了革命性变革。大量涌入的各种信息，既扩大了人们的知识视野，也增加了人们鉴别是非的复杂性和难度。由于西方发达国家拥有网络霸权和信息优势，国际互联网上的'文化霸权主义'问题非常突出，新时代意识形态工作的环境、对象和内容都发生了巨大变化。开放复杂的网络舆论加剧了意识形态引导的难度，是意识形态工作面临的新问题、新考验。在信息时代，网络舆论新形态使我们的工作理念和方式方法不断发生变化，要树立正确的网络安全观，正确处理安全和发展的关系，加强创新意识，尽快在核心技术上取得突破。习近平总书记强调，网络空间是亿万民众共同的精神家园。网络不仅是信息的聚集地与思想观点的交汇处，更是一种话语空间和权力空间，承载着各种类型的文化价值观念、意识形态与政治倾向等。根据形势发展需要，要把网上舆论工作作为宣传思想工作的重中之重来抓。这些清楚地表明，互联网已经成为舆论斗争的主战场，要高度重视网络新媒体时代的意识形态传播，特别是舆论引导和控制的相关问题。"①

习近平总书记有关互联网治理思想的一个重要内容，就是高度重视中华优秀传统文化对网络空间的深度滋养与引领，注重古今历史传承，融汇周边中外，饮水思源，慎终追远。习近平总书记在第二届世界互联网大会上强调，"要加强网络伦理、网络文明建设，发挥道德教化引导作用，用人类文明优秀成果滋养网络空间、修复网络生态"②；在网络安全和信息化工作座谈会上，习近平总书记再次强调，"依法加强网络空间治理，加

---

① 胡伯项：《增强新时代意识形态工作的文化底蕴》，《光明日报》2018 年 2 月 6 日，第 6 版。

② 习近平：《在第二届世界互联网大会开幕式上的讲话》，http：//news.xinhuanet.com/politics/2015－12/16/c_ 1117481089.htm。

强网络内容建设，做强网上正面宣传，培育积极健康、向上向善的网络文化，用社会主义核心价值观和人类优秀文明成果滋养人心、滋养社会，做到正能量充沛、主旋律高昂，为广大网民特别是青少年营造一个风清气正的网络空间"①。

与此同时，若把"互联网＋中华优秀传统文化传承与弘扬"纳入高校的规范工作中，考虑建立专家咨询、解答的网络平台非常有必要。中华优秀传统文化虽然是与我们的日常生活密切相连的文化，但它在经典的表述中又具有精深的内涵，其古文字的表述言简意赅，且往往蕴含令人深思的历史典故在其中。因此，除了通过微信、QQ、校园网等普及优秀传统文化知识之外，还需要有精通、谙熟传统文化的专家对青年人指导和点拨，以使青年人对传统文化有准确的把握。这种专家咨询、解答网络平台，可以是视频对话，也可以是在线文字交流，聘请专家坐镇，对青年人进行指导、启发和帮助。此外，应当注重多媒体融合沟通，以强化优秀传统文化的传承与弘扬。多媒体融合沟通，意味着互联网与传统媒体的相互融合，多管齐下，形成在高校传承与弘扬中华优秀传统文化，进而提高思想政治教育工作有效性的浓郁氛围。传统媒体如报纸、广播、电影、电视等仍应发挥其巨大的作用，并使这些教育形式同微博、微信、QQ、校园网、与专家在线交流等形式融为一体，使学生的大脑得到强化，逐渐形成对中华优秀传统文化的高度认同和深刻理解。

可以说，充分利用互联网、多媒体加强对中华优秀传统文化的传播、传承与弘扬，可于无形之中提升思想政治教育工作的有效性。除此之外，利用互联网、多媒体来有效提升思想政治教育工作的质量涉及方方面面，诸如对国际风云变幻的评价与趋势预测、对马克思主义当代价值及马克思主义中国化深层意蕴的解析、对当前中国社会发生的诸多事情的判断与评析等。在当代，互联网、多媒体既然已经全方位地走进了人们的生活，就应当竭力从方方面面让其发挥对人的正向影响，而最大限度地弱化其负面影响。

---

① 习近平：《在网络安全和信息化工作座谈会上的讲话》，http：//www.xinhuanet.com/newmedia/2016－04/26/c_ 135312437.htm。

　　在高校思想政治教育调研问卷的第 24 题 "你所在学校开设的网络平台对于思想政治教育的宣传频次" 的选择中，学生选择 "非常多" 和 "较少" 两个选项的都很少，而选择 "较多" 的占 41.33%，选择 "一般" 的占 42.56%，反映了各高校对网络媒体这种教育形式都较为重视，取得了一定的成效，但力度还需加大，还需做进一步努力。

　　在高校社会主义核心价值观培育和践行情况学生调研问卷的第 5 题 "你认为，你校网站关于社会主义核心价值观内容的更新情况" 的选择中，学生的选择依次是 "更新及时"（51.74%）、"不清楚"（36.50%）、"更新滞后"（10.53%）、"从不更新"（1.23%）；对第 16 题 "你所在学校开设的微信平台对于中华优秀传统文化的宣传" 的选择依次是："频次一般"（42.43%）、"频次较多"（30.58%）、"偶尔有涉及"（21.35%）、"尚未涉及"（5.64%）。第 17 题 "你所在学校关于中华优秀传统文化的宣传有无专家在线辅导" 的选择依次是："没有开通专家在线辅导"（41.81%）、"有，但不定期地辅导"（28.72%）、"有，每学期 1～2 次辅导"（18.38%）、"有，且经常辅导"（11.09%）。由上述选题可见，高校在利用多媒体、互联网宣讲和传播社会主义核心价值观及中华优秀传统文化方面，仍需充分利用已有条件，并要创造新的条件，加强宣讲和传播的力度。

　　除上述几种形式之外，还可进行其他多种形式的有关中华优秀传统文化及思想政治教育的活动。如：组织学生阅读各种优秀书籍，使学生汲取更丰富的精神食粮；定期举办专家讲座，向学生进行普及性宣讲等。但无论通过哪种形式，都应当是润物细无声地使中华优秀传统文化、马克思主义的基本原理、符合时代精神的当代世界先进文化以及社会主义核心价值观自然地融入学生的思想深处、血脉之中，从而形成无意识的文化认同。

三　教师的内外兼修对于学生是一种无声的感召与浸染

　　在高校思想政治教育情况调查问卷的第 32 题 "请对当前高校思政教育的内容进行整体评分"、第 33 题 "请对当前高校思政教育的方式进行整体评分"、第 34 题 "请对当前高校思政教育工作者进行整体评分"

（1～10分表明从差到好的情况）的选择中，学生的评分频次均是从5分开始明显增多，并依次递增，至8分达到最高点，在9分、10分又依次低下去。三题中达到最高点即8分的比例分别为25.80%、21.02%、25.03%。可见，学生对当前高校思想政治教育工作无论从内容、方式方法上，还是对以教师为主体的教育工作者本身的评价上，总体上认为是好的（当然还未达到最好的程度），而评价为很差的极少（第32、33题）或者没有（第34题）。这说明，思想政治课的教学内容、方式方法以及思政课的教师是能够被学生所认可或接受的，总的来说是好的，但仍存在一些问题需要解决，其教育教学质量仍待进一步提升。

陈宝生部长在"新时代全国高等学校本科教育工作会议"讲话中指出："2018年高校师生思想政治状况滚动调查结果显示，大学生对高校教育教学工作的满意度较去年有大幅提升，其中对教师教学水平、育人意识和创新创业教育等方面的满意度提高了8～10个百分点。学生对教育教学工作的认同，是对大家辛勤工作的最好回报，是一份让人欣慰、让人振奋的'成绩单'。……但是，一些学校在本科教育上还存在领导精力投入不到位、教师精力投入不到位、学生精力投入不到位、资源投入不到位的问题，本科教育仍处在艰难爬坡中。这四个不到位既有硬件方面也有软件方面的问题，但重点还是软件问题，这是我们着力要解决的主要矛盾。"[①]这段话应当对教师素质的提升有着激励和启发作用。

在此，针对高校教师的作用、素质提升与全面发展提出一些思路与建议。

（一）高校需要更多"经师"与"人师"集于一身的具有超凡脱俗气质的教师

17世纪捷克著名教育家夸美纽斯曾高度评价教师职业："太阳底下没有比教师的职业更崇高、更优越的了。"他把教师称为高明的塑像家，能塑造出完美的形象来。教师是"以燃烧的火炬驱散知识中的暧昧"。有一

---

① 陈宝生：《在新时代全国高等学校本科教育工作会议上的讲话》，《中国高等教育》2018年第Z3期，第6页。

句广为流传的教育哲理：所谓的分数、学历甚至知识都不是教育本质，教育本质是一棵树摇动另一棵树，一朵云推动另一朵云，一个灵魂唤醒另一个灵魂。学生素养的生长往往与教他们知识的教师本身的素养具有相当大的关联。19 世纪德国著名教育家第斯多惠曾说过，教师自身所没有的东西是很难教给学生的。因此，形成一支人数越来越多的高素质的、令学生信服并在学生中享有较高威望的教师队伍，是十分必要的。我们需要更多集"经师"与"人师"于一身的具有超凡脱俗气质的优秀教师。这样的表述并非说目前我国高校没有优秀教师，其实我国高校中不乏热爱学生、热爱教育事业的优秀教师，也不乏在各专业的科学研究中取得优异成果的优秀学者。本文所强调的"具有超凡脱俗气质的教师"，是指在一般优秀教师的基础上，具有更高境界、更完美的人格修养、更深厚的学术功底、更执着的学术追求，在学生中具有人格和学识的双重魅力，令学生发自内心尊重与信服的教师。这种教师内心有着坚定的操守，在任何情况下都不会失去教师应有的担当和责任意识；这种教师不仅乐意面向学生任教，而且谙熟各种高明的教育艺术和方法，在促使学生全面而又富于个性的发展中游刃有余，其教育家的风范熠熠闪光；同时，这种教师面对当前具有很强功利性的、以量化为主的科研评价环境，具有正确的心态，一方面以真诚的学术态度不回避量化，另一方面又不囿于量化，而是使学术研究同育人的使命密切相连，追求一种学术的本真、育人的本真。这种教师并非不食人间烟火，他们也有七情六欲，但又确实有一种超凡脱俗的气质而令人敬重。当前高校中这样的教师数量仍偏少，在从精神层面对学生有着难以磨灭的深沉影响的角度来看，高校迫切需要越来越多的这样的教师。具有超凡脱俗气质的优秀教师，又与我国历史上著名教育家、思想家的人格有着相似之处。这些教师身上，有着孔子的"循循然善诱人，博我以文，约我以礼，欲罢不能"[①] 的因材施教艺术，胡瑗的"为人师，言行而身化之，使诚明者达，昏愚者励，而顽傲者革，故其为法严而信，为道久而尊"[②] 的言传身教法，孔子的"爱之，能勿劳乎？忠焉，能勿悔乎？"[③]

---

① 《论语·子罕》，杨伯峻译注《论语译注》，中华书局，2009，第 89 页。
② （宋）欧阳修著《欧阳修全集》，李逸安点校，中华书局，2001，第 389 页。
③ 《论语·宪问》，杨伯峻译注《论语译注》，中华书局，2009，第 145 页。

和朱熹的"讲论经典，商略古今，率至夜半，虽疾病支离，至诸生问辨，则脱然沉疴之去体"①的诲人不倦精神，等等。

陈宝生部长在"新时代全国高等学校本科教育工作会议"讲话中强调："回归本分，就是教师要潜心教书育人。教师的天职就是教书育人，教授就得教书授课，离开了教书授课就不是教授。必须明确，高校教师不管名气多大、荣誉多高，老师是第一身份，教书是第一工作，上课是第一责任。要引导教师热爱教学、倾心教学、研究教学。高校教师要做到'德高'，以德立身、以德立学、以德施教；做到'学高'，下苦功夫、求真学问，以扎实学识支撑高水平教学；做到'艺高'，提升教学艺术，善于运用现代信息技术，提升改造学习、改造课堂的能力。说到底，回归本分，就是要按照总书记对教师提出的政治素质过硬、业务能力精湛、育人水平高超、方法技术娴熟的要求，让教师潜心教书育人，更好担当起学生健康成长的指导者和引路人。"②这也是对"经师"和"人师"完满结合、具有超凡脱俗气质教师的一个很好的诠释。

在接受采访时，C大学的L老师说：

> 我在学校30多年，对思政教师的起起伏伏了解得太清楚了。我们的老教研室主任70多岁了，对邓小平理论亲自一句一字下功夫研究，对我影响很大，敬业精神很强。现在年轻人有几个学原著？原来我们为教学亲自到农村、到企业去调研，非常艰苦。我20多岁亲自到新郑竹林村调研，去之前要写调研报告。新乡刘庄我去过两次，到农民家走访。1995年，我去了江苏华西村调研。

C大学的J老师说：

> 教师们对教师职业的看法，认识不一，有人认为是一种事业，有人认为是一种职业，教学态度不一样。若把教学当事业，就会教好；

---

① 沈善洪主编《黄宗羲全集》（第四册），浙江古籍出版社，1992，第918页。
② 陈宝生：《在新时代全国高等学校本科教育工作会议上的讲话》，《中国高等教育》2018年第Z3期，第7页。

若把教学当负担，就不会有好的效果。一个老师讲课学生爱听，对学生影响很大。

（二）教师在自身修养中应将科学素养与人文素养综合提升

在思想政治教育由"外铄"向"内化"渗入的过程中，教师起着至关重要的、无以替代的中介作用。19世纪俄国著名教育家乌申斯基曾说，无论有什么样的规程和教学大纲，无论学校设有什么样的机构，无论它有考虑得多么周密的方法，也不能替代教师在教育工作中的个人作用。他指出，教师的人格就是教育工作的一切。

有鉴于此，首先应激励教师提升自身的综合素养，在深入钻研并娴熟掌握专业知识和技能的基础上，拓宽自己的知识视野，将科学精神、科学素养与人文精神、人文素养结合于一身，以适应时代所赋予的使命。能将科学精神、科学素养与人文精神、人文素养结合起来的教师，肯定会是深受学生喜爱和尊敬的老师，学生进而"亲其师而信其道"，信服教师所讲的道理，并使之成为其践行的动力。因为，这样的教师不仅能以生动而富有感染力的语言将专业知识精辟而透彻地教授给学生，而且能激起学生关切国内外大事、关切人类和民族命运的人文情怀，同时也能公正而有智慧地处理教学中遇到的各种问题。20世纪最著名、最伟大的科学家爱因斯坦非常重视人文素养。1931年，他在给加利福尼亚理工学院的学生演讲时说："如果你们想使你们一生的工作对人类有益，那么你们只了解应用科学本身还是不够的，关心人本身必须始终成为一切技术努力的目标，要关心如何组织人的劳动和商品分配，从而以这样的方式保证我们科学思维的结果可以造福于人类，而不致成为诅咒的祸害。当你们沉思你们的图表和方程式时，永远不要忘记这一点！"[1] 爱因斯坦还说过："用专业知识教育人是不够的。通过专业教育，他可以成为一种有用的机器，但是不能成为一个和谐发展的人。要使学生对价值有所

---

[1] 〔美〕O. 内森、H. 诺登编《巨人箴言录：爱因斯坦论和平》（上），李醒民译，湖南出版社，1992，第171页。

理解并且产生热烈的感情，那是最基本的。他必须获得对美和道德上的善有鲜明的辨别力。"① 我国著名建筑学家、教育家梁思成强调，教育要"理工与人文结合"，他认为西方物质文明高度发达而人文教育缺乏，形成"半个人的世界"，只懂得工程而缺少人文修养的人只能算半个人，他对"半个人的世界"持反对的态度。国学大师、当代新儒学的著名代表杜维明先生对人文教育和大学灵魂有着明确的论述。他在《人文教育与大学灵魂》的演讲中指出："毫无疑问，现在大学是以追求知识为主的。但是，所有的大学，除了追求知识、科学、研究之外，还要追求人文精神。甚至有人认为，真正的科学精神和人文精神是相辅相成的。一个科学家不可能在从事纯粹科学研究的时候不受到人文精神的鼓舞。""什么是一流大学？大家都很关注，我想至少可以用两种标准来评判。一种是大家都熟悉的标准，就是量化标准。另外一种是'影响'，这个'影响'是没法量化……'影响'的标准，很多人不注重，但是我认为很重要。例如，马来亚大学对于马来西亚，东京大学、京都大学对于日本，首尔大学、高丽大学对于韩国，新加坡国立大学对于新加坡，这些大学对于本国的影响力，远远比美国常青藤所有大学加起来对美国的影响力都要大。但是这种影响力不能量化。我们从中了解到，这些大学有着相同的特质，那就是，人文学的力量毫无疑问地都非常强。它对其所在社会的影响力是不可动摇的。"② 可见，人文素养和科学素养之于人的成长与社会发展具有同等的重要性与不可或缺性。而我们要培养科学素养和人文素养相结合的全面发展的人，教师本身就必须首先具有这种素养。教师所具有的这种综合素养，是需要自身不断积累、不断学习充实自己，不断将所从事的专业同对社会、对人的关切紧密相连，而不断增长起来的。问题正如前已述及的，在目前的高校教师队伍中，这样的具有全面素质的人才仍然偏少，应当通过多种渠道使更多的教师丰满起来，由此方能更加有效地影响和教育学生。

---

① 〔美〕爱因斯坦：《论教育》，许良英等译《爱因斯坦文集》（第3卷），商务印书馆，1979，第310页。

② 杜维明：《人文教育与大学灵魂——杜维明教授在浙江大学求是大讲堂的演讲》，《解放日报》2010年8月15日，第8版。

笔者曾在《"双一流"建设更唤大师》一文中写道,"当今大学仍需呼唤大师——呼唤能在世界面前彰显中国风格、中国精神、中国气派的思想之师,能以厚重的自然科学或社会科学研究成果开启新的研究领域和研究道路的理论之师,并以自己人格所达到的境界令后世敬仰甚至追随的人格之师";"大师的学术与人格双重魅力在学生中具有天然的感召力、亲和力,是对学生进行良好的专业教育和人格熏陶的不可替代的力量,也是引领和感召青年教师形成师之为师境界的无形力量"①。

(三) 对教师的任用、培训与发展需注意几个基本点

1. 具有做人的基本底线应是选聘教师的第一道门槛

具有做人的基本底线应是选聘教师的第一道门槛,这是对大中小学及幼儿园的所有教师提出的最基本的要求。因为,教师面对的不是死的产品,而是活生生的、有血有肉、有情感、有意志、有思维的在社会中生活着、活动着的特殊存在物——人。因此,教师自身人格对学生是一种无声的感染力量,不论这种感染对学生是正面的还是负面的。绝不能让那些品格败坏、道德沦丧的人混进学校中来担任教师,否则将对学生的身心造成极大的伤害,而不用说对学生进行正面教育了。由此,作为选聘教师的第一道门槛,一定要严格把控其做人的基本底线。不论其学历学位有多高、职称有多高、学术荣誉和头衔有多么耀眼,只要缺失了做人的基本底线,那就一票否决,绝不能让这样的人混进教师队伍中来。例如,2018 年 1 月 1 日北京航空航天大学博士生导师陈小武对多名女研究生进行性骚扰,被实名举报,学校调查落实了他的行为后,于 2018 年 1 月 11 日及时发出了相关处理通报。② 对于学校的处理决定网友们纷纷点赞,就在学校处理通报发布当天,网友的点赞量已达 2 万多。2018 年 2 月,教育部印发了《关于全面落实研究生导师立德树人职责的意见》,指出要"落实导师是研究生培养第一责任人的要求,坚持社会主义办学方向,坚持教书和育人相统一,坚持言传和身教相统一,坚持潜心问道和关注社会相统

---

① 李申申:《"双一流"建设更唤大师》,《中国教育报》2017 年 12 月 28 日,第 7 版。
② 中国青年网综合:《北航:陈小武性骚扰属实 撤销其教师资格》,http://news.youth.cn/jy/201801/t20180112_ 11275151. htm。

一，坚持学术自由和学术规范相统一，以德立身、以德立学、以德施教。遵循研究生教育规律，创新研究生指导方式，潜心研究生培养，全过程育人、全方位育人，做研究生成长成才的指导者和引路人"；"对于未能履行立德树人职责的研究生导师，研究生培养单位视情况采取约谈、限招、停招、取消导师资格等处理措施；对有违反师德行为的，实行一票否决，并依法依规给予相应处理"①。

2018年5月2日，习近平总书记在北京大学师生座谈会上的讲话强调："人才培养关键在教师。教师队伍的素质直接决定着大学的办学能力和水平。""建设政治素质过硬、业务能力精湛、育人水平高超的高素质教师队伍是大学建设的基础性工作。要从培养社会主义建设者和接班人的高度，考虑大学师资队伍的素质要求、人员构成、培训体系等。高素质教师队伍是由一个一个好老师组成的，也是由一个一个好老师带出来的。2014年教师节时我同北京师范大学的师生代表座谈时就如何做一名好老师提出了4点要求，即：要有理想信念、有道德情操、有扎实学识、有仁爱之心。我今天再强调一下。""古人说：'师者，人之模范也。'在学生眼里，老师是'吐辞为经、举足为法'，一言一行都给学生以极大影响。教师思想政治状况具有很强的示范性。要坚持教育者先受教育，让教师更好担当起学生健康成长指导者和引路人的责任。""评价教师队伍素质的第一标准应该是师德师风。师德师风建设应该是每一所学校常抓不懈的工作，既要有严格制度规定，也要有日常教育督导。我们的教师队伍师德师风总体是好的，绝大多数老师都敬重学问、关爱学生、严于律己、为人师表，受到学生尊敬和爱戴。同时，也要看到教师队伍中存在的一些问题。对出现的问题，我们要高度重视，认真解决。要引导教师把教书育人和自我修养结合起来，做到以德立身、以德立学、以德施教。"② 习近平总书记的这些话语，应当成为高校提升思想政治教育工作水平的重要指导。

---

① 《教育部关于全面落实研究生导师立德树人职责的意见》，http：//www. moe. edu. cn/srcsite/A22/s7065/201802/t20180209_ 327164. html？fro。

② 习近平：《在北京大学师生座谈会上的讲话》，http：//www. gov. cn/xinwen/2018 – 05/03/content_ 5287561. htm。

2. 智慧地处理问题——教育智慧对于教师不可或缺

无论哪科教师，要想使教育工作深入学生的内心，教育智慧都是不可或缺的。赫尔巴特曾指出，教师所具有的爱和权威这两样东西缺一不可。"爱"是一种情感的交流与和谐。一个性格孤僻、脾气古怪、语调生硬、对人冷漠的人不可能得到儿童的爱；但对儿童过分亲热，毫无尊严、权威的人也得不到爱。因此，在"爱"和"权威"之间要寻找一个平衡点，或者说契合点，亦即要把握"度"。教育的智慧是教师面对学生的高超的教育艺术。可以说，教育既是一门科学，也是一门艺术。所谓教育智慧，不是不要有批评，也不是不要有惩罚，而是在纷繁复杂的境况中，对每位学生在一视同仁的基础上将问题处理得恰到好处、无过无不及，在润物细无声中激发心灵深处的美。我们的教育事业，毋宁说是在永远寻找促使人健康成长的教育过程中的最佳平衡点或契合点，在新与旧、中与外、在看似各种对立或矛盾的方法中寻找最佳平衡点或契合点，少走弯路，培养学生在健康人格的基础上各尽其才。

由此，我国传统文化中的"中庸之道"——"君子尊德性而道问学，致广大而尽精微，极高明而道中庸"[1]，是一种极高的思想境界和做人的艺术。伟大的苏联教育家苏霍姆林斯基曾说，"我的教育信条之一：只有当我懂得并从内心感到儿童对我的无限信任并因此对我敞开心扉时，只有当我把支配儿童的权力建立在这种信任和敞开心灵的基础上时，我才有权力去做他们的导师。孩子们越信任我，越是满心情愿地跟我走，我对自己和孩子们的一举一动所承担的责任也就越大"，"我对儿童拥有的权力，就是儿童对我的话语的反应能力，我的话可能是亲切温和的、关心备至的，也可能是严厉苛求的，但总应当是正确和善意的。儿童的感情越是温柔细腻，其内心对真、美、人性这些东西的反应越敏感，我那些体现对儿童所拥有的权力的话语就更有力。我坚信可以首先用温情和善心去教育学生"。[2] 美国著名教育家杜威也曾说过，"我相信，兴趣显示着最初出现的

---

① 《中庸·第二十七章》，王国轩、张燕婴、蓝旭、万丽华译《四书》，中华书局，2007，第130页。

② 蔡汀、王义高、祖晶主编《苏霍姆林斯基选集》（第一卷），教育科学出版社，2001，第811页。

能力。因此，经常而细心地观察儿童的兴趣，对于教育者是最重要的"，但是，"这些兴趣不应予以放任，也不应予以压制。压抑兴趣等于以成年人代替儿童，这就减弱了心智的好奇性和灵敏性，压抑了创造性，并使兴趣僵化。放任兴趣等于以暂时的东西代替永久的东西。……它的必然结果是以任性和好奇代替了真正的兴趣"①。杜威批评那种两极对立的做法："有那么一些人，在这两者之间，或者从外面强迫儿童，或者让他完全自流，看不到有第三种的可能。因为看不到第三种的可能，有些选择这种形式，有些选择另一种形式。两者都陷于同样的根本性的错误。"② 17 世纪英国教育家洛克也指出："如果谁能找出一个方法，一方面使得儿童的精神安易、活泼、自由，同时又能使他抑制自己对于许多事物的欲望，而接近不惯的事物，他便是能够调和这种表面的矛盾，懂得教育的真正秘诀了。"③ 教育智慧看起来并不难，但在实际教学和其他与学生接触的工作中，这是相当不容易的高超艺术，需要教师在长期的教育教学工作中进行磨炼。

总之，"教育改革，勿宁说是在探寻看似矛盾、对立事物双方的最佳契合点中前进，而且这种探寻注定要永远进行下去。因为，教育事业既是伟大的，又是艰巨的；既能获得耀人的成就，也会出现令人痛心的失误。任何时候都不应忘记，教育面对的是活生生的、有血有肉、有情感、有意志、在社会中活动着的特殊存在物——人"④。

3. 加大对思政教师的提高与激励力度

（1）要善于倾听思政课一线教师的心声

提高思政课教育的质量，一方面要选聘综合素质好的教师，并加强对包括思政教师在内的一线任课教师的培训，但另一方面，也要善于倾听思政课一线教师的心声，了解他们的难处甚至委屈，从而把准脉搏，有针对性、有实效性地采取措施。毕竟，大部分教师，包括大部分的思政教师都

---

① 赵祥麟、王承绪编《杜威教育论著选》，华东师范大学出版社，1981，第 10 页。
② 赵祥麟、王承绪编《杜威教育论著选》，华东师范大学出版社，1981，第 85 页。
③ 〔英〕洛克：《教育漫话》，傅任敢译，人民教育出版社，1963，第 32 页。
④ 李申申：《寻找契合点：新课改不可忽视的思维方式》，《教育研究与实验》2010 年第 4 期，第 51 页。

是尽责、努力的，都愿意求得更好的课堂效果。

E 大学的 Z 老师说：

> E 大学的思政课教师整体上是可以的，有敬业精神，对待教育教学有些还超认真。当然也存在着有些教师科研不强，不能把最前沿的东西拿来，厚度不够、温度不够，上课时会有冷场等现象。

在访谈中，也有不止一位教师谈到，其实思政课教师备课所下的功夫相对于专业教师而言，可能还要更多、更大，但效果往往不如专业课的效果，这也不能把板子全打到思政课教师身上。

A 大学的 C 老师说：

> 从教师看，大多数教师实际都付出了比专业课教师更多的努力，而且对自己的要求也高于其他，尽管也有用各种科技手段吸引学生的做法，但成效难一概而论。思政课教师还得以德化人、以理服人。

C 大学的 L 老师说：

> 思政课老师都很努力、敬业，但效果不好，不能把板子都打在教师身上。思政课下了功夫还达不到效果，我自己心里也感到很纠结。（当然，也不否认有老师是在应付课。）

老师们对思政课产生的一些困境、一些不利的客观因素，也都结合自己的教学实践谈了看法。除了前述的学校、学院、学生个人等层面对思政课的不重视之外，老师们谈得较多的还有这么几种情况：思政课的大班额上课影响教学效果；教材内容变动过快，使教师不太好把握；评职称时，将思政课教师的标准与专业课教师等同，忽视了思政课教师教学工作量大的特点；思政课教师参加培训尤其是外出培训的机会太少；思政课教师申请科研课题有一定难度；思政课的问题是全社会的问题，仅靠思政课改革不能承受其重等。

关于思政课大班额上课，影响教学效果，多位老师都有提及。E 大学的 W 老师说：

> 学生上思政课的人数多，而开课的师资不多，都是 135 人的大班教学。大班组织教学很难进行，教室空间大，老师只要离开讲台就得要麦克风；小组活动难进行。现在一个教学班连 90 人都不让排了（多数都排 135 人的大班）。学校督导组和领导们去听课，看到思政课都是大班教学情况，提出老师要在讲课中讲一会儿，再走下讲台走到学生中间去互动一会儿。其实这样不行，教室太大，空间大，声音总是听不清，走到中间的话，前面的学生听清了后面的听不清，后面的听清了前面的又听不清。由于师资紧张，学生选不上课（选不上课也有别的原因，主要是开班少），就反映到教务处那里，教务处就压任务到马克思主义学院，说我们开班少，要多开班。现在，我们每位思政课教师都开 8 个班（每班都是 135 人的规模），男老师甚至开 10 个班，一个老师的授课人数就可能达到近 1500 人。天天上课，一次课重复 8 次、10 次，期末考试改卷都得改多少天。督导组、领导来听课，有可能是这一节的第 8 个班，你想想，老师讲了 8 遍，哪还有激情？为了让课讲得生动而丰富，需要举些例子，此时讲到第 8 遍时，连举例子也不想举了。我们一线教师提议要减少教学班，提了 10 来年，无任何改观。

E 大学的 Z 老师说：

> 我最初工作时，教 2 个系的学生课程，后来（大约 1995 年）逐渐扩招以后，每学期增多了教学班，达到 8～10 个，尤其是选课制（2001 年）后，平均每学期 10 个班，每个班 54 学时，有 80～180 人，规模不等。小班很少，只有 1～2 个，一般都为大中型班，一学期下来至少授课人数 1000 人以上吧。现在教研室里老师有的生二胎、有的出国进修或提高，我作为老教师了，也仍然是要承担很大的教学任务量，每年都超工作量。

D 大学的 L 老师说：

思政课的课堂规模较大，关注学生就少了，一般是 160 人左右，（教学）效果不好，应改观一下了。

A 大学的 H 老师说：

大班额上课问题很多。学生数量太多，非常不利于教师对关键问题做出深入讨论，也不利于学生检测自己对学习内容的掌握程度。有时维持课堂纪律还会占用教师挺长的时间，还影响心情。因此，应通过多种形式扩充思想政治课教师数量规模。老师数量少，但思政课任务非常重，（老师）数量不增加的情况下，大班额是没办法解决的，必须通过各种方式解决。

A 大学的 L 老师说：

应当改变大班上课情况，方便教学各环节的开展和对学生课堂学习的管理。

B 大学的 H 老师、L 老师也说：

B 大学的思政课教师少，只有七八个人，一般都是大班上课，还得聘请党校老师来教课；再加上招收的学生成绩较低，因此，学生听课的专注力不是很高，实践课的开展也会受到影响。

关于教材内容变动快，使教师不太好把握，A 大学的 H 老师说：

课程内容变动大，让老师和学生有应接不暇之感。有的教材几乎每两年变动一次，每一次教材修改就要对教学内容进行较大改动。老师备课量较大。另外，课程内容的变化也会对教育内容的稳定性、系统性造成一定的影响。而且，由于对于内容理解的深度、广度有一定差异，这也造成不同教师对思政课内容传达效果有一定差异。因此，应当保持教材和教学内容的相对稳定性。可以通过教材相对稳定、学材动态修改的方式解决内容变化过大的问题。或者教师主要讲解相对稳定的方面，教师和学生对变化较大的问题做出讨论性安排，而不是更多采用传统的讲授方式。

C 大学的 J 老师说：

《毛泽东思想与中国特色社会主义概论》这门课确实不好讲，得下大功夫，需要老师付出很大的精力去备课。例如：教材的后七章增添了习近平新时代中国特色社会主义思想的内容，涉及经济、国家治理、环保、国际关系等多方面内容，需多方联系资料来讲。

C 大学的 Z 老师说：

思政课教师备课压力很大。

关于评职称时，将思政课教师的标准与专业课教师等同，忽视了思政课教师教学工作量大的特点，E 大学的 W 老师说：

思政课教师评职称，与各学院的专业课教师标准相同，有论文、科研项目的同样要求，这里就存在着忽视思政课教师教学工作量大的特点。

关于思政课教师参加培训机会少、申请科研课题有一定难度，B 大学的几位老师有所感慨，其中 Z 老师说：

我从 2008 年开始教思政课，思政课中的各门课都教过，后调入就业教研室，教职业生涯规划。感到教师培训少，像职业生涯规划课程，只能从网上学。关于科研，校领导说：不搞科研上不好课。思政课涵盖（范围）较广，如涉及经济、法律、环保等，搞科研不知从何下手。

B 大学的 L 老师说：

我校思政课除师资不足外，老师们外出培训的机会很少，没听过其他高校老师讲课。关于科研课题申报，有些课题要求主持人必须有高级职称，这就有限制，我们不知从何入手。我校校级课题偏其他专业方向，如区域经济。今年还好，校级课题中有思政方面的课题。

关于思政课的问题是全社会的问题，仅靠思政课改革不能承受其重，A 大学的 C 老师说：

思政课的问题是全社会的问题，仅靠思政课改革实在是不能承受其重。全社会需要营造共同重视思想政治教育、关注思想政治教育的氛围。另外，网络等来源的各种各样的信息对思想政治工作产生极大的影响，需要通过行政手段、技术手段加以甄别和处理。否则，光靠思政老师效果并不好。

C 大学的 Z 老师说：

社会现实与教材有时会出现矛盾，你若照本宣科讲的与现实不一致，效果就不会好。现在学生理解能力较强，一旦思想有错误倾向，转变他就有难度，他的信息量可能比老师还大。课堂上学生们基于社会现实的一些提问，其实是对教师素质提出了更高的要求。可以说，当今对学生进行世界观、人生观、价值观的引导难度更大，因为学生们了解、掌握的负面新闻资料会更多。

C 大学的 J 老师说：

你讲很多内容，挡不住一件事就把他思想转了。

E 大学的 Z 老师说：

现在大环境变了，市场经济发展迅速，网络化、信息化，学生信息知识来源广，大学生处于敏感期，思想多变，很容易为形式上的东西所感染。

以上老师们所谈到的情况，确实是思政课教学中所不可回避的不利因素和困难。各级领导和相应的职能部门应当沉下心来听一听老师们的心声，在期待老师们通过自我修炼、严于律己提升自己的综合素养的同时，能最大限度地采取措施，帮助老师们解决问题，化不利因素和困境为有利条件，从而扎扎实实提升思政课的质量。

（2）加大对思政课教师的提高与激励力度

由上述采访中老师们提出的一些问题，以及问卷调研中所反映出来的问题，我们提出加大对思政课教师的提高与激励力度的几点思路。

其一，加强对思政课教师的校内培训、集体备课，并鼓励教师参加全国性学术研讨会，进行广泛交流。正由于思政课具有较强的时效性，教材要根据时代的发展、社会形势的发展进行不断变动和调整，所以定期举办思政课的校内培训，就显得十分必要。校内培训可邀请本校相关专家对教材内容进行解读，也可邀请国内的知名专家来校做讲座，解读党和国家的相关政策、战略意图、实际举措，以及教材中的相关内容。同时，校内思政课教师的集体备课，也应受到重视，由此集思广益，进一步吃透、把准教材的内容。在采访中，C 大学的老师们谈到了集体备课的问题。

如 C 大学的 L 老师说：

我去听有的老师讲课，讲的内容与教材精神不一致、有出入，甚至有错误，从这个角度感到集体备课有其必要性。当然，集体备课也应出于个人需求，自觉进行研讨，有的老师往往把集体研讨、开会当作一种负担，这样效果就不好。集体备课并不是说要大家用同一个课件，而主要是讨论共同的问题，相互启发。但若说共享课件，那就行不通，因为每个人的知识贮备不一样。

C 大学的 J 老师说：

课件只是依托，每个人对问题的理解是不一样的，有其自身特点。

C 大学的 Z 老师说：

集体备课主要是从内容上进行讨论，至于每个老师上课则都有自己的特点。同时，集体备课在操作过程中也要避免流于形式。

关于鼓励教师积极参加全国性学术会议，C 大学的 Z 老师说：

目前，全国性的思想政治教育方面的学术交流会议很多，教师应经常走出去，参加各种学术前沿会议。我准备跟学校的领导提议，争取咱们学校也申请承办全国思想政治教育研讨会，扩大我们的交流，提升我们的思维水平。上海师范大学马克思主义学院就成功举办了这样的会议，人家规定：除代表们的往返路费外，其他一律不收费。这种做法我们可以借鉴。

其二，鉴于思政课教师备课、教课难度相对较大的情况，可考虑在经费资助、评职称、获得科研课题等方面有一定倾斜。在经费资助方面，据悉，国内一些省市，如北京市、上海市、江苏省等，考虑到思政课教师面临着种种实际情况而要下更多、更大的功夫进行备课，并要对学生进行引导，因此出台了每月给思政课一线教师补助 2000 元的政策。在职称评定方面，应当考虑到思政课教师大班额教学的工作量偏大，同时思政课教材因其时效性强、变动较快因而备课需下更多、更大功夫等的现实状况，在一定程度上减免任课教师的科研工作量，以鼓励其投入更大的精力改进教学。当然，这样做并不是要思政课教师放弃科研，而恰恰相反，在保证思政课教学不受影响的前提下，还要鼓励教师进行与教学密切相关的科研。因为，实际上教学和科研是相互促进的，前述老师们谈到有教师上课时内容讲得不到位甚至讲错的问题，就在于没有深入钻研、准确理解和把握教材。因此我们提议，各级各类学校对于思政课教师的课题获得方面，也都要有一定的倾斜措施。

E 大学教学和科研都做得很好的 Z 老师说：

> 教学、科研相长，思政课老师要研究这门课，要教学、科研互相促进。教学中必须抓住大学生的心。我认为，一节课的前半小时我们任课教师如果不紧紧抓住学生的心，学生就会对老师有看法，有所定位，觉得不是学者、老师，感觉就是政治传声筒，自然影响政治课的学习了。由此可见，教师潜心进行科研，以科研成果为基础在课堂上深入浅出地进行讲解，才能作为学者紧紧抓住学生的心。

其三，加大对在思想政治教育工作中做出显著成绩的教师的奖励力度。这里所说的在思想政治教育工作中做出显著成绩的教师，不是仅指思政课教师，而是指高校中的全体教师及相关人员，既包括思政课教师，也包括所有专业课教师，同时还包括所有学校的相关人员。他们都承担着对学生进行思想政治教育的任务和使命。当然，思政课教师直接承担着思想政治教育的任务，可设有思政教师的专门奖项。近年来，各高校对思想政治教育工作日益重视，并采取多种措施提高其质量。例如：河南大学从2010 年以来，就在全校范围内开展了教学质量奖的评选工作，而且重视的力度一年比一年大，所产生的影响也一年比一年更加广泛。这方面的工作应当长期坚持下去，从而对广大的一线教师持续产生引导和激励作用。另外，各校也应考虑设立思想政治教育的专项奖，加强对思政课一线教师的奖励力度，扩大奖励的范围。与此同时，在省一级层面，加大对有贡献教师的奖励力度，同时也要重视营造宣传优秀教师事迹的浓厚氛围。可考虑在各省高校范围内，每年评选出 10 名左右在思想政治教育工作中做出突出贡献的教师予以表彰和奖励（这些教师以思政课教师为主，也涉及各领域、各专业在思政教育方面做出突出成绩的一线任课教师），并加大力度对他们的事迹和精神在全省范围内的各类高校进行宣传，组织经验交流活动，以便在更大的范围内引导和激励更多的教师。

在国家层面，已出台多项政策与措施加大了对思政课及思政课教师质量提升与奖励的力度。中共中央办公厅、国务院办公厅印发了《关于深化新时代学校思想政治理论课改革创新的若干意见》（2019.8）；教育部出台了多项政策与措施，并举办了多种活动。如：仅 2019 年教育部出台的相关政策文件就有《关于组织 2019 年高校思想政治理论课骨干教师研修的通知》（2019.2）、《关于组织开展全国高校思想政治理论课建设优秀成果巡礼活动的通知》（2019.4）、《关于印发〈普通高等学校思想政治理论课教师队伍培养计划（2019~2023 年）〉的通知》（2019.4）、《关于开展"一省一策思政课"集体行动的通知》（2019.4）、《"新时代高校思想政治理论课创优行动"工作方案》（2019.9）等。由此，举办了多种活动，加大了对思政课优秀教师和各地各高校思政工作取得的成绩与经验的表彰、奖励和宣传力度，举行全国思政课青年教师教学大赛，举办全国高校思政理论课教学展示活动评选，组织暑期思政理论课骨干教师社会实践研修活动，加强了对思政课教师和辅导员专项研究的课题立项等，收到了显著的效果。此方面应再接再厉，继续保持良好的发展态势，起到国家层面的积极引领作用。

第八章 加强高校培育和践行社会主义核心价值观及思想政治教育有效性的对策与建议（二）

一 编写有特色的中华优秀传统文化与培育和践行社会主义核心价值观及思想政治教育相融合的教材

（一）中华文化源远流长，丰富而厚重

中共中央办公厅、国务院办公厅 2017 年 1 月印发的《关于实施中华优秀传统文化传承发展工程的意见》中明确指出："文化是民族的血脉，是人民的精神家园。文化自信是更基本、更深层、更持久的力量。中华文化独一无二的理念、智慧、气度、神韵，增添了中国人民和中华民族内心深处的自信和自豪。""中华文化源远流长、灿烂辉煌。在 5000 多年文明发展中孕育的中华优秀传统文化，积淀着中华民族最深沉的精神追求，代表着中华民族独特的精神标识，是中华民族生生不息、发展壮大的丰厚滋养，是中国特色社会主义植根的文化沃土，是当代中国发展的突出优势，对延续和发展中华文明、促进人类文明进步，发挥着重要作用。"①

本课题组近年来也专注于中华优秀传统文化的传承与弘扬，对其巨大的精神价值、对其在构建中国特色社会主义和谐社会和促进中华民族伟大

---

① 中共中央办公厅、国务院办公厅：《关于实施中华优秀传统文化传承发展工程的意见》，http：//www.xinhuanet.com/politics/2017 – 01/25/c_ 1120383155.htm。

复兴中的重大意义，都有着较深刻的认知。我们认为："文化的自我认同意识，即一个民族，一个国家，对自身文化的一种自觉、自信、热爱和满含情感的心理体验。这种心理体验是一个民族、一个国家在其发展中须臾不可或缺的内在因素。文化像血脉一样是联系民族成员的纽带，是民族赖以生存和发展的根基，其中的优秀和精华部分更是民族共有的精神家园，是民族生生不息、繁荣发展的永恒动力。诚如南怀瑾先生所说：'一个国家、一个民族，亡国都不怕，最可怕的是一个国家和民族的根本文化亡掉了，这就会沦为万劫不复，永远不会翻身。'因此，在国际化和全球化的浪潮日益汹涌的今天，具有五千年悠悠历史的中华民族，如何保存自己的文化、弘扬自己的文化、创新和发展自己的文化，并在世界面前展示和推广自己的文化，这是一个与民族的存亡休戚相关的问题。"[①]"中国古代哲学可称为一种'人生哲学'，而且是一种'身道合一''即身而道在'的人生哲学。因此，中国古代教育是一种以育德为根本的'人的教育'，是启迪人生智慧的教育。'学而时习之'中的'学'不仅是认知性的学习，更是关于修身、养性、做人的学习。这种教育以'天人合一'的大视野为根基，使学生领悟到天地自然、社会与人是浑然一体的，都应是一种生生不息的诗意的存在、诗意的栖息，它们相互依存、相互助长，个人与天地自然、与社会、与他人是一种'和而不同'的平等、相融、依赖的关系（此与专制体制下强调的上下尊卑的等级关系是不同的）。因此，教育尤其应注重教育学生学会做人，即学会厚德载物、自强不息，学会'己欲立而立人，己欲达而达人''己所不欲，勿施于人'，学会仁义礼智信、温良恭俭让，学会'先天下之忧而忧，后天下之乐而乐'，学会'伏清白以死直兮，固前圣之所厚''苟利国家生死以，岂因祸福趋避之'，等等。在这一教育和学习过程中，天地人、灵与肉、精神与身体是相互关联的有机整体，其中的人就是实现这种'和谐'的本体。这是一种以人格修养为中心而打通天人之际的'人的教育'，由于它将精神升华与身体修炼融合在了一起，故可称之为一种'完人教育'，因为它将灵魂与肉体、内与

---

① 李申申：《中华优秀文化传承与弘扬中的文化自我认同问题探究》，《河南大学学报》（社会科学版）2013 年第 1 期，第 138 ~ 139 页。

外融合为一。尽管这种'完人教育'与现代的德智体美劳全面发展的完人教育并不在一个层面，其自身还具有一定的局限性，但如果真正实现了这样的教育，那么就会培养出脱离了低级趣味的、具有忧国忧民情怀的高尚之人。中华民族历史上出现的众多的先圣先贤、民族英雄、仁人志士，就是对这种教育最好的诠释。"[①]

（二）调研问卷中所反映出的学生、教师对中华优秀传统文化掌握的情况

在高校思想政治教育调查问卷中，课题组发现，大学生对中华优秀传统文化及其传承与弘扬的认知和态度是积极的。在调查问卷的第 18 题"你认为，我国优秀传统文化与思想政治教育之间的关系是"的选项中，选择最多的是"我国优秀传统文化为思想政治教育提供民族精神传承的土壤"，占比高达 81.28%；其余依次为"我国优秀传统文化为思想政治教育提供大量史料"（60.77%）、"我国优秀传统文化促进思想政治教育的创新"（59.84%）、"思想政治教育应当与我国优秀传统文化融为一体"（52.92%）。同时，对思政课教师在授课时是否涉及中国传统文化的问题，学生也有较为正面、积极的评价。第 16 题"上思政课时，老师是否涉及中国传统文化"的选项中，选择最多的是"较多涉及"，占 57.24%；其余依次是"较少涉及"（28.94%）、"非常多涉及"（12.99%）、"没有涉及"（0.83%）；第 17 题"你所在高校的校园文化建设中有否涉及中国传统文化"的选项中，选择最多的是"较多涉及"，占 54.72%；其余依次是"较少涉及"（30.88%）、　"非常多涉及"（13.49%）、　"没有涉及"（0.91%）。但是，另一些题目的选项又表明，学生在思政课中接受传统文化的内容较少。如：在问卷的第 1 题"你所接受的思想政治教育的内容有"的选项中，选择"传统文化"的占 63.17%，在 7 个选项中排在最后；第 7 题"你认为，你所接受的思想政治教育对大学生有哪些帮助"的选项中，选择"继承和弘扬中华优秀传统文化"的占 62.10%，在 8 个

---

① 李申申、李志刚：《中国古代"即身而道在"教育的基本特征——一种具身性教育的永恒魅力》，《河南大学学报》（社会科学版）2016 年第 4 期，第 105 页。

选项中排在倒数第二位（排在最后的选项是"其他"，占 2.64%）。看起来，后面两道题的选项似乎与前面对教师在课堂中"较多涉及"中国传统文化、学校校园文化建设中"较多涉及"中国传统文化的选项相矛盾。我们考虑，这其中可能有这样的问题：一是，教师在课堂上虽能"较多涉及"中国传统文化，学校校园文化建设中虽能"较多涉及"中国传统文化，但从系统性上来看，可能还比不上其他选项，因此学生在此方面得到的帮助尚不及其他方面。二是，各种不同类型的高校在中华优秀传统文化的传承与弘扬方面存在着差异，因此在选择中也会存在着某种差异，造成了较为复杂的选择结果。但可以肯定的是，学生对中华优秀传统文化的认知和学习积极性与现实中接受此类教育的效果并不理想，形成了较明显的反差。

与此同时，在发放给学生的《大学生中华优秀传统文化知识测验问卷》中，共计 22 题。问卷的内容是经过认真讨论并精心选择的、具有一定代表性的中华优秀传统文化知识点，难易程度为中间偏易。学生答题情况如下：试题大部分（17/22）的正确率在 60% 以上，一半多试题的正确率在 80% 以上（分别是 1~13 题）。正确率达 90% 以上的试题有 5 道，分别是 1~5 题；正确率不足 40% 的试题有 4 道，分别是 19~22 题。若以每道题正确获 1 分、错误获 0 分计算，则 11904 份试卷平均得分为 16.18分，得分的总正确率是 74.32%，这一比例并不很高。这在一定程度上反映出大学生对中华优秀传统文化知识掌握得并不十分扎实，还有较大的提升空间，这也为中华优秀传统文化教育和思想政治教育中大力弘扬中华优秀传统文化提供了一定依据。

在《高校培育和践行社会主义核心价值观调查问卷》（专业教师版）中，涉及中华优秀传统文化的有以下几题：第 12 题"中华优秀传统文化对您的价值观有何影响"，教师们的选择依次是"强烈影响日常行为和生活"（51.30%）、"影响一般，有时会在行动中参照"（41.30%）、"影响较小，偶尔会在行动中参照"（6.64%）、"完全没有影响"（0.76%）。第 13 题"您认为，中华民族伟大的凝聚力主要是"，教师们的选择依次是："爱国主义"（36.08%）、"中华传统文化"（34.99%）、"国家富强统一"（20.52%）、"人民生活水平"（8.41%）。此两题的选择情况说明，中华优秀传统文化对专业教师有着较强、较深的影响（第 13 题的

"爱国主义"实际也可归入中华优秀传统文化的范围之中）。第14题"作为新时代知识分子，您认为我国传统士人的情怀与担当在当今"，教师们的选择依次是"有所淡薄，应加强传承"（39.61%）、"根据时代要求，有选择地继承发扬"（38.02%）、"很好地传承与发扬"（21.11%）、"新的时代，旧东西已过时"（1.26%）。前两个选择的比例相加，已超过77%，说明教师们对我国传统士人的情怀与担当有所认知，而且对其在当代的有所淡薄显示出一种忧患意识。第15题"您认为，哪些文化类型或理论体系将主要影响学生的价值观念"，教师们的选择依次是"中国社会主义核心价值体系"（37.68%）、"大众流行文化"（31.46%）、"西方外来文化"（15.90%）、"中国传统文化"（14.97%）。从上述选择情况可见，教师们在影响学生价值观的文化类型和理论体系中，给予中国社会主义核心价值体系以重要地位，表达出一种文化自信和理论自信。虽然直接选择中国传统文化选项的最少，但实际上中国社会主义核心价值体系已经最大限度地包含着中华优秀传统文化的内容。此外，选择大众流行文化的不在少数，选择西方外来文化的也有一定数量，这些都警示我们要在提升自身水平的同时，加强对学生的引导。

在《高校培育和践行社会主义核心价值观调查问卷》（思政人员版）中，涉及中华优秀传统文化的有以下几题：第10题"中华优秀传统文化对您的价值观有何影响"，思政人员的选择依次是"强烈影响日常行为和生活"（53.82%）、"影响一般，有时会在行动中参照"（37.25%）、"影响较小，偶尔会在行动中参照"（8.50%）、"完全没有影响"（0.43%）。第11题"您认为，中华民族伟大的凝聚力主要是"，思政人员的选项依次是"爱国主义"（39.74%）、"中华传统文化"（34.76%）、"国家富强统一"（20.94%）、"人民生活水平"（4.55%）。第12题"作为新时代知识分子，您认为我国传统士人的情怀与担当在当今"，思政人员的选项依次是"根据时代要求，有选择地继承发扬"（40.60%）、"有所淡薄，应加强传承"（35.88%）、"很好地传承与发扬"（22.49%）、"新的时代，旧东西已过时"（1.03%）。第13题"您认为，哪些文化类型或理论体系将主要影响学生的价值观念"，思政人员的选择依次是"中国社会主义核心价值体系"（41.29%）、"大众流行文化"（31.85%）、"西方外来文化"

（11.85%）、"中国传统文化"（15.02%）。由上述选择情况可知，思政人员的选择与专业教师的基本一致，说明高校思政人员受优秀传统文化的影响也较深，也有着对文化淡薄的忧患意识，同时具有较强的文化自信和理论自信。这些，也都是加强对学生引导的基础性条件。

我们以河南大学举办的一次"国学知识大赛"为例进行分析。河南大学校园网（河南大学官网）2018年5月14日发布了一则以"河南大学第九届'承根启梦，印记中华'国学知识大赛举行"为题的新闻报道。报道中说："点睛国学智慧，感受中华之美。5月13日下午，河南大学第九届'承根启梦，印记中华'国学知识大赛于明伦校区文学院教室和十号楼同时进行。比赛面向我校全体本科生，吸引了众多国学知识爱好者参与。""本次活动充分利用文学院团委微博、官方QQ、微信等进行线上宣传、报名，并在大礼堂前设置摊位进行线下报名。初赛共设有六个考场，以笔试的形式展开，试题内容涉及成语、诗词、典故、茶艺、戏曲、书画、礼仪等多方面。""比赛试卷将由专业老师评改，选出前10名选手将参加'承根启梦，印记中华'超级状元的决赛，线上公布决赛人员名单，并以短信形式告知晋级选手决赛相关事宜。与此同时，文学院官方微信平台还将推出网上投票活动，评选本届超级状元国学知识大赛的'最具人气奖'。""据悉，本次国学知识大赛是'承根启梦，印记中华'超级状元国学知识大赛的系列活动之一，由河南大学党委学生工作部主办，河南大学文学院承办。超级状元国学知识大赛是我校优秀学生工作品牌活动，旨在增进广大学生对国学内涵的理解，激发同学们学习国学经典的热情，在全校范围内营造重视国学文化的良好氛围，传播并弘扬中华优秀传统文化。"与此次新闻报道的文字相配合，还刊登了一幅学生们在教室中认真、严肃答题的照片。这种活动的组织已经是第九届了，可见此类活动已经形成了时间较为长久的系列活动。学生们浸润于这样的活动之中，肯定会受到较强的中华优秀传统文化的熏陶和浸染，这样的教育就是自然而然的，是在润物细无声中进行的。

上述活动报道也从侧面说明，作为一所建立于1912年的百年老校，河南大学有着浓郁的人文教育、国学教育的历史传统，长期以来以各种有效的、生动活泼的形式增强学生的人文素养，增强学生对中华优秀传统文化的认知与情感认同，同时将追求人文素养与追求真知的科学素养密切结合起来。因此可以说，河南大学在中华优秀传统文化的传承与弘扬方面，有着优秀的成果和优良的传统，为课题组通过各种有效措施和形式加强并推进中华优秀传统文化的传承与弘扬，提供了丰富的实践案例和进行思考的启示。

（三）编写有特色的中华优秀传统文化与培育和践行社会主义核心价值观及思想政治教育相融合的教材

厚重而丰富的中华优秀传统文化，应当系统而较为深刻地使高校学生理解并掌握，从而使文化的润泽与思想政治教育自然地融为一体，浸润学生的内心，也使思想政治教育更具亲和力。因此，我们应为高校学生编写有特色的中华优秀传统文化与培育和践行社会主义核心价值观及思想政治教育相融合的教材。

教材的编写应注意以下几个方面。首先，注意文化介绍的全面性与系统性。如前所述，中华悠久的灿烂文化彰显于多朝代的历史及思想、政治、文学、艺术、语言学、历史学、医学、科技等方方面面，并不囿于某一单个方面，因此教材的编写应当对各方面有所兼顾（当然应详略得当）。只有这样，才能让学生较全面、系统地了解中华文化，提起深沉的文化自信和文化自觉。

其次，注意教材编写的学术性与可读性。编写优秀传统文化教材，一定要建立在严肃的学术性基础上。任何文化的介绍、阐释和评价都首先必须恪守其真，来不得半点儿含糊，这是不能逾越的红线、底线。与此同时，在恪守其真的基础上，要根据我国所有不同类型高校、不同类型专业、不同学历层次等各类学生的理解和接受能力，注意把握教材内容深、浅的"度"，既不能写成只有专业人士才能看懂的学术专著，也不能写成"史话""演义""小说"之类的通俗读物。这就是说，要使教材既体现一定的理论深度，并能激发青年大学生的理性思维，同时又能够通过可读性较强、学生易于并乐于接受的语言表达和叙述方式将理论深度体现出来。这是看起来容易，而实则相当难把握的"度"，没有高度的责任感、较深厚的知识底蕴及文字功力，难以达到最佳的效果。

再次，注意整个华夏文化与区域文化、域外文化的自然融合、交流与沟通。中华文化的产生与发展，并非孤芳自赏、闭门造车，与我国各地区的区域文化、民族文化乃至域外文化毫不相干、局限于一隅的；相反，它是与区域文化、各民族文化乃至域外文化相互吸收、相互启发、互鉴互补的。譬如，孔子就曾问道、问礼于老子，从老子的思想中汲取精华和养分。虽然儒家和道家对人性、对如何促使社会更好发展的视角不同，是两条不同的发展道路，但二者同源于《易经》，同植根于华夏大地，两大学派仍有诸多相通之处。又如，墨家学派通过学习儒家经典、吸取古代文化学术，从而发展出自己的学说。《淮南子·要略》中说："墨子学儒者之业，受孔子之术，以为其礼烦扰而不悦，厚葬靡财而贫民，服伤生而害事，故背周道而用夏政。"[①] 更不用说，历史上中原人的三次大规模南迁，将文化、耕作技术、科技等带到了南方，促进了南方尤其是岭南地区经济、文化、科技等的快速发展，并使南北方人民的生活日益融合。历史上有"中原士民，扶携南渡，不知几千万人"，以至于"建炎（1127~1130）之后，江浙湘湖闽广西北流寓之人遍满"之说。今日闽、粤一代的客家人，就是中原人几次迁徙的后裔。关于中华文化与域外文化的碰撞与交流，有学者撰文指出："当我们察觉到商周艺术的某些异化形式时，自然会想到文化关系与地方风格类型的问题，一种充满活力而向上的伟大艺术不可能是在封闭的状态下创造出来的。从公元前 21 世纪到公元前221 年秦统一之前的 2000 年间，黄河流域的中原王朝成为历史文化的中心，这个中心成为周边各民族文化交流的中心。与此同时，这个不断进行文化交流的中心又把先进的文化传播到天涯海角。"[②] 该文提到，中西交通线路始自西域，被称为"彩陶之路"。具有独特风格的仰韶彩陶向甘青地区发展时，与当地土著文化融合，嬗变为具有西亚风格的彩陶。因此可知，西人东渐古已有之。还有，商代青铜文化中的外来因素表明，在西方文化和人种的东渐过程中，给中国早期文明带来重要影响的是经由欧亚大陆再南下渗透到黄河中下游地区的戎狄部族。不过，两周铜剑的风格已经

---

① 《淮南子·要略》，（汉）刘安著、（汉）许慎注、陈广忠校点《淮南子》，上海古籍出版社，2016，第 535 页。

② 葛臻明：《由青铜器文化看中原文化与域外文化的交流》，《中共郑州市委党校学报》2010 年第 5 期，第 115 页。

完全本土化了。商周文化之所以能在世界文明中独树一帜，是因为其既有兼收并蓄同时又能大放异彩的特色。① 两汉时期，中国陆路交通几乎遍及亚洲，海陆交通远达欧洲和非洲，这为周边贸易和域外贸易的发展提供了一个很好的契机。而张骞出使西域，"自此之后，中西交通日渐发达，商业贸易更趋繁荣。汉派往西域的使者以及打着汉使旗号的商人，相望于道，络绎不绝。中国的丝织品沿此东西商道，大宗运往西方，故有'丝绸之路'之称"②。此外，两汉还有不少民间商人往来于"丝绸之路"去西域经商。由此可见，华夏地区在"丝绸之路"的贸易往来中扮演了积极的角色。有学者指出："夏商周三代及其以后，汉文化以空前的繁荣和强势，对中原以外周边诸民族产生了极大的影响。汉文化巨大的外溢力和穿透力，深度影响华夏之外的边裔民族。"③ 总之，应当通过教材的阅读和学习，使学生形成开阔的胸襟、积极的心态，立足本土、融入中华、放眼世界，在文化自信和自觉的基础上，真正理解思想政治教育的内涵。

二　在马克思主义中国化的探讨中 提升学生的认知与思维水平

使青年学生真正理解马克思主义的精髓及其当代价值和意义，并在这一过程中造就一大批青年马克思主义者，是高校思想政治教育的应有之义。因此，努力探讨马克思主义的中国化，探讨中华优秀传统文化与马克思主义的相通、相容性，具有十分重大的现实意义。只有这样，才能使青年学生对马克思主义有更为深刻的理解，并在此基础上对马克思主义指导中国特色社会主义实践具有更强的自信与自觉。

（一）使学生明了：西方学界基于社会现实对马克思主义的研究日益升温

自 2008 年国际金融危机爆发以来，西方学界对马克思主义的研究日

---

① 葛臻明：《由青铜器文化看中原文化与域外文化的交流》，《中共郑州市委党校学报》2010 年第 5 期，第 114～115 页。
② 张弘、范翠红：《汉代商人与异域文化艺术的交流》，《济南大学学报》2007 年第 6 期，第 70 页。
③ 李德山：《论对汉文化东传的基本认识》，《中国社会科学报》2018 年 5 月 8 日，第 6 版。

益升温，对当代西方主流经济理论的反思日益浓烈。有学者指出，"'马克思热'迅速兴起绝非偶然，也并非一阵风式的学术时髦，而是有着深刻的社会时代背景。2008 年国际金融危机的爆发，使资本主义自身无法克服的矛盾和弊端暴露无遗，其膨胀发展导致的社会不平等、资本无限扩张和消费主义泛滥广受诟病。在此背景下，国外学界对马克思主义的态度发生了变化。在哥伦比亚大学、牛津大学等世界名校，《共产党宣言》被列为必读书目。《马克思恩格斯全集》历史考证版的编辑、出版和研究工作正在紧张进行，来自欧美、日本等国家的学者纷纷参与其中。诸多事实表明，'马克思热'正在国外学界产生持续广泛的影响"。事实上，早在"1999 年，英国广播公司评选千年思想家，马克思高居榜首。2013 年，美国《科学美国人》月刊网站报道：研究人员选择近 3.5 万名学者进行排名，结果显示马克思仍是最具影响力的学者。还应看到，《共产党宣言》多次翻印、再版，被译成 200 多种文字，出版数千个版本，成为世界上发行量最大的书籍之一。在国外学术界，研究马克思主义的机构、团体和协会已达上千个，报纸、学术刊物以及广播、电视、大学课堂等都在谈论马克思主义，世界范围内关于马克思主义的各种学术研讨会日益增多。这些都说明，马克思在当今世界仍是最具影响力的学者"。"法国学者托尼·安德烈亚尼说：'没有任何理论比马克思主义能更加清楚地阐释劳动价值、剩余价值、经济危机、资本主义的社会效应及全球效应等内容。'美国学者安德鲁·哈特曼认为：'凡是从现代生活中感到疏离、无根、被变化抛弃、经济上处于挣扎状态的人，都会认识到马克思资本学说的深刻性。即使处于财富分配顶端的群体，如果能够真诚地展开思考，也将能理解这一点。'在人类思想史上，就科学性、真理性、影响力、传播面而言，没有一种思想理论能达到马克思主义的高度，也没有一种学说能像马克思主义那样对世界产生如此巨大的影响。"①

还有许多相关资料也都表明，对马克思主义的研究在当代西方学界日益兴盛。德国柏林自由大学教授埃尔玛·阿尔特法特在《马克思提供批

---

① 冯颜利：《马克思在当今世界仍是最具影响力的学者——国外学界重新认识马克思》，《人民日报》2018 年 4 月 9 日，第 16 版。

判分析的"跳跃点"》一文中说：这场危机爆发时，"马克思主义理论被再度发现"，人们在危机中找到的马克思主义这一指导理论，"可以增进对资本主义运作方式的理解，它能消除自我蒙昧，并助力政治实践"①。英国几位学者在马克思逝世 130 周年前夕接受《人民日报》记者采访时，谈到对马克思和马克思主义的评价。英国伦敦大学教授约翰·哈特尼克说，"在马克思逝世 130 年后，他的学说依然是当今世界的真理。马克思尖锐深刻的思辨，仍然激励着我们去探究"，哈特尼克还强调深入学习马克思著作的重要性，"马克思的著作，对于任何有志上下求索、辨析当前经济乱局危机的学人，都是必读宝典"；英国布里斯托大学教授特里尔·卡弗着重指出，今天英国越来越重视马克思思想，他说，"2008 年国际金融危机全面爆发并引发经济衰退后，作为世界重要金融中心之一的英国越来越重视马克思思想。很多著名的新闻栏目以及主流报刊开始向普通观众和读者阐述马克思的基本经济理论。……马克思对资本主义的批判学说……让当代英国年轻人感到耳目一新"；英国伦敦大学客座教授戴维·麦克莱伦说，"马克思的学说对当今世界的重要性在于他对资本主义的剖析。目前西方发生的经济危机，更证明了马克思在其著作中对资本主义制度的解析，尤其是关于信用及虚拟资本产生的阐述，比以往任何时候都更切合实际。他对西方政治经济演变过程中的经济基础论述尤为重要"②。戴维·麦克莱伦还说："马克思的社会理论是 19 世纪最令人印象深刻的成果之一，它实现了历史学、哲学、社会学和经济学的强力综合。当萨特称马克思主义为'我们时代的哲学'时，他知道，马克思的许多观点得以形成的方法……已经成为我们时代的方法。在某种意义上，我们都是马克思主义者。"③ 美国学者大卫·莱伯曼尝试根据马克思解释当前危机的根源。他说："危机使得人们近年来首次将对资本主义两大问题——资本主义对经济稳定性的影响及资本主义对财富和权力的分配模式——的理解

---

① 〔德〕埃尔玛·阿尔特法特：《马克思提供批判分析的"跳跃点"》，《人民日报》2013年1月31日，第3版。

② 李文云、白阳：《西方涌动"马克思热"·当今世界的真理》，《人民日报》2013年3月18日，第23版。

③ 〔英〕戴维·麦克莱伦、王瑞雪：《马克思的遗产》，《中国社会科学报》2013年3月6日，第6版。

融为一体。占领华尔街运动提出，社会上 1% 的人掌握了经济和政治权力导致绝大多数人的生活发生危机（失业及住房、医疗保险、教育、老人保健等方面的问题），是危机的根源所在。"① 英国学者纳森·沃尔夫说："马克思的全部思想都仍然有生命力。马克思的每一主要思想都仍然非常值得研究。……无论从理论还是从实践方面来看，马克思的影响都是无法估量的。"② "英国著名左翼学者克里斯·哈曼在其著作《僵尸资本主义：全球危机与马克思的相关理论》中指出，虽然危机的表现形式是源于金融部门的危机，但这仅仅是资本主义制度的外表归因，其主要原因却是资本主义制度自身的基本矛盾无法克服生产社会化与私有制的对立。法国学者让·克洛德·德洛奈把现在的资本主义体制定义为'金融垄断资本主义'。他认为，资本主义金融化是西方国家体制的一大特征，它体现在社会资本创造的利润越来越多地被金融资本所占有，因此推动金融资本迅速膨胀。"③ 美国进步行动基金中心研究员马特·伊格雷斯亚在美国《外交政策》2009 年 5/6 月号发表的《这才是一个回到马克思的时代》一文中说："这是一个向马克思的意识形态学习的时代，没有其他的时代能与之相比。"④ 法国学者丹尼尔·本萨义德高度评价马克思的遗产的时代价值，他在英刊《国际观点》2010 年 10 月号发表的访谈录中宣布"马克思仍是我们的同代人——他比所有那些刚出现就过时的虚假创新更年轻、更富吸引力"，他认为，马克思的理论有助于抓住危机的根源，"马克思在当今社会的重要性在于他的《资本论》及其政治经济学的批判。……马克思的批判有助于理解其背后的逻辑，即世界范围的生产和资本的加速积累。它有助于我们抓住危机的根源"⑤。此外，德国哲学家汉斯·海因茨·霍尔茨 2008 年 5 月 7 日在德国《青年世界报》中发表文章说："马克思还

---

① 吴云：《西方涌动"马克思热"·认识转变激发新的兴趣——访美国〈科学与社会〉杂志主编大卫·莱伯曼》，《人民日报》2013 年 3 月 18 日，第 23 版。

② 〔英〕纳森·沃尔夫：《当今为什么还要研读马克思》，高等教育出版社，2006，第 73 页。

③ 柴野：《西方人开始反思资本主义》，《光明日报》2012 年 2 月 6 日，第 8 版。

④ 吴易风：《西方学者"重新发现"了马克思的哪些理论?》，《红旗文稿》2014 年第 9 期，第 8 页。

⑤ 陈文庆编《丹尼尔·本萨义德论马克思主义如何当代化?》，《国外理论动态》2011 年第 6 期，第 18、12 页。

活着，因为他的理论今天依旧适用，其思想对我们的鼓舞并未停顿。马克思是我们当中的一员，为我们照亮了当代社会，指明了未来的道路。"美国经济学家鲁比尼因预言了当前这场危机而闻名。他从当前国际金融危机的现实出发，承认马克思是对的。他在2011年8月15日《联合早报》网讯中说："马克思是对的，资本主义到了某些时候会自我摧毁。"加拿大约克大学客座教授马尔切洛·穆斯托2012年7月19日在《日本时报》网站发表《马克思——伟人回归》一文，强调马克思理论在当今的现实意义。他说："他（马克思）的分析其实比以往任何时候都更贴近现实。……马克思的理念远比他那个时代更具有现实意义。……如今，站在马克思这样的巨人肩上展望未来的新能力是个积极动向。"日本神奈川大学教授的场昭弘在2012年3月6日的《经济学人》周刊上发表《马克思确实指出了当今自由主义经济的弊端》一文，文中指出马克思的理论对研究当前世界经济危机是有用的。的场昭弘说："如果理解了他（马克思）留下的学说，就能够明白其过人之处。在研究当今世界经济不景气的相关问题时，马克思的理论是有用的。"在2008年的金融危机中，德国财长施泰因布吕克公开承认，他在阅读马克思的《资本论》，并认为"总体上来说，马克思主义的一些观点是正确的"。这位在金融危机中焦头烂额、寝食不安的财长，现在成了马克思的"粉丝"。英国坎特伯雷大主教罗恩·威廉斯呼吁加强对金融业的监管，并表示马克思的观点是正确的。他在时事周刊《旁观者》中撰文指出："马克思在很早以前就观察到了不受约束的资本主义如何变成一种神话，在这一点上他是正确的。"如此等等。

西方主流媒体和民众对马克思主义的关注度也在上升。英国的主流媒体《卫报》《泰晤士报》等，在国际金融危机爆发后纷纷以"马克思"为题大做文章。现在，包括曾经长期批评马克思及其思想的媒体，如英国《金融时报》、美国《时代周刊》等，其头条文章中也频繁出现马克思的名字和论述。马克思的著作又开始热销：登录全球销售量最大的网上书店亚马逊，在图书检索中输入"卡尔·马克思"，相关书目信息多达上万条。经历了国际金融危机的严酷洗礼，在顽固坚持新自由主义的美国，人们在华尔街举起标语："马克思说对了！"美国"占领华尔街"运动爆发后，在德国街头不少民众也打出了"我们是那 99% 的大众""读读马克思吧！"等标语。在西方国家的大学里，关于马克思主义理论的课程很受欢迎。

以马克思主义为研究对象的西方学术组织对社会影响越来越大。在这些组织中，比较有代表性的是德国的"马克思夜校"、美国的"读《资本论》小组"等。"马克思夜校"是德国的马克思主义学习班，会定期邀请一些社会学家等相关人士讲授马克思主义理论。近些年，"马克思夜校"的开课地点不断增多。"读《资本论》小组"是大卫·哈维组织的。他无论到哪所大学任教，都会开设《资本论》课程。《跟大卫·哈维读〈资本论〉》一书，就是根据他的讲课稿修订而成的。这个小组还利用互联网等新媒体宣传和介绍马克思的《资本论》。此外，位于德国特里尔的马克思故居博物馆近年来也颇受人们关注。博物馆工作人员介绍，在该馆留言簿上，2012 年的两个月内就有来自超过 50 个国家和地区的访客留言。

在 2008 年金融危机爆发之后，马克思的《资本论》在欧洲已成为畅销书。《资本论》的重新走红也给了我们深刻启示。对于这部马克思的经典著作，我们是不是了解得也很不够呢？从 2008 年 10 月开始，《资本论》又重新进入了德国大学课堂，在全国 31 所著名高校的讲堂里，新一代德国大学生认真研读马克思的这部经典著作，思考走出金融危机的办法。位于柏林的卡尔－迪茨出版社经理约恩·许埃特伦普大告诉路透社记者，年初以来他们出版的《资本论》已卖出 1500 套，是 2007 年全年销量的 3 倍，更是 1990 年销量的 100 倍。"马克思现在绝对火。"许埃特伦普夫说。西方社会，人们争相购买和阅读《资本论》，目的未必是试图借助《资本论》来拯救危机，但至少他们认为《资本论》提供了理解和解释当下的一个视角；同时也昭示着，在金融危机中西方某些经济理论和金融衍生品一道严重贬值了。

有学者在推荐一本将学术性和普及性恰切结合的著作《理解马克思：卡尔·马克思的生平与核心著作导读》时指出："进入移动互联网时代后，当代青年的阅读习惯发生了重大改变，在非专业学习的情况下大多喜欢浅阅读：更快捷地选择、阅读、理解以及放弃；更自由地控制阅读的节奏；更追求图文并茂的视觉享受。可以说，当前的浅阅读在某种程度上，呈现出所谓'立体化'的趋势：即不再单纯地局限于书本这一物质载体，不再单纯地面对文字这一符号，而是更多融合了移动载体、视觉冲击、及时推送等特征。较之于深阅读，浅阅读虽然短时间内看似接受的信息量很大，但因直面的都是'碎片化'的材料，如何辨别有效信息、是否能准确提取到有效信息，一直是它自身无法克服的缺点和不足。即使浅阅读具有这样或那样的缺陷，但这样的阅读，今天已然成为人们的生活方式，并作为一种具有结构性特质的东西，内化在人们的阅读实践中了。在这样的条件下，经典著作如果不能首先征服青年人的浅阅读，就更不可能征服他们的深阅读。这意味着，经典著作的阅读，一定要根据时代的变化而创新发展，一定要真正走进现代人的'阅读习惯'。从这个意义上而言，《理解马克思》很好地把握了当代青年人阅读方式的变化，以通俗易懂的语言，将马克思波澜壮阔的人生经历和《1844年经济学哲学手稿》《共产党宣言》《资本论》等经典著作精细分解为40个左右的主题片段。每一片段聚焦一个问题，配以精美恰当的图片、资料，确保非专业读者20分钟左右也能读完。值得一提的是，该书还加入了50个二维码，扫一扫就能看到对应的短视频。因此，很多青年读者都是一气儿把半本甚至整本书读下来的。当代青年人是在互联网时代成长起来的，他们能够借助互联网自由、便捷、全面地收集学术信息，并形成他们自己的观点和判断。这意味着给他们讲故事，既不能强行'灌输'，也不能闭门造车、自说自话，必须能够经得住互联网'显微镜''探照灯'的检验。换言之，即使在阅读方式上有所创新，但如果故事本身不过关，如果故事本身不能拿捏好分寸，就会陷入要么过于艰涩晦涩、要么流于庸俗浅薄的困境。在这一点上，《理解马克思》处理得恰到好处。同时这本书的作者决不独断，更不封闭，而是聆听时代声音，回应时代呼唤，借助国际学者的眼睛，利用国际组织提供的数据，有理有据地讲马克思故事。正是有了信任，才可能结出信仰的果实。对于这一点，马克思曾说：'理论只要说服人，就能掌握群众；而理论只要彻底，就能说服人。所谓彻底，就是抓住事物的根本。'[①] 这种既有深度和学术性，又顾及当代青年人的读书特点，将马克

---

① 崔继新：《向当代青年讲好马克思故事——读〈理解马克思：卡尔·马克思的生平与核心著作导读〉》，《光明日报》2017年12月10日，第12版。

思主义基本原理自然而然地、润物无声地传递给青年一代，是值得我们思考和借鉴的。

（二）使学生认知：中华传统辩证智慧与马克思主义唯物辩证法具有相通性

本课题组成员近几年来，也在积极探索中华传统辩证智慧的内涵、特色，及其与马克思主义唯物辩证法的相通性、与当代西方哲学思维的互补性。这里，重点分析中华传统辩证智慧与马克思主义唯物辩证法所具有的相通性，以进一步说明马克思主义中国化的现实必要性与可能性。

1. 中华传统辩证思维之特质

这一辩证思维源自中国古老典籍《易经》，而由以儒、道两家为代表的学术流派生发开来，做了较为详尽的阐释。归结起来，中华传统辩证智慧具有以下几点特质。

（1）以"生生不息"的发展眼光看问题

中国哲学"生生不息"的发展观，包含下述几层含义。

一是万物的存在是永不停息的发展变化的存在。"在天成象，在地成形，变化见矣。是故刚柔相摩，八卦相荡。鼓之以雷霆，润之以风雨；日月运行，一寒一暑。乾道成男，坤道成女。乾知大始，坤作成物"①；"天行健；君子以自强不息"②；"有物混成，先天地生。寂兮寥兮，独立不改，周行而不殆，可以为天地母"③；"天地之道，恒久而不已也"④；"天何言哉？四时行焉，百物生焉，天何言哉？"⑤"二气交感，化生万物。万物生生，而变化无穷焉。"⑥ 而且，中国哲学中强调的发展变化是以"阴阳"的对立统一、相互作用乃至相互转化为根基的，事物的存在及其发

---

① 《易·下经卷九·系辞上传》，黄寿祺、张善文撰《周易译注》，上海古籍出版社，2004，第493页。
② 《易·上经卷一·乾卦第一》，黄寿祺、张善文撰《周易译注》，上海古籍出版社，2004，第7页。
③ 《老子·二十五章》，辛战军译注《老子译注》，中华书局，2008，第101页。
④ 《易·下经卷五·恒卦第三十二》，黄寿祺、张善文撰《周易译注》，上海古籍出版社，2004，第246页。
⑤ 《论语·阳货》，杨伯峻译注《论语译注》，中华书局，2009，第185页。
⑥ 《太极图说》，（宋）周敦颐著，陈克明校《周敦颐集》，中华书局，1990，第4~5页。

展，无不处于阴阳矛盾与变化之中。"一阴一阳之谓道"①，即是中国哲学的基本命题。因此，"祸兮，福之所倚；福兮，祸之所伏"②；"无平不陂，无往不复"③；"日中则昃，月盈则食；天地盈虚，与时消息，而况于人乎？况于鬼神乎？"④；"时过于期，否终则泰"⑤。

二是这种发展变化是生机勃勃、蕴含生命灵动的发展变化，而非无生命物体的一种机械运动。"天地之大德曰生"⑥；"富有之谓大业，日新之谓盛德。生生之谓易"⑦；"大抵言'天地之心'者，天地之大德曰生，则以生物为本者，乃天地之心也"⑧；"万物之生意最可观，此元者善之长也，斯所谓仁也"⑨；天地"别无所作为，只是生物而已。亘古亘今，生生不穷"⑩。譬如谷种、桃仁、杏仁之类，之所以称为仁，盖因其中蕴含生命洋溢，"种着便生，不是死物，所以名之曰'仁'，见得都是生意"⑪。在这一天地万物生生不已的过程中，人能自觉体认生生不息之天理流行，发挥有为精神，故人能弘道，能"为天地立志，为生民立道，为去圣继绝学，为万世开太平"⑫。

三是这种发展变化是讲事物由低级向高级的不断发展变化，而非始和

---

① 《易·下经卷九·系辞上传》，黄寿祺、张善文撰《周易译注》，上海古籍出版社，2004，第503页。

② 《老子·第五十八章》，辛战军译注《老子译注》，中华书局，2008，第225页。

③ 《易·上经卷二·泰卦第十一》，黄寿祺、张善文撰《周易译注》，上海古籍出版社，2004，第101页。

④ 《易·下经卷八·丰卦第五十五》，黄寿祺、张善文撰《周易译注》，上海古籍出版社，2004，第424页。

⑤ 《吴越春秋·勾践入臣外传》，（汉）赵晔撰《吴越春秋》，（元）徐天祜音注，苗麓校点，江苏古籍出版社，1999，第108页。

⑥ 《易·下经卷九·系辞下传》，黄寿祺、张善文撰《周易译注》，上海古籍出版社，2004，第530页。

⑦ 《易·下经卷九·系辞上传》，黄寿祺、张善文撰《周易译注》，上海古籍出版社，2004，第503页。

⑧ 《横渠易说·上经·复》，章锡琛点校《张载集》，中华书局，1978，第113页。

⑨ 《近思录·卷之一》，朱杰人等主编《朱子全书》（第十三册），上海古籍出版社，2002，第171页。

⑩ 《朱子语类·卷第五十三》，（宋）黎靖德编《朱子语类》，王星贤点校，中华书局，1986，第1280页。

⑪ 《朱子语类·卷第六》，（宋）黎靖德编《朱子语类》，王星贤点校，中华书局，1986，第113页。

⑫ 《张子语录》（中），章锡琛点校《张载集》，中华书局，1978，第320页。

终都在一个点上的简单循环。这在《易经》中就已鲜明地体现出来。《易经》中构成"六画卦"的六爻，其位置由下而上，它的顺序是由低级向高级排列的，反映了事物由低级向高级发展的规律。《乾凿度》说"易气从下生"①，意即指此。

（2）以"天人合一"的整体性眼光看问题

"天人合一"是对中国式思维特质的经典性表述，恰与西方天人分离的思维方式相对。中国的先圣先贤从一开始就将天、地、人看作有机的整体，对"天人合一"观多有论述。老子的"绝圣弃智"②"以辅万物之自然，而不敢为也"③，强调的是"不以人助天"④"无以人灭天"⑤"处物不伤物"⑥的价值追求。孟子说："万物皆备于我，反身而诚，乐莫大焉。"⑦庄子强调："天地与我并生，而万物与我为一。"⑧董仲舒直接表明："天人之际，合而为一。"⑨张载也明确地说："儒者则因明致诚，因诚致明，故天人合一。"⑩"'天人合一'的思维方式，奠定了中国古代哲学和教育学思考问题的根基。这是一种典型的整体性思维，它追求一种至纯至善、至大至刚，以人的道德修养为中心而打通天人之际，把天地宇宙间的所有事物都纳入相互关联、相互作用、相互依存的大系统中，进行通盘考察，而且是以'将心比心''置身体悟'的方式进行考察，天人、主客、物我浑然一体，形成一个和谐、大一统的整体。此处之'天'，不仅指

---

① 《乾凿度》（卷上），（东汉）郑玄注，常秉义编《易纬》，新疆人民出版社，2000，第8页。

② 《老子·第十九章》，辛战军译注《老子译注》，中华书局，2008，第73页。

③ 《老子·第六十四章》，辛战军译注《老子译注》，中华书局，2008，第247页。

④ 《庄子·内篇·大宗师》，陈鼓应注译《庄子今注今译（上）》（最新修订重排本），中华书局，2009，第186页。

⑤ 《庄子·外篇·秋水》，陈鼓应注译《庄子今注今译（中）》（最新修订重排本），中华书局，2009，第461页。

⑥ 《庄子·外篇·知北游》，陈鼓应注译《庄子今注今译（中）》（最新修订重排本），中华书局，2009，第628页。

⑦ 《孟子·尽心上》，杨伯峻译注《孟子译注》，中华书局，2010，第279页。

⑧ 《庄子·内篇·齐物论》，陈鼓应注译《庄子今注今译·上》（最新修订重排本），中华书局，2009，第80页。

⑨ 《春秋繁露·深察名号》，阎丽译注《董子春秋繁露译注》，黑龙江人民出版社，2003，第172页。

⑩ 《正蒙·乾称篇》，（宋）张载著《张载集》，章锡琛点校，中华书局，1978，第65页。

纯自然之天，也指天地宇宙中所包含的'理''道'，尤其以后者为重。"①

在中国哲学思维中，"道"为天、地、人所共同尊奉之最高原理、终极真理，只不过是"理一而分殊"②。"道未始有天人之别，但在天则为天道，在地则为地道，在人则为人道。"③ 而人是这一有机整体的关键，万事万物能否达至平衡，社会能否得到有效治理，就在于人的正心、诚意、修身，进而方能谈齐家、治国、平天下。由此，既体现出人是一种主体性存在，同时又强调了人所负有的道德责任。这种以人的修养为中心而打通天人之际的价值观念，强调人的行为应"义以为上"④，应"厚德载物"⑤，应"仁者爱人"⑥"己欲立而立人，己欲达而达人"⑦"己所不欲，勿施于人"⑧，如此等等。这就使中国哲学思维及其实践蕴含着一个"情"字，具有浓郁的、东方人所特有的情感色彩。无论对自然、对人本身，都倾注着饱满的情，以艺术的眼光去体悟浩瀚的自然界和纷繁的人生。这就是东方人所特有的"人情味"。学者指出："《周易》作为中国传统文化的主要代表经典，在天人观上，它以著名的'三才之道'表明，人是一种与天、地鼎立而三并居天地万物之中心地位。反映出了《周易》的一种人文取向，即是人不仅客观上就是大自然中上顶天、下立地的一种存在，而且人事实上就是天地间的一种有自我意识和独立意识的主体性存在。而这种'三才之道'所蕴含的极为可贵的人文主义思想，这种充分肯定人的中心地位和至上价值的思潮，一直是中国文化的强劲主流。"⑨

---

① 李申申、李志刚：《中国古代"即身而道在"教育的基本特征——一种具身性教育的永恒魅力》，《河南大学学报》（社会科学版）2016 年第 4 期，第 112 页。

② 《河南程氏文集卷第九·答杨时论西铭书》，（宋）程颢、程颐著《二程集》，王孝鱼点校，中华书局，1981，第 609 页。

③ 《河南程氏遗书卷第十五·伊川先生语一》，（宋）程颢、程颐著《二程集》，王孝鱼点校，中华书局，1981，第 164 页。

④ 《论语·阳货》，杨伯峻译注《论语译注》，中华书局，2009，第 188 页。

⑤ 《易·上经卷一·坤卦第二》，黄寿祺、张善文撰《周易译注》，上海古籍出版社，2004，第 24 页。

⑥ 《孟子·离娄下》，杨伯峻译注《孟子译注》，中华书局，2010，第 182 页。

⑦ 《论语·雍也》，杨伯峻译注《论语译注》，中华书局，2009，第 64 页。

⑧ 《论语·卫灵公》，杨伯峻译注《论语译注》，中华书局，2009，第 164 页。

⑨ 朱力：《〈周易〉中的客观的唯物辩证思想》，http://www.literature.org.cn/Article.aspx?id=51398。

（3）以"和而不同"的善于协调事物的眼光看问题

"和而不同"是中国哲学思维的又一显著特质。中国文化崇奉和谐，强调"和为贵"，是一以贯之的传统。孔子的"君子和而不同，小人同而不和"[①] 是其代表性表述。《易传》云，"夫'大人'者，与天地合其德，与日月合其明，与四时合其序，与鬼神合其吉凶。先天而天弗违，后天而奉天时"[②]；《中庸》云，"中也者，天下之大本也；和也者，天下之达道也。致中和，天地位焉，万物育焉"[③]；《淮南子·氾论训》中说，"天地之气，莫大于和。和者阴阳调，日夜分而生物"[④]；董仲舒说，"德莫大于和"[⑤]；张载强调，"有象斯有对，对必反其为；有反斯有仇，仇必和而解"[⑥]；王夫之论道，"太和，和之至也。道者，天地人物之通理，即所谓太极也。阴阳异撰，而其絪缊于太虚之中，合同而不相悖害，浑沦无间，和之至矣。未有形器之先，本无不和，既有形器之后，其和不失，故曰太和"，"阴与阳和，气与神和，是为太和"[⑦]。

这里，应当全面而深刻地理解"和而不同"的内涵。首先，"和而不同"并非不讲原则的一团和气，它是在承认"不同""对立"的前提下倡导的"和"。也就是说，它是在承认矛盾存在的前提下，寻求矛盾各方异中求同、共轭相生，是多样性的统一。从历史渊源看，"和而不同"最早出现于西周末期，周幽王八年，周太史伯（伯阳父）针对周幽王的"去和而取同"说法提出了"和实生物，同则不继"[⑧] 的思想。到春秋末期，

---

① 《论语·子路》，杨伯峻译注《论语译注》，中华书局，2009，第 140 页。
② 《易·上经卷一·乾卦第一》，黄寿祺、张善文撰《周易译注》，上海古籍出版社，2004，第 19 页。
③ 《中庸·第一章》，王国轩译注《大学·中庸》，中华书局，2006，第 46 页。
④ 《淮南子·氾论训》，（汉）刘安著、（汉）许慎注、陈广忠校点《淮南子》，上海古籍出版社，2016，第 314 页。
⑤ 《春秋繁露·循天之道》，阎丽译注《董子春秋繁露译注》，黑龙江人民出版社，2003，第 292 页。
⑥ 《张子正蒙·太和篇》，（宋）张载撰《张子正蒙》，（清）王夫之注，上海古籍出版社，2000，第 97 页。
⑦ 《张子正蒙·太和篇》，（宋）张载撰《张子正蒙》，（清）王夫之注，上海古籍出版社，2000，第 85、86 页。
⑧ 《国语·郑语》，徐元诰撰《国语集解·郑语第十六》，王树民、沈长云点校，中华书局，2002，第 470 页。

齐国的晏婴以"和羹""琴瑟"为例，进一步阐明了和与同的差异，认为只有承认不同，才能"相成""相济"，否则，"若以水济水，谁能食之？若琴瑟之专一，谁能听之？同之不可也如是"①。与晏婴同时代的孔子，采纳了这种和同思想，将其作为区别君子和小人的一个标准。如前所述，中国先圣先贤持守一种以人的修养为中心而打通天人之际的宇宙整体发展观，认为天地人、万事万物处于相互作用、相互联系、相互渗透的关系之中，对事物的处理可能会导致"一损俱损"或者"一荣俱荣"的不同后果，因此特别强调"厚德载物"，强调"己所不欲，勿施于人"，强调以深厚的情感面对与之相关的人与物。而这种强调，绝非没有原则，不承认矛盾，其实这是两个不同层面的问题。其次，应当视"和而不同"为处理问题、善于协调事物关系的一种智慧，一种高明的艺术和方法。"和而不同"的艺术和方法追求以平等的眼光看待矛盾各方，在坚持基本原则并保留各方特色的基础上使各方和平相处，因此对问题的处理就较为公平。

与"和而不同"密切相连的，是"中庸之道"。"中庸之道"是中国文化中重要的思维概念和具体做人处事的重要原则，也是儒家道德的最高境界。对中庸之道同样也应有正确的理解，应把握其真正的精神内涵。有学者指出，"中庸之道是中国文化的精髓，作为一种方法论，它已经深深渗透到了与中国文化有关的每一个元素和成分之中，成为构成普遍的文化心理和社会心理的核心要素之一"，"正确地认识中庸之道，并加以合理的应运，既是一种智慧，也是一种无可回避的文化责任"②。若深入体会中庸之道的内在精髓，就可理解它是处理问题的高超协调能力和智慧。它强调"执两用中"，强调行为的适度——无过无不及。因此，将中庸理解为不讲原则的折中主义、平均主义、畏首畏尾、和稀泥，是对中庸的曲解。"中庸包含的折中调和思想，是一种积极的调和。中庸所秉持的'中'，并不仅仅是量的概念，不是两端等距离的点。在中国哲学家和思想家的思维和视域里，'中'更多体现为实践过程中处理、协调各种关系的一种原则、智慧和能力，它重在如何使事物内部各个部分以及各种事物

---

① 《左传·昭公二十年》，杨伯峻编著《春秋左传注》（修订本第2版），中华书局，1990，第1419~1420页。

② 王泽民：《论儒家中庸之道》，《甘肃日报》2010年1月20日，第7版。

之间达到彼此协调和平衡，使之各得其所。同时，这个'中'的标准随具体境遇的变化而改变。"①

（4）以重现实人生的眼光看问题

中国哲学思维不是纯概念的逻辑推理，其思维与日常生活、与现实人生、与人伦道德密切相关，即令是用抽象符号表达思想的《易经》，其所意指的对象也都是人生、生命、具象化的事物。阴阳对立统一、生生变化的辩证思维，基本都是以具体人生、具体生活、具体的道德修炼为对象的。不论是《易传》的"观变于阴阳而立卦，发挥于刚柔而生爻，和顺于道德而理于义，穷理尽性以至于命"②"昔者圣人之作《易》也，将以顺性命之理"③"乾，阳物也；坤，阴物也。阴阳合德而刚柔有体，以体天地之撰，以通神明之德"④；董仲舒的"推天地之精，运阴阳之类，以别顺逆之理，安所加以不在？在上下，在大小，在强弱，在贤不肖，在善恶。恶之属尽为阴，善之属尽为阳"⑤，还是张载的"其阴阳两端，循环不已者，立天地之大义"⑥，二程的"道无无对，有阴则有阳，有善则有恶，有是则有非"⑦ 等等，都是中国哲学思维重现实人生、重德性修养的彰显。可见，在中国传统哲学思维中，八卦思维也好，太极阴阳思维也罢，以及儒、道等各家各派，无不把人事放在思考的中心，以人事趋合天道，以天道规范人事，其中包含了强烈的人本主义精神。

因此可以说，中国哲学思维是一种具身性的思维，精神与身体、理性

---

① 李申申、李志刚：《中国古代"即身而道在"教育的基本特征——一种具身性教育的永恒魅力》，《河南大学学报》（社会科学版）2016 年第 4 期，第 113～114 页。

② 《易·下经卷十·说卦传》，黄寿祺、张善文撰《周易译注》，上海古籍出版社，2004，第 569 页。

③ 《易·下经卷十·说卦传》，黄寿祺、张善文撰《周易译注》，上海古籍出版社，2004，第 571 页。

④ 《易·下经卷九·系辞下传》，黄寿祺、张善文撰《周易译注》，上海古籍出版社，2004，第 548 页。

⑤ 《春秋繁露·阳尊阴卑》，阎丽译注《董子春秋繁露译注》，黑龙江人民出版社，2003，第 195 页。

⑥ 《张子正蒙·太和篇》，（宋）张载撰《张子正蒙》，（清）王夫之注，上海古籍出版社，2000，第 96 页。

⑦ 《河南程氏遗书卷第十五·伊川先生语一》，（宋）程颢、程颐著《二程集》，王孝鱼点校，中华书局，1981，第 153 页。

与具象始终融为一体，不可分离。"无论是从周代构建起的八卦思维，还是老庄哲学关于'道'的混沌思维，以及由《周易》创始，《易传》集成，儒、道、释各家加以发展与丰富的太极思维，都是以对事物整体性的认识为基准，从日常的生活经验出发凭直观感觉方法去思考问题。这样，借助于非逻辑证明的直觉和体悟，跃进性地实现意境的升华，从而完成主客体之间融而为一。《易传》中说：'子曰：书不尽言，言不尽意。然则圣人之意，其不可见乎？子曰：圣人立象以尽意'，即指此意。"① 这里，需阐明的是，虽然中国哲学思维中逻辑理性、分析理性并不占主导地位（不是完全没有，阙疑求证精神也渗透于其中），而以直觉与体悟为主，但是中国哲学思维并非完全的经验主义，完全以零散的、不成系统的具象代替理性思维。《周易》象数思维兼用"象"与"数"，这是《周易》象数思维的基本工具，"观象"、"取象"和"极数"、"运数"都是《周易》象数思维的基本形式。同时，八卦思维、混沌思维、太极思维实际上都是对具体事物的抽象与升华。因此，中国哲学中的"身体""具象"，正如有学者所述，"身体哲学所关注的身体并不是完全常识意义上的身体，而是古代哲学家心目中的一种身体"，"是经过现象学还原的、现象学意义上的身体，所以说它是一种具有本体论意义的一种身体"②。"与西人形而上之'理念'不同，古人所谓的'大道'实乃下学上达、显微一体的'身道'"③。

2. 中国传统辩证智慧与马克思主义唯物辩证法具有相通性

马克思主义唯物辩证法是科学的世界观和方法论，是我们观察和处理问题的指导思想。它是在批判地继承西方哲学的历史传统，主要是德国古典哲学，尤其是费尔巴哈和黑格尔哲学基础上创造性地生成的哲学体系。中国传统辩证智慧是在中国的土壤中生成的看待和处理问题的智慧之学、智慧之法。既然是智慧之学、智慧之法，它与科学的世界观和方法论——

---

① 李申申主编《人性：存在与超越的省视——中西方道德教育思想与实践比较研究》，新华出版社，1999，第162页。
② 张再林：《作为身体哲学的中国古代哲学》，中国社会科学出版社，2008，第256页。
③ 蒙培元：《古为今用：走向世界的中国哲学研究——评〈中国古代身道研究〉》，《陕西日报》2015年5月8日，第5版。

马克思主义唯物辩证法在诸多方面就具有相通之处。诚如国学大家庞朴先生所说："中外好多学者分析过马克思主义能在中国安家的根源……其根源和原因，仍在中国的文化传统身上，是中国传统的思维方法、行为规范、价值观念和马克思列宁主义有相通相融之处，是中国有把政和道、真和善捆在一起的传统，因而才有马克思主义中国化。"①

我们认为，中国传统辩证智慧与马克思主义唯物辩证法至少有以下几个方面的相通之处。

（1）自然界和人类社会是永不停息地从低级向高级的发展过程

马克思主义唯物辩证法与黑格尔辩证法的重要差异之一，即是否承认自然界和人类社会的发展变化是永恒的。黑格尔的"绝对精神"的"绝对发展"，到了黑格尔哲学体系达到了"圆满"，发展变成了不发展；到了普鲁士国家达到了人类历史发展的"顶峰"，发展变成了不发展。马克思明确指出："一切存在物，一切生活在地上和水中的东西，只是由于某种运动才得以存在、生活。"② 恩格斯指出，在辩证哲学面前，"不存在任何最终的、绝对的、神圣的东西；它指出所有一切事物的暂时性；在它面前，除了发生和消灭、无止境地由低级上升到高级的不断的过程，什么都不存在。它本身也不过是这一过程在思维着的头脑中的反映而已"③。

如前所述，在中国辩证思维中，强调的是"万物生生而变化无穷"的天地人及其"道"的永恒、生生、由低级向高级的发展。

（2）矛盾是发展的内在动力和源泉

众所周知，矛盾是发展的内在动力和源泉的思想是马克思主义哲学的基本原理。马克思主义的矛盾法则即是对立统一规律，这一规律是唯物辩证法的实质与核心，它揭示了事物普遍联系的实在内容和发展的内在动力。同一性和斗争性是矛盾的两种相反相成的、互为前提的基本属性，是矛盾双方相互联系的两个方面，二者不可分离。矛盾对立的双方既相互排

---

① 庞朴：《文化传统与传统文化》，《新华文摘》2003 年第 9 期，第 135 ~ 136 页。

② 马克思：《哲学的贫困》，中共中央马克思恩格斯列宁斯大林著作编译局编译《马克思恩格斯全集》（第四卷），人民出版社，1958，第 141 页。

③ 恩格斯：《路德维希·费尔巴哈和德国古典哲学的终结》，中共中央马克思恩格斯列宁斯大林著作编译局编译《马克思恩格斯全集》（第二十一卷），人民出版社，1965，第 308 页。

斥、相互斗争，又相互依存、相互渗透、相互贯通，并且在一定条件下相互转化。作为普遍联系的实在内容和发展的内在动力，矛盾无处不在，无时不有。恩格斯指出："既然简单的机械的位移本身已经包含着矛盾，那末物质的更高级的运动形式，特别是有机生命及其发展，就更加包含着矛盾。……生物在每一瞬间是它自身，同时又是别的东西。所以，生命也是存在于物体和过程本身中的不断地自行产生并自行解决的矛盾；矛盾一停止，生命也就停止，死亡就到来。同样，我们已经看到，在思维的领域中我们也不能避免矛盾，例如，人的内部无限的认识能力和这种认识能力仅仅在外部受限制的而且认识上也受限制的各个人身上的实际存在这二者之间的矛盾，是在至少对我们来说实际上是无穷无尽的、连绵不断的世代中解决的，是在无穷无尽的前进运动中解决的。"①

如前所述，中国辩证思维则是以阴、阳两者的对立统一解释事物的生灭变化，认为阴、阳之间的相互作用是事物发展的根本动力。"太一出两仪，两仪出阴阳。阴阳变化，一上一下，合而成章。浑浑沌沌，离则复合，合则复离，是谓天常。天地车轮，终则复始，极则复反，莫不咸当。日月星辰，或疾或徐，日月不同，以尽其行。四时代兴，或暑或寒，或短或长，或柔或刚。万物所出，造于太一，化于阴阳"②；"物无孤立之理，非同异、屈伸、始终以发明之，则虽物非物也。事有始卒乃成，非同异有无相感，则不见其成"③；"天地万物之理，无独必有对，皆自然而然，非有安排也"④；"天地之化，既是二物，必动已不齐。……从此参差万变，巧历不能穷也"⑤；等等。中国传统辩证思维正是在承认矛盾的前提下，才提出了"和而不同"的思想。

①　恩格斯：《反杜林论》，中共中央马克思恩格斯列宁斯大林著作编译局编译《马克思恩格斯全集》（第二十卷），人民出版社，1971，第133页。

②　《吕氏春秋·大乐》，张双棣等译注《吕氏春秋》，中华书局，2007，第48页。

③　《张子正蒙·动物篇》，（宋）张载撰《张子正蒙》，（清）王夫之注，上海古籍出版社，2000，第127页。

④　《河南程氏遗书卷第十一·明道先生语一》，（宋）程颢、程颐著《二程集》，王孝鱼点校，中华书局，1981，第121页。

⑤　《河南程氏遗书卷第二上·二先生语二上》，（宋）程颢、程颐著《二程集》，王孝鱼点校，中华书局，1981，第31页。

（3）事物的内在联系和相互转化

马克思主义认为，客观事物之间及事物内部各要素之间存在着相互作用、相互影响、相互制约、相互转化的必然的、普遍的联系。而且，事物的联系是多种多样的，包括内部与外部、本质与非本质、必然与偶然、主要与次要、直接与间接等联系。在考察和分析问题时，应该把握事物之间的联系，克服考察和分析问题时的孤立与片面性。恩格斯说："相互作用是事物的真正的终极原因。我们不能追溯到比对这个相互作用的认识更远的地方，因为正是在它背后没有什么要认识的了"①；"当我们通过思维来考察自然界或人类历史或我们自己的精神活动的时候，首先呈现在我们眼前的，是一幅由种种联系和相互作用无穷无尽地交织起来的画面，其中没有任何东西是不动的和不变的，而是一切都在运动、变化、产生和消失。"②

中国"天人合一"的世界观和人生观，讲的正是天地人构成一个不可分割、不能孤立的大一统的整体，各部分之间是"一损俱损，一荣俱荣"之共生关系。天地人都尊奉共同的、最高的规律，即"道"。因此如前所述，"天人合一"的世界观是以人的道德修养为中心而打通天人之际，把天地宇宙间的所有事物都纳入相互关联、相互作用、相互依存的大系统中，进行通盘考察。

（4）事物的质量互变

质量互变思想是马克思主义唯物辩证法的又一条基本原理。"量"和"质"是事物的两种不同的规定性，二者既相互区别又相互联系。事物的变化表现为事物自身质的规定性和量的规定性的变化。量变是质变的必要准备，质变是量变的必然结果。从量变到质变并不是事物发展的结束，而是在新质的基础上开始了新的量变。质量互变的相互依存和相互转化，促使事物不断由低级向高级发展。质量互变规律体现了事物发展的渐进性和飞跃性的统一。恩格斯指出，"在自然界中，质的变化——以对于每一个别场合都是严格地确定的方式进行——只有通过物质或运动（所谓能）

---

① 恩格斯：《自然辩证法》，中共中央马克思恩格斯列宁斯大林著作编译局编译《马克思恩格斯全集》（第二十卷），人民出版社，1971，第574页。

② 恩格斯：《反杜林论》，中共中央马克思恩格斯列宁斯大林著作编译局编译《马克思恩格斯全集》（第二十卷），人民出版社，1971，第23页。

的量的增加或减少才能发生"，"自然界中一切质的差别，或者基于不同的化学成分，或者基于运动（能）的不同的量或不同的形式，或是——差不多总是这样——同时基于这两者。所以，没有物质或运动的增加或减少，即没有有关的物体的量的变化，是不可能改变这个物体的质的"①；"量和质的转化——两极对立的相互渗透和它们达到极端时的相互转化"②。

中国辩证思维中的"物极必反"观也渗透着质量互变的思想。《周易》中比较系统地阐释了"生生之谓易""日新之谓盛德""极数知来"③"积善之家，必有余庆；积不善之家，必有余殃"④ 等的量变和质变思想。后世思想家劝人要防微杜渐的"千丈之堤，以蝼蚁之穴溃；百尺之室，以突隙之烟焚"⑤"泰山之霤穿石，单极之绠断干。水非石之钻，索非木之锯，渐靡使之然也"⑥；劝人励志的"不积跬步，无以至千里；不积小流，无以成江海""锲而舍之，朽木不折；锲而不舍，金石可镂"⑦ 等名言警句，也都渗透着质量互变的思想。

（5）理性与经验事实、思想与实践并举

在此方面，中国传统辩证智慧与马克思主义唯物辩证法具有显著的相通之处。这可以从两个方面来看。

一是，两者对问题的论证都将理性和经验现象密切相连，否定了走极端的做法。马克思主义唯物辩证法一方面既批判了一味推崇表层化的、狭隘的经验主义而否定抽象概念的做法，另一方面也批判了脱离现实经验事物的纯粹抽象概念的推理与组合。有学者指出，马克思认为，"应该在扬

① 恩格斯：《自然辩证法》，中共中央马克思恩格斯列宁斯大林著作编译局编译《马克思恩格斯全集》（第二十卷），人民出版社，1971，第402页。

② 恩格斯：《自然辩证法》，中共中央马克思恩格斯列宁斯大林著作编译局编译《马克思恩格斯全集》（第二十卷），人民出版社，1971，第357页。

③ 《易·下经卷九·系辞上传》，黄寿祺、张善文撰《周易译注》，上海古籍出版社，2004，第503页。

④ 《易·上经卷一·坤卦第二》，黄寿祺、张善文撰《周易译注》，上海古籍出版社，2004，第31页。

⑤ 《韩非子·喻老》，陈秉才译注《韩非子》，中华书局，2007，第121页。

⑥ 《汉书·枚乘传》，安平秋、张传玺主编《汉书》（第二册），汉语大词典出版社，2004，第1117页。

⑦ 《荀子·劝学》，（清）王先谦撰《荀子集解》，沈啸寰、王星贤点校，中华书局，1988，第8页。

弃简单抽象的基础上一步步地走向思维具体，要通过一种复杂的、辩证的方法在理论体系中展现一种思维具体。在这种思维具体中，一种依赖于更大关涉面、更大范围才能呈现出来的本质现实才会逐渐呈现"，"对于谋求思维具体的辩证法来说，仅仅拘泥于虽感性具体但往往狭小的经验现实，至多是获得一个起点而已。辩证法更应该不断地追求更大、更难把握、往往与某种总体性视野连在一起的本质现实。在《资本论》及其手稿中，马克思理解的辩证法更与这种'本质现实'（可进一步区分为'抽象的本质现实'与'具体的本质现实'）直接相关了。辩证法由此就是一种立足于感性现实去把握层次不断提高的本质现实的方法。感性实存与具体的本质现实构成辩证法的起点与终点。感性实存意义上的'现实'是辩证法立足之本，思维具体意义上的'本质现实'则是辩证法的最高追求"①。中国传统辩证法是建立在具身性哲学基础上的身心合一、灵肉合一、理性与经验现象合一的思维方法。正如有学者对《易经》的评价："它所包罗的世事百态与种种解决法则，它所揭示的深刻体验和精邃行文，都告诉人们，非遍历人世艰难与坎坷的伟大圣哲所不能写。它似乎确实是'经验'之谈。最重要的'经验'就是告知：几乎在任何情况下都是'利君子贞'，都要居中守正，思过修德。'永贞吉'（'贲'）、'利于不息之贞'（'升'），便可概括种种境况下的恒常法则。德，在这儿确实是'经验'的，和利益攸关的，而不像康德所认为的，道德律不能干预幸福的存亡，甚至恰恰与之背反。但是它又不同于建立在感觉主义之上的经验论幸福主义的道德观。这种道德观把幸福看作道德的经验前提，是肤浅的；而在《易经》中，恰恰是'利'成为守德的自然结果，似乎是'天意'对于守德者的一种嘉许。似乎作者正是在无数次的经验事实中认识到了这一客观规律……在《易经》出现数十个世纪以后，马克思对人类未来的憧憬与我们的祖先对人类童年时代的朦胧感悟是如此惊人相似和不谋而合。"②

---

① 刘森林：《辩证法的现实性与开放性》，《光明日报》2016年3月30日，第14版。

② 王晓华：《贞德与道——读〈易〉随感》，安阳周易研究会、安阳周易专修学院编《第九届周易与现代化国际学术讨论会论文汇编》（1998年），转引自张今、罗翊重著《东方辩证法》，河南大学出版社，2002，第481~482、485页。

　　二是，中国传统辩证智慧与马克思主义唯物辩证法都将思维方法付诸行动之中，具有强烈的实践性。马克思主义哲学区别于以往西方哲学的重要特征，就是它的实践性。作为无产阶级改造旧世界、建设新世界的科学方法论，马克思主义唯物辩证法在批判西方传统哲学注重纯思维领域的活动而与实践相脱离缺陷的同时，将哲学导向了人们的生产实践和革命实践，使其对社会实践起到指导作用。马克思指出："理论的对立本身的解决，只有通过实践方式，只有借助于人的实践力量，才是可能的；因此，这种对立的解决绝不只是认识的任务，而是一个现实生活的任务，而哲学未能解决这个任务，正因为哲学把这仅仅看作理论的任务。"[1] 他还指出："人的思维是否具有客观的真理性，这并不是一个理论的问题，而是一个实践的问题。人应该在实践中证明自己思维的真理性，即自己思维的现实性和力量，亦即自己思维的此岸性。"[2] 马克思恩格斯始终旗帜鲜明地宣称："我们的任务是要揭露旧世界，并为建立一个新世界而积极工作。"[3]中国传统辩证法由于是身心合一、物我两忘的辩证法，因此特别推崇"知行合一"的原则，它将"道"的实现与主体自身的日常生活和活动融为一体。对此，中国历史上的哲学家、思想家都多有论述。中国古老典籍《尚书》中就说，"天之历数在汝躬"[4]。孔子、墨子、荀子、二程等人也都提出了明确的观点。王阳明的"知行合一说"是具有代表性的论述："知者行之始，行者知之成。圣学只一个功夫，知行不可分作两事。"[5] 在这里，中国传统辩证智慧在实践形式的表述上可能与马克思主义唯物辩证法不完全等同，马克思主义更强调人的社会实践，但二者的哲学思维都具有强烈的实践性，则是显而易见的。而且，注重"知"与人的日常生活实践的结合，也更容易导向"知"、理论与社会实践和革命实践的结合。

---

[1]　马克思：《1844 年经济学哲学手稿》，中共中央马克思恩格斯列宁斯大林著作编译局编译《马克思恩格斯全集》（第四十二卷），人民出版社，1979，第 127 页。

[2]　马克思：《关于费尔巴哈的提纲》，中共中央马克思恩格斯列宁斯大林著作编译局编译《马克思恩格斯全集》（第三卷），人民出版社，1960，第 3 页。

[3]　马克思：《M 致 R》（马克思致卢格——编者注），中共中央马克思恩格斯列宁斯大林著作编译局编译《马克思恩格斯全集》（第一卷），人民出版社，1956，第 414 页。

[4]　《尚书·大禹谟》，李民、王健撰《尚书译注》，上海古籍出版社，2004，第 32 页。

[5]　《传习录·陆澄录》，（明）王阳明撰《传习录》，于自力、孔薇、杨骅骁注译，中州古籍出版社，2008，第 62 页。

（6）人本主义精神的彰显

马克思主义唯物辩证法在思考问题时，总是以强烈的人本主义精神，探讨如何使人从被异化、物化的现实环境中解脱出来，成为掌握自身命运的人，成为自由地发挥自身的创造力和能量而创造新世界的人。马克思指出："共产主义是私有财产即人的自我异化的积极的扬弃，因而是通过人并且为了人而对人的本质的真正占有；因此，它是人向自身、向社会的（即合乎人性的）人的复归"，"这种共产主义，作为完成了的自然主义，等于人道主义"。① 马克思在 1843 年致卢格的信中说："君主政体的原则总的来说就是轻视人，蔑视人，使人不成其为人"，"这种制度的原则就是使世界不成其为人的世界"，世界于是成为"庸人的世界""政治动物的世界"。②

中国哲学竭力高扬人的主体性的命题。如前所述，中国哲学的人本主义精神，强调人的主体性和有为精神的发挥，强调社会之中的每一个体都是在追求崇高价值的过程中从自在到自为的主体，相信"人皆可以为尧舜"③。后世思想家对此都多有论述，扬雄的"天地之所贵曰生，物之所尊曰人"④，朱熹的"惟人之生乃得其气之正且通者，而其性为最贵"⑤，都是"以人为本"的人文主义精神的彰显。而中国的人文主义精神并不以人为宇宙万物的"太上皇"所自居，向自然毫无顾忌地任意索取，它是以人的修养为中心而打通天人之际，具有整体性眼光，有一种向内下功夫、具有内在超越性的"与天地合其德""厚德载物"的精神境界。这种人文主义正是当今发展生态文明所需求的，也与马克思主义的生态文明观相符合。中国在恪守自身浓郁的人文主义传统而走向大国发展之路的同时，正在将发展科学技术放在重要的位置，力求科学发达和人文

---

① 马克思：《1844 年经济学哲学手稿》，中共中央马克思恩格斯列宁斯大林著作编译局编译《马克思恩格斯全集》（第四十二卷），人民出版社，1979，第 120 页。

② 马克思：《M 致 R》（马克思致卢格——编者注），中共中央马克思恩格斯列宁斯大林著作编译局编译《马克思恩格斯全集》（第一卷），人民出版社，1956，第 411、410 页。

③ 《孟子·告子下》，杨伯峻译注《孟子译注》，中华书局，2010，第 255 页。

④ 《太玄集注卷第九·玄文》，（汉）扬雄撰《太玄集注》，（宋）司马光集注，刘绍军点校，中华书局，1998，第 208 页。

⑤ （宋）朱熹：《大学或问》，朱杰人等主编《朱子全书》（第六册），上海古籍出版社，2002，第 507 页。

彰显并举，走出一条符合国情的崛起之路。在此方面，马克思主义唯物辩证法历来强调科学主义和人文主义的结合与统一，对我们应当有指导性意义。

正是中国传统辩证智慧与马克思主义唯物辩证法有诸多相通之处，中华文化才具有使马克思主义中国化的深厚土壤，才能与马克思主义相交融而使自身实现当代的创造性转化，从而发挥出极大的正向功能。

总之，上述探讨的内容都可被纳入中华优秀传统文化与思想政治教育相融合的教材中，使教材富有特色，既充分吸收了国外优秀文化，突出马克思主义的思想内涵，又彰显了中华优秀传统文化的独特价值和魅力。

（三）使学生深刻理解：马克思主义同中华民族的独立与发展息息相关

2018 年 5 月 4 日，习近平总书记在纪念马克思诞辰 200 周年大会上的讲话中，用一大段话精辟地阐释了马克思主义同中华民族争取独立的命运、同中国特色社会主义发展的关系。这段话应该能够进一步加深学生对马克思主义同中华民族独立与发展息息相关之关系的理解。

习近平总书记指出：

马克思主义不仅深刻改变了世界，也深刻改变了中国。中华民族在几千年的历史进程中创造了灿烂的中华文明，为人类文明进步作出了重大贡献。1840 年鸦片战争以后，西方列强凭着坚船利炮野蛮轰开了中国的大门，中华民族陷入内忧外患的悲惨境地。

帝国主义的野蛮侵略和中国人民的深重苦难引起了马克思高度关注。第二次鸦片战争期间，马克思撰写了十几篇关于中国的通讯，向世界揭露西方列强侵略中国的真相，为中国人民伸张正义。马克思、恩格斯高度肯定中华文明对人类文明进步的贡献，科学预见了"中国社会主义"的出现，甚至为他们心中的新中国取了靓丽的名字——"中华共和国"。

近代以后，争取民族独立、人民解放和实现国家富强、人民幸福就成为中国人民的历史任务。在旧式的农民战争走到尽头，不触动封建根基的自强运动和改良主义屡屡碰壁，资产阶级革命派领导的革命和西方资本主义的其他种种方案纷纷破产的情况下，十月革命一声炮响，为中国送来了马克思列宁主义，给苦苦探寻救亡图存出路的中国人民指明了前进方向、提供了全新选择。

在这个历史大潮中，一个以马克思主义为指导、一个勇担民族复兴历史大任、一个必将带领中国人民创造人间奇迹的马克思主义政党——中国共产党应运而生。

中国共产党诞生后，中国共产党人把马克思主义基本原理同中国革命和建设的具体实际结合起来，团结带领人民经过长期奋斗，完成新民主主义革命和社会主义革命，建立起中华人民共和国和社会主义基本制度，进行了社会主义建设的艰辛探索，实现了中华民族从东亚病夫到站起来的伟大飞跃。这一伟大飞跃以铁一般的事实证明，只有社会主义才能救中国！

改革开放以来，中国共产党人把马克思主义基本原理同中国改革开放的具体实际结合起来，团结带领人民进行建设中国特色社会主义新的伟大实践，使中国大踏步赶上了时代，实现了中华民族从站起来到富起来的伟大飞跃。这一伟大飞跃以铁一般的事实证明，只有中国特色社会主义才能发展中国！

在新时代，中国共产党人把马克思主义基本原理同新时代中国具体实际结合起来，团结带领人民进行伟大斗争、建设伟大工程、推进伟大事业、实现伟大梦想，推动党和国家事业取得全方位、开创性历史成就，发生深层次、根本性历史变革，中华民族迎来了从富起来到强起来的伟大飞跃。这一伟大飞跃以铁一般的事实证明，只有坚持和发展中国特色社会主义才能实现中华民族伟大复兴！

实践证明，马克思主义的命运早已同中国共产党的命运、中国人民的命运、中华民族的命运紧紧连在一起，它的科学性和真理性在中国得到了充分检验，它的人民性和实践性在中国得到了充分贯彻，它的开放性和时代性在中国得到了充分彰显！

实践还证明，马克思主义为中国革命、建设、改革提供了强大思想武器，使中国这个古老的东方大国创造了人类历史上前所未有的发展奇迹。历史和人民选择马克思主义是完全正确的，中国共产党把马克思主义写在自己的旗帜上是完全正确的，坚持马克思主义基本原理同中国具体实际相结合、不断推进马克思主义中国化时代化是完全正确的！

可以告慰马克思的是，马克思主义指引中国成功走上了全面建设社会主义现代化强国的康庄大道，中国共产党人作为马克思主义的忠诚信奉者、坚定实践者，正在为坚持和发展马克思主义而执着努力！①

习近平总书记的这段话有着非常丰富的容量与内涵，概括了自近代以来马克思主义对中华民族争取独立和走中国特色社会主义道路的深刻影响，这是需要有血有肉、生动地向学生进行阐释，让学生深刻理解的。

三　夺取反腐败斗争的压倒性胜利是提升思想政治教育效果的根本性条件

之所以把夺取反腐败斗争的压倒性胜利作为提升培育和践行社会主义核心价值观及思想政治教育效果的根本性条件列入"对策与建议"之中，是因为虽然说反腐败斗争已不纯粹是教育领域内的事情（当然也涉及教育领域的反腐败问题），而是涉及重大的政治性问题，涉及整个国家生死存亡的大问题，但也正是因此，这一问题直接关系着高校培育和践行社会主义核心价值观及思想政治教育的有效性问题。书本中高深而系统的知识和理论，应该得到政治实践、社会实践的有力配合与佐证，否则理论将会显得苍白无力，失去了充分的说服力。高校的学生是具有一定的理论知识基础和判断能力、独立思维能力的青年人，他们不会仅仅囿于课本知识的背诵，而往往会将理论知识的学习与社会现实相联系、相挂钩，若感到理论与现实不符，那么对理论的学习和接受就会大打折扣，从而降低了理论学习的有效性。对于该问题的问卷调研，也恰恰给予了有力的说明。

在《高校思想政治教育调查问卷》中，对于第30题"你认为，当前高

---

① 习近平：《在纪念马克思诞辰 200 周年大会上的讲话》，http：//www. xinhuanet. com/politics/2018 - 05/04/c_ 1122783997. htm。

校思想政治教育存在问题的原因是",学生的选择依次为"思想政治教育的吸引力不足"（53.51%）、"社会环境复杂"（48.71%）、"思想政治教育不能内化于心"（48.53%）、"网络对思想政治意识的淡化"（45.62%）、"外来文化对价值观的冲击"（41.75%）、"对思想政治教育不够重视"（33.82%）、"校园风气不良"（23.07%）、"教师队伍建设不够"（13.49%）、"其他"（0.89%）。由上可见，选择"社会环境复杂"的在9个选项中居第二位，仅次于第一位的"思想政治教育的吸引力不足"。当然，社会环境复杂并不仅仅限于官场的腐败，但官场的腐败恐怕是根源性的问题。这一问题的存在，对青年人的认知具有较强烈的冲击力。

在《高校培育和践行社会主义核心价值观调查问卷》（学生版）中，第4题"你认为，影响大学生确立社会主义核心价值观的最主要原因是"，学生对此的选择依次是："网络信息时代各种媒体传播负面信息的作用和影响"（68.90%）、"腐败现象、不正之风的影响"（62.06%）、"全球化背景下西方价值观念的渗透和冲击"（47.66%）、"当代大学生自身存在的弱点"（45.77%）、"理论上的社会主义核心价值观与现实反差太大"（45.26%）、"家庭教育的缺失"（34.12%）、"学校价值观教育效果不好"（24.81%）、"遵循社会主义核心价值观，在现实生活中会吃亏"（19.14%）。可见，学生选择"腐败现象、不正之风的影响"的达62.06%，在8个选项中居第二位，学生对此的感触是相当大的，应当引起重视。

该问卷中的第6题"你对下列问题的关注程度"，若把"非常关注""比较关注"两项的选择相加，那么学生的选择依次是"大学生就业"（50.19%＋36.43%＝86.62%）、"社会道德现状"（36.09%＋47.25%＝83.34%）、"教育平等"（37.05＋42.01%＝79.06%）、"民生问题"（19.51%＋48.85%＝68.36%）、"国际关系"（18.00%＋43.44%＝61.44%）、"反腐倡廉"（19.34%＋40.48%＝59.82%）、"民族团结"（18.07%＋40.39%＝58.46%）。从选择的顺序看，虽然"反腐倡廉"这一项排序并不靠前，但我们认为学生并非对这一项不关心，而是这几项都属于社会中的热门话题，并且与学生切身利益直接相关的大学生就业、社会道德现状、教育平等、民生问题等，也都与反腐倡廉问题密切相关。因此，此题的选择与前道题的选择并不矛盾。

在《高校培育和践行社会主义核心价值观调查问卷》（专业教师版）中，第 5 题"您认为，影响学生学习社会主义核心价值观效果的因素有"，专业教师对此的选择依次是"社会环境"（62.15%）、"校风、院风、班风"（61.48%）、"教师的积极性"（57.36%）、"学生的积极性"（56.60%）、"教学方式"（55.68%）、"其他"（2.02%）。可见专业教师们也认为，社会环境是影响学生学习社会主义核心价值观的第一重要因素。这从另一个角度说明了以反腐倡廉斗争为中心的社会环境对学生影响的力度之大，不容我们有丝毫忽略。

另外，前述对思政教师的访谈中，几位教师的谈话，也证明了社会大环境对思想政治教育的影响，加大了思政教师教学的难度。还有，前述江南大学思政课的经验中也提到，该校马克思主义学院院长张云霞说："十九大召开后，我们曾经做过一次'你最关心的十九大话题'课堂调查，学生课上投票，选出了他们最关心的问题。从统计结果看，'夺取反腐败的压倒性胜利'等成为学生最关注的话题。学生关心的也是课堂关注的，对学生关心的实质性问题进行对接式的回应，彰显了思政课对学生进行思想引领的功能。"

总之，事实一再证明，夺取反腐败斗争的压倒性胜利，或者说绝对性胜利，是提高培育和践行社会主义核心价值观及思想政治教育有效性的根本性条件。在这一过程中，高校所有教师和员工都应当首先从自身做起，严于律己，并善于对学生进行引导。与此同时，更需要在党的领导下，全社会戮力同心净化社会环境，提升道德素养，严厉惩治腐败，构建公平、公正、相知、相爱的和谐社会。

习近平总书记在党的十九大报告中，首先总结了十八大以来反腐倡廉的成就：全面从严治党成效卓著。全面加强党的领导和党的建设，坚决改变管党治党宽松软状况。推动全党尊崇党章，增强政治意识、大局意识、核心意识、看齐意识，坚决维护党中央权威和集中统一领导，严明党的政治纪律和政治规矩，层层落实管党治党政治责任。坚持照镜子、正衣冠、洗洗澡、治治病的要求，开展党的群众路线教育实践活动和"三严三实"专题教育，推进"两学一做"学习教育常态化制度化，全党理想信念更加坚定、党性更加坚强。贯彻新时期好干部标准，选人用人状况和风气明显好转。党的建设制度改革深入推进，党内法规制度体系不断完善。把纪律挺在前面，着力解决人民群众反映最强烈、对党的执政基础威胁最大的突出问题。出台中央八项规定，严厉整治形式主义、官僚主义、享乐主义和奢靡之风，坚决反对特权。巡视利剑作用彰显，实现中央和省级党委巡视全覆盖。坚持反腐败无禁区、全覆盖、零容忍，坚定不移"打虎""拍蝇""猎狐"，不敢腐的目标初步实现，不能腐的笼子越扎越牢，不想腐的堤坝正在构筑，反腐败斗争压倒性态势已经形成并巩固发展。习近平指出："五年来，我们勇于面对党面临的重大风险考验和党内存在的突出问题，以顽强意志品质正风肃纪、反腐惩恶，消除了党和国家内部存在的严重隐患，党内政治生活气象更新，党内政治生态明显好转，党的创造力、凝聚力、战斗力显著增强，党的团结统一更加巩固，党群关系明显改善，党在革命性锻造中更加坚强，焕发出新的强大生机活力，为党和国家事业发展提供了坚强政治保证。"与此同时，习近平总书记又进一步提出了今后反腐倡廉的重大任务："我们党要始终成为时代先锋、民族脊梁，始终成为马克思主义执政党，自身必须始终过硬。全党要更加自觉地坚定党性原则，勇于直面问题，敢于刮骨疗毒，消除一切损害党的先进性和纯洁性的因素，清除一切侵蚀党的健康肌体的病毒，不断增强党的政治领导力、思想引领力、群众组织力、社会号召力，确保我们党永葆旺盛生命力和强大战斗力。""坚持全面从严治党。勇于自我革命，从严管党治党，是我们党最鲜明的品格。必须以党章为根本遵循，把党的政治建设摆在首位，思想建党和制度治党同向发力，统筹推进党的各项建设，抓住'关键少数'，坚持'三严三实'，坚持民主集中制，严肃党内政治生活，严明党的纪律，强化党内监督，发展积极健康的党内政治文化，全面净化党内政治生态，坚决纠正各种不正之风，以零容忍态度惩治腐败，不断增强党自我净化、自我完善、自我革新、自我提高的能力，始终保持党同人民群众的血肉联系。""全面从严治党永远在路上。一个政党，一个政权，其前途命运取决于人心向背。人民群众反对什么、痛恨什么，我们就要坚决防范和纠正什么。全党要清醒地认识到，我们党面临的执政环境是复杂的，影响党的先进性、弱化党的纯洁性的因素也是复杂的，党内存在的思想不纯、组织不纯、作风不纯等突出问题尚未得到根本解决。要深刻认识党面临的执政考验、改革开放考验、市场经济考验、外部环境考验的长期性和复杂性，深刻认识党面临的精神懈怠危险、能力不足危险、脱离群众危险、消极腐败危险的尖锐性和严峻性，坚持问题导向，保持战略定力，推动全面从严治党向纵深发展。""夺取反腐败斗争压倒性胜利。人民群众最痛恨腐败现象，腐败是我们党面临的最大威胁。只有以反腐败永远在路上的坚韧和执着，深化标本兼治，保证干部清正、政府清廉、政治清明，才能跳出历史周期律，确保党和国家长治久安。当前，反腐败斗争形势依然严峻复杂，巩固压倒性态势、夺取压倒性胜利的决心必须坚如磐石。要坚持无禁区、全覆盖、零容忍，坚持重遏制、强高压、长震慑，坚持受贿行贿一起查，坚决防止党内形成利益集团。在市县党委建立巡查制度，加大整治群众身边腐败问题力度。不管腐败分子逃到哪里，都要缉拿归案、绳之以法。推进反腐败国家立法，建设覆盖纪检监察系统的检举举报平台。强化不敢腐的震慑，扎牢不能腐的笼子，增强不想腐的自觉，通过不懈努力换来海晏河清、朗朗乾坤。""要加强对权力运行的制约和监督，让人民监督权力，让权力在阳光下运行，把权力关进制度的笼子。"① 总之，习近平总书记在党的第十九次全国代表大会上的报告提振了全体人民反腐败斗争的决心和信心，明确了反腐败斗争的方向和目标，增强了反腐败斗争的勇气和底气，这对于提升高校培育和践行社会主义核心价值观及思想政治教育的有效性有着极大的助推作用。

培育和践行社会主义核心价值观的责任重大，培养青年一代成长成才的立德树人任重道远。我们的研究只是取得了阶段性成果，随着时代的发展、认知的深化、研究方法和手段的进一步科学化，研究将会更上一层楼，将会拿出更具实效、更切实际的措施与方法。我们的目的只有一个：培养青年一代健康成长成才，使其能担负起中华民族伟大复兴的时代重任。

在此，借用习近平总书记在党的十九大报告中的一段话结束本书的内容："青年兴则国家兴，青年强则国家强。青年一代有理想、有本领、有担当，国家就有前途，民族就有希望。中国梦是历史的、现实的，也是未

---

① 习近平：《决胜全面建成小康社会 夺取新时代中国特色社会主义伟大胜利——在中国共产党第十九次全国代表大会上的报告》，http://www.xinhuanet.com/politics/19cpcnc/2017－10/27/c_ 1121867529. htm 。

来的；是我们这一代的，更是青年一代的。中华民族伟大复兴的中国梦终将在一代代青年的接力奋斗中变为现实。全党要关心和爱护青年，为他们实现人生出彩搭建舞台。广大青年要坚定理想信念，志存高远，脚踏实地，勇做时代的弄潮儿，在实现中国梦的生动实践中放飞青春梦想，在为人民利益的不懈奋斗中书写人生华章！"①

①　习近平：《决胜全面建成小康社会 夺取新时代中国特色社会主义伟大胜利——在中国共产党第十九次全国代表大会上的报告》，http：//www.xinhuanet.com/politics/19cpcnc/2017－10/27/c_1121867529.htm 。

附　录

附录为高校培育和践行社会主义核心价值观及思想政治教育调查的七套问卷内容。这七套问卷分别是：

1. 大学生社会主义核心价值观认同感量表（试测版）
2. 大学生社会主义核心价值观认同感量表（正式版）
3. 高校培育和践行社会主义核心价值观调查问卷（学生版）
4. 大学生中华优秀传统文化知识测验问卷
5. 高校培育和践行社会主义核心价值观调查问卷（思政人员版）
6. 高校培育和践行社会主义核心价值观调查问卷（专业教师版）
7. 高校思想政治教育调查问卷

附录一　大学生社会主义核心价值观认同感量表（试测版）

指导语：

您好！以下是一些有关态度和行为的陈述。请仔细阅读每项陈述，看看你是否赞同。请逐题在相应的选项（1＝非常不同意；2＝有点不同意；3＝中立；4＝有点同意；5＝非常同意）上画"√"，表明你同意该看法的程度。问卷匿名保密，仅作科学研究使用。敬请如实表达你的看法。回答无所谓对错好坏，请以第一反应作答。

内容	同意程度(在相应数字上画"√")				
	完全 不同意	比较 不同意	中立	比较 同意	完全 同意
1　我国的经济发展健康快速,充满希望	1	2	3	4	5
2　国民的生活水平稳步提升	1	2	3	4	5
3　我国有实力维护国家领土主权	1	2	3	4	5
4　航天事业体现了我们强大的综合国力	1	2	3	4	5
5　我国有能力应对全球化带来的影响和冲击	1	2	3	4	5
6　成功举办奥运会等国际赛事展现国家影响力	1	2	3	4	5
7　我国有应对重大自然灾害的能力	1	2	3	4	5
8　我国医疗卫生保障达到较高水平	1	2	3	4	5
9　国家事务按照少数服从多数的原则进行决策	1	2	3	4	5
10　我国的民主党派发挥了参政议政的职能	1	2	3	4	5
11　各级组织能营造各抒己见的氛围	1	2	3	4	5
12　各级组织的信息公开及时、准确	1	2	3	4	5
13　公民的监督权和知情权得到了保障	1	2	3	4	5
14　村委会(居委会)发挥出其应有的作用	1	2	3	4	5
15　国民教育水平居于世界前列	1	2	3	4	5
16　国民生活中经常使用礼貌用语	1	2	3	4	5
17　我国保护了传统文化的精粹	1	2	3	4	5
18　当今社会能够弘扬传统美德	1	2	3	4	5
19　金钱是万能的	1	2	3	4	5
20　多数国民能文明出游	1	2	3	4	5
21　国民整体素质达到较高水平	1	2	3	4	**5**
22　多数国民能遵守公共秩序	1	2	3	4	5
23　我们有稳定安全的社会环境	1	2	3	4	5
24　我国各个民族能友好和谐相处	1	2	3	4	5
25　我国注重保护弱势人群的权益	1	2	3	4	5
26　我的周围很少出现重大的不良社会事件	1	2	3	4	5
27　保护环境与发展经济同等重要	1	2	3	4	5
28　大多数人没有地域偏见	1	2	3	4	5
29　我国环境保护问题日益突出	1	2	3	4	5
30　广电总局应该对影视作品进行审核	1	2	3	4	5
31　禁止违反道德规范的行为艺术	1	2	3	4	5
32　每个人对自己的言论负责	1	2	3	4	5
33　媒体有权利进行完全没有限制的报道	1	2	3	4	5
34　公民有权利做任何不违法的事	1	2	3	4	5
35　我国社会尊重个人的爱情自由	1	2	3	4	5
36　我国尊重国民的宗教信仰	1	2	3	4	5
37　我国城乡差距正在逐渐缩小	1	2	3	4	5
38　我国保障了城市外来务工人员的权利	1	2	3	4	5

内容	同意程度（在相应数字上画"√"）				
	完全不同意	比较不同意	中立	比较同意	完全同意
39 "男主外、女主内"的观念是合理的	1	2	3	4	5
40 男性和女性享有同样的就业机会	1	2	3	4	5
41 我国的穷人和富人在社会中是平等的	1	2	3	4	5
42 大龄单身女青年承受更多社会压力	1	2	3	4	5
43 任何人都有使用公用设施的权利	1	2	3	4	5
44 凭借自己的实力就可以获得理想的工作	1	2	3	4	5
45 我国司法机关能够维护法律的尊严	1	2	3	4	5
46 见义勇为的人常常没有受到应有的尊重和褒奖	1	2	3	4	5
47 人们获得的报酬与他们的劳动成果相匹配	1	2	3	4	5
48 任人唯亲的现象十分普遍	1	2	3	4	5
49 我国能够公正分配教育资源	1	2	3	4	5
50 我国注重保护知识产权	1	2	3	4	5
51 没有规矩,不成方圆	1	2	3	4	5
52 我国的法律体系非常完善	1	2	3	4	5
53 我国法律对犯罪行为有足够威慑力	1	2	3	4	5
54 我国的法制观念尚未深入人心	1	2	3	4	5
55 我愿意通过法律途径维护自己的权利	1	2	3	4	5
56 天网恢恢,疏而不漏	1	2	3	4	5
57 我为中国5000年悠久的历史文化感到自豪	1	2	3	4	5
58 任何人都不能侮辱或损害国旗和国徽	1	2	3	4	5
59 个人的一言一行都代表着国家形象	1	2	3	4	5
60 我反感台独、藏独等言论	1	2	3	4	5
61 我对有损国家形象的行为和言论感到愤怒	1	2	3	4	5
62 激进的爱国行为(如:打砸日本汽车)是可以理解的	1	2	3	4	5
63 我对于那些买日货的国民不抱好感	1	2	3	4	5
64 我们没有忘记历朝历代为国征战的人	1	2	3	4	5
65 我对学习和工作经常充满激情	1	2	3	4	5
66 我不允许自己出现迟到或早退的行为	1	2	3	4	5
67 平凡的岗位也可以创造辉煌	1	2	3	4	5
68 如果工作需要我牺牲个人利益,我会感觉很愤怒	1	2	3	4	5
69 我不能容忍工作出现失误	1	2	3	4	5
70 工作失职的责任由相关个人承担	1	2	3	4	5
71 遵守职业道德是各行业的底线	1	2	3	4	5
72 认真工作的人值得尊敬	1	2	3	4	5

续表

内容		同意程度(在相应数字上画"√")				
		完全 不同意	比较 不同意	中立	比较 同意	完全 同意
73	言必行,行必果	1	2	3	4	5
74	不守时是一件小事儿,影响不大	1	2	3	4	5
75	我喜欢和实话实说的人交往	1	2	3	4	5
76	我国建立了严格的制度以惩戒弄虚作假	1	2	3	4	5
77	"缺斤少两"是个大问题	1	2	3	4	5
78	我国的市场经济具有契约精神	1	2	3	4	5
79	造假行为是可耻的	1	2	3	4	5
80	我不会轻易迁怒别人	1	2	3	4	5
81	多数人都会在别人需要帮助的时候伸出援手	1	2	3	4	5
82	真诚对待他人会使自己容易受到伤害	1	2	3	4	5
83	我愿意给流浪动物以力所能及的帮助	1	2	3	4	5
84	即使很累,我也愿意给老弱病残孕让座	1	2	3	4	5
85	陌生人我也经常报以微笑	1	2	3	4	5
86	我会怀疑乞讨者的真实性	1	2	3	4	5
87	大部分国民都是心怀善意的	1	2	3	4	5

附录二 大学生社会主义核心价值观
认同感量表（正式版）

亲爱的同学:

你好! 欢迎你参加国家社会科学基金（教育学）重大招标课题的调研。问卷匿名保密,回答没有对错好坏,仅作科研使用,请如实表达你的看法。非常感谢你对本研究的支持!

课题组
2017 年 7 月

一、性别 　　( )　　1. 男　2. 女

二、学生干部　( )　　1. 是　2. 否

三、独生子女　( )　　1. 是　2. 否

四、年级 ( )

本科生：1. 大一　2. 大二　3. 大三　4. 大四

硕士生：1. 硕一　2. 硕二　3. 硕三

博士生：1. 博一　2. 博二　3. 博三及以上

五、专业类别（　　）

1. 人文社科　2. 理工农医　3. 体育艺术　4. 军警国防　5. 其他

六、生源地（　　）

1. 农村　2. 中小城市（县城、地级市）　3. 大城市（省会级城市）

七、政治面貌（　　）

1. 中共党员　2. 共青团员　3. 其他

八、学校名称（　　　　　　　　　　　）

指导语：

以下是一些有关态度和行为的陈述，请仔细阅读每项陈述，看你是否赞同。请逐题在相应的选项（1 = 完全不同意；2 = 比较不同意；3 = 中立；4 = 比较同意；5 = 完全同意）上画"√"，表明你同意该看法的程度。请以第一反应作答，谢谢！

内容	同意程度（在相应数字上画"√"）				
	完全 不同意	比较 不同意	中立	比较 同意	完全 同意
1. 我们有稳定安全的社会环境	1	2	3	4	5
2. 广电总局应该对影视作品进行审核	1	2	3	4	5
3. 我对学习和工作经常充满激情	1	2	3	4	5
4. 我国各个民族能友好和谐相处	1	2	3	4	5
5. 禁止违反道德规范的行为艺术	1	2	3	4	5
6. 言必行，行必果	1	2	3	4	5
7. 我国有实力维护国家领土主权	1	2	3	4	5
8. 我国保障了城市外来务工人员的权利	1	2	3	4	5
9. 任何人都不能侮辱或损害国旗和国徽	1	2	3	4	5
10. 我国各级组织能营造各抒己见的氛围	1	2	3	4	5
11. 每个人对自己的言论负责	1	2	3	4	5
12. 我不允许自己出现迟到或早退的行为	1	2	3	4	5
13. 航天事业体现了我们强大的综合国力	1	2	3	4	5
14. 男性和女性享有同样的就业机会	1	2	3	4	5
15. 多数人都会在别人需要帮助的时候伸出援手	1	2	3	4	5
16. 我国各级组织的信息公开及时、准确	1	2	3	4	5
17. 在我国，人们获得的报酬与他们的劳动成果相匹配	1	2	3	4	5

续表

内容	同意程度（在相应数字上画"√"）				
	完全 不同意	比较 不同意	中立	比较 同意	完全 同意
18. 个人的一言一行都代表着国家形象	1	2	3	4	5
19. 我国有能力应对全球化带来的影响和冲击	1	2	3	4	5
20. 我国的穷人和富人在社会中是平等的	1	2	3	4	5
21. 平凡的岗位也可以创造辉煌	1	2	3	4	5
22. 我国公民的监督权和知情权得到了保障	1	2	3	4	5
23. 我愿意通过法律途径维护自己的权利	1	2	3	4	5
24. 我反感台独、藏独等言论	1	2	3	4	5
25. 我国成功举办奥运会等国际赛事展现国家影响力	1	2	3	4	5
26. 我国社会尊重个人的爱情自由	1	2	3	4	5
27. 我对有损国家形象的行为和言论感到愤怒	1	2	3	4	5
28. 我国村委会(居委会)发挥出其应有的作用	1	2	3	4	5
29. 我国能够公正分配教育资源	1	2	3	4	5
30. 我不能容忍工作出现失误	1	2	3	4	5
31. 我国多数国民能文明出游	1	2	3	4	5
32. 我国尊重国民的宗教信仰	1	2	3	4	5
33. "缺斤少两"是个大问题	1	2	3	4	5
34. 我国国民整体素质达到较高水平	1	2	3	4	5
35. 任何人都有使用公用设施的权利	1	2	3	4	5
36. 即使很累,我也愿意给老弱病残孕让座	1	2	3	4	5
37. 我国多数国民能遵守公共秩序	1	2	3	4	5
38. 我国注重保护知识产权	1	2	3	4	5
39. 对陌生人我也经常报以微笑	1	2	3	4	5
40. 遵守职业道德是各行业的底线	1	2	3	4	5
41. 我国大部分国民都是心怀善意的	1	2	3	4	5

附录三　高校培育和践行社会主义核心
价值观调查问卷（学生版）

下列是有关问题的征询。请你逐题在相应的选项上画"√"号（有些问题已注明可有多个选项）。请以第一反应作答，谢谢！

1. 你认为，一个国家具有全民认可的核心价值观，形成伦理共识：

   A. 十分必要　　　　　　　B. 有一定必要

   C. 无所谓　　　　　　　　D. 没有必要

2. 你认为，核心价值观与价值观多元化之间的关系是：

   A. 核心价值观是轴心和根基

   B. 核心价值观只是多元价值观的一种

   C. 二者并行不悖

   D. 二者并无质的区别

3. 你最初是通过哪些途径了解到社会主义核心价值观（此题可多选）：

   A. 电视广播　　　　　　　B. 书刊杂志

   C. 网络媒体　　　　　　　D. 家人或朋友

   E. 榜样楷模　　　　　　　F. 教师

   G. 党团活动　　　　　　　H. 其他（请写出来）＿＿＿＿＿＿＿

4. 你认为，影响大学生确立社会主义核心价值观的最主要原因是（此题可多选）：

   A. 腐败现象、不正之风的影响

   B. 全球化背景下西方价值观的渗透和冲击

   C. 学校价值观教育效果不好

   D. 网络信息时代各种媒体传播负面信息的作用和影响

   E. 家庭教育的缺失

   F. 当代大学生自身存在的弱点

   G. 遵循社会主义核心价值观，在现实生活中会吃亏

   H. 理论上的社会主义核心价值观与现实反差太大

5. 你认为，你校网站关于社会主义核心价值观内容的更新情况：

   A. 更新及时　　　　　　　B. 更新滞后

   C. 从不更新　　　　　　　D. 不清楚

6. 你对下列问题的关注程度：

项目	非常关注	比较关注	偶尔关注	不关注
国际关系				
民生问题				
反腐倡廉				
民族团结				
大学生就业				
教育平等				
社会道德现状				

7. 你所在学校宣传社会主义核心价值观的主要方式有（此题可多选）：

    A. 思政课程　　　　B. 党、团教育　　　　C. 课外实践活动

    D. 网络互动　　　　E. 读书评论活动　　　F. 学生手册和各类评优活动

    G. 其他（请写出来）＿＿＿＿＿＿＿＿　　　　H. 不清楚

8. 你对当前学校进行的社会主义核心价值观的培育和实践的看法是：

    A. 高效且有趣　　　　B. 尚可接受　　　　C. 无用且浪费时间

    D. 过于形式化　　　　E. 无所谓，不关心

9. 你认为，要让大学生认同与践行社会主义核心价值观，哪些方面的教育引导更为重要（此题可多选）：

    A. 理想信念　　　　B. 价值取向　　　　C. 社会责任

    D. 诚信意识　　　　E. 团队协作观念　　F. 艰苦奋斗精神

    G. 心理素质　　　　H. 其他（请写出来）＿＿＿＿＿＿＿＿

10. 你愿意通过哪种途径来学习社会主义核心价值观（此题可多选）：

    A. 学校教育　　　　B. 家庭教育　　　　C. 电视广播

    D. 网络学习　　　　E. 社区宣传　　　　F. 实践活动

    G. 其他（请写出来）＿＿＿＿＿＿＿＿

11. 你认为，在大学生中进行社会主义核心价值观教育的重点是（此题可多选）：

    A. 培养正确的价值观　　　　　　B. 加强校园文化建设

    C. 建设良好舆论环境　　　　　　D. 防止西方文化入侵

    E. 宣传法制观念　　　　　　　　F. 加强爱国教育

12. 你所在学校的文化氛围对你的影响：

    A. 非常强烈，不可磨灭　　　　　B. 影响较大

    C. 有一定影响　　　　　　　　　D. 没什么影响

13. 你所在学校举行的文化活动中，你印象最深刻的活动是：

    A. 知识竞赛与演讲   B. 志愿者服务活动

    C. 学术讲座   D. 其他（请写出来）_____

14. 你所在学校在开设通识教育课程方面：

    A. 普遍开设   B. 较多开设

    C. 较少开设   D. 没有开设

15. 若你已选修通识教育课程，你认为该课程对于你整体素养的提升：

    A. 影响非常大   B. 影响比较大

    C. 有一定影响   D. 没有影响

16. 你所在学校开设的微信平台对于中华优秀传统文化的宣传：

    A. 频次较多   B. 频次一般

    C. 偶尔有涉及   D. 尚未涉及

17. 你所在学校关于中华优秀传统文化的宣传有无专家的在线辅导：

    A. 有，且经常辅导   B. 有，每学期 1～2 次辅导

    C. 有，但不定期地辅导   D. 没有开通专家在线辅导

18. 你认为，在高校宣讲和传播中华优秀传统文化的最好方式是：

    A. 通过课堂主渠道   B. 通过学校或院系组织的各种文化活动

    C. 通过推荐读书活动   D. 通过相关学术讲座或在线交流

19. 面对多种文化，你往往会采取以下哪种态度：

    A. 经过自己独立思考来取舍   B. 有自己的思考，但受教师或同学影响

    C. 以大多数人的选择为主   D. 不假思索全盘接受

20. 在"大众创业，万众创新"的时代，你认为通晓文化与创新的关系是：

    A. 有力地推动和激励创新   B. 对推动和激励创新有一定作用

    C. 推动和激励作用不明显   D. 会成为创新的障碍

21. 你所在学校的心理咨询中心在疏导学生心理的工作中：

    A. 起到了重要作用   B. 起到了一定的作用

    C. 起到的作用较小   D. 几乎没有作用

22. 你认为，当前高校社会主义核心价值观的培育和践行存在哪些问题？

    （此题请简要自答）

附录四　大学生中华优秀传统文化知识测验问卷

　　下列是我国传统文化有关方面的问题。每题给出的四个选项中，只有一个选项是正确的，请在正确的选项上画"√"号。请以第一反应作答，谢谢！

1. "己所不欲，勿施于人"出自以下哪部作品：

　　A.《论语》　　　　B.《孟子》　　　C.《诗经》　　　D.《道德经》

2. 素有"书圣"之称的王羲之是东晋时期的大书法家，他的代表作是：

　　A.《洛神赋十三行》　　　　　　B.《兰亭序》

　　C.《多宝塔碑》　　　　　　　　D.《皇甫诞碑》

3. 您知晓"中庸之道"的真实含义吗：

　　A. 无原则的折中，和稀泥

　　B. 执中平和，行为的适度、处事的智慧

　　C. 形而上学的极端之举

　　D. 做事畏首畏尾，难以定夺

4. 具有世界性影响的《本草纲目》的作者是：

　　A. 张仲景　　　　B. 孙思邈　　　　C. 李时珍　　　D. 华佗

5. 被鲁迅先生誉为"史家之绝唱，无韵之《离骚》"的作品是：

　　A.《左传》　　　B.《资治通鉴》　　C.《史记》　　　D.《汉书》

6. 《窦娥冤》是中国的著名悲剧之一，其作者是元代戏曲家：

　　A. 马致远　　　　B. 王实甫　　　　C. 白朴　　　　D. 关汉卿

7. 魏源是中国近代较早接触西方思想的思想家，由他编订了：

　　A.《四洲志》　　　　　　　　　B.《海国图志》

　　C.《瀛环志略》　　　　　　　　D.《盛世危言》

8. 数学中我们所知的圆周率（π）在我国古代就已经有科学家将其计算到小数第 7 位了，这位科学家是：

　　A. 张衡　　　　　　B. 祖冲之　　　　C. 刘徽　　　　D. 杨辉

9. 《水经注》既是一部优秀的地理学著作，同时又具有很高的文学和史学价值。它的作者是北魏时期的地理学家：

A. 郦道元　　　　　B. 徐霞客　　　C. 裴秀　　　　D. 祖冲之

10. 我国和世界科学技术史上的重要著作《梦溪笔谈》的作者是：

A. 蔡伦　　　　　　B. 沈括　　　　C. 毕昇　　　　D. 宋应星

11. 曾写下"安得广厦千万间，大庇天下寒士俱欢颜，风雨不动安如山"的诗人是：

A. 孟浩然　　　　　B. 苏轼　　　　C. 白居易　　　D. 杜甫

12. 被誉为世界上"第八大奇迹"的是：

A. 湖南马王堆汉墓　　　　　　B. 北京圆明园

C. 三星堆古文化遗址　　　　　D. 秦始皇陵兵马俑

13. 1661 年，率领大军渡海收复台湾，赶走荷兰殖民者的民族英雄是：

A. 郑和　　　　　　B. 文天祥　　　C. 戚继光　　　D. 郑成功

14. "靖康耻，犹未雪；臣子恨，何时灭？驾长车，踏破贺兰山缺！壮志饥餐胡虏肉，笑谈渴饮匈奴血。待从头，收拾旧山河，朝天阙！"这首词出自：

A. 辛弃疾　　　　　B. 苏轼　　　　C. 岳飞　　　　D. 文天祥

15. 活字印刷术的发明者是：

A. 蔡伦　　　　　　B. 毕昇　　　　C. 沈括　　　　D. 孙思邈

16. "秦时明月汉时关，万里长征人未还。但使龙城飞将在，不教胡马度阴山"这首《出塞二首·其一》诗的作者是：

A. 王国维　　　　　B. 李白　　　　C. 杜甫　　　　D. 王昌龄

17. "穷则独善其身，达则兼善天下"这句话出自哪部书：

A.《论语》　　B.《孟子》　　C.《道德经》　　D.《墨子》

18. "为天地立心，为生民立命，为往圣继绝学，为万世开太平"的作者是：

A. 张载　　　　　　B. 周敦颐　　　C. 程颢　　　　D. 程颐

19. 民本思想我国古已有之。您知道"民惟邦本，本固邦宁"这句话出自哪部书吗：

A.《孟子》　　　　B.《论语》　　C.《荀子》　　D.《尚书》

20. "景泰蓝"是中国哪个城市的著名手工艺品：

A. 江苏宜兴市　　B. 北京市　　C. 山东淄博市　　D. 福建德化县

21. "老吾老以及人之老，幼吾幼以及人之幼"是中华民族的传统美德，最早提出这句话的人是：

    A. 孔子   B. 老子   C. 曾子   D. 孟子

22. 对联"风声雨声读书声，声声入耳；家事国事天下事，事事关心"出自：

    A. 岳麓书院   B. 集贤书院   C. 嵩山书院   D. 东林书院

附录五　高校培育和践行社会主义核心价值观调查问卷（思政人员版）

尊敬的老师：

    您好！欢迎您参加国家社会科学基金（教育学）重大招标课题的调研。请逐题在相应的选项上画"√"号（有些问题可有多个选项）。问卷匿名保密，仅作科研使用，请如实表达您的看法。回答没有对错好坏，请以第一反应作答。非常感谢您对本研究的支持！

一、性别（　　）　　1. 男　　　　2. 女

二、学历（　　）　　1. 博士　　2. 硕士　　　3. 本科　　4. 其他

三、职称（　　）　　1. 教授　　2. 副教授　　3. 讲师　　4. 其他

四、思政工作（主要）岗位或类别（　　）

1. 辅导员　　2. 科级领导　　3. 处级及以上领导　　4. 其他

五、从事思政工作时间（　　）

    1. 0~4 年　　2. 5~8 年　　3. 9~12 年　　4. 12 年以上

1. 您对高校培育和践行社会主义核心价值观的看法是：

    A. 赞成，认为很有必要   B. 赞成，但方式需要改善

    C. 不赞成，效果很不明显   D. 不赞成，浪费时间

    E. 无所谓，有没有都可以

2. 您认为，社会主义核心价值观对于大学生思想教育的作用：

    A. 成效显著   B. 比较有成效

C. 成效一般　　　　　　　　　　D. 没有成效

3. 您认为，当前社会主义核心价值观培育过程中存在的问题有（此题可多选）：

A. 过于形式化，流于表面　　　　B. 缺乏创新，难以引起学生兴趣

C. 不注重理论与实践相结合　　　D. 不注重因材施教，压抑学生个性

E. 过于频繁，引起学生反感　　　F. 间隔时间太长，没有效果

G. 其他（请写出来）_____

4. 您在做学生工作时如何对待不同民族的学生：

A. 一视同仁，不加区别

B. 照顾不同民族差异，区别对待

C. 更关注少数民族同学的思想发展

D. 担心不同民族同学之间是否可以和谐相处

5. 您所管理的学生干部是如何产生的：

A. 完全根据学生选举产生　　　　B. 结合学生选举和个人任命产生

C. 个人直接任命产生　　　　　　D. 学生轮流担任学生干部

E. 不清楚

6. 您怎么看待学生干部和普通学生：

A. 完全相同，没有区别　　　　　B. 学生干部犯错应从轻处罚

C. 评优奖先应更多考虑学生干部　D. 对学生干部更加严格要求

E. 平时更注重给普通学生提供历练机会　F. 不清楚

7. 您怎么看待学生提出的工作建议：

A. 不予接纳，学生的建议太过片面

B. 学生的建议有道理，但为维护威严，表面拒绝，实际采纳

C. 视情况而定，对的就可以接受

D. 不管学生提出何种意见，首先鼓励学生敢于提出不同意见的勇气

8. 您认为，目前和谐的校园文化建设应该在哪些方面加强（此题可多选）：

A. 宣传学校核心价值追求　　　　B. 加强师德师风和学术道德建设

C. 开展丰富多彩的校园文化活动　D. 加强校园环境设施建设

E. 利用网络技术加强文化宣传　　F. 其他（请写出来）_____

9. 您认为，教师如何更好疏导学生心理，塑造学生的健康人格（此题可

多选）：

A. 加强心理学知识的学习　　B. 开展谈心活动，倾听学生心理困惑

C. 为人师表，做学生榜样　　D. 课堂渗透人生观、价值观教育

E. 其他（请写出来）＿＿＿＿＿＿＿＿

10. 中华优秀传统文化对您的价值观有何影响：

A. 强烈影响日常行为和生活　　B. 影响一般，有时会在行动中参照

C. 影响较小，偶尔会在行动中参照　　D. 完全没有影响

11. 您认为，中华民族伟大的凝聚力主要是：

A. 中华传统文化　　　　　　B. 爱国主义

C. 国家富强统一　　　　　　D. 人民生活水平

12. 作为新时代知识分子，您认为我国传统士人的情怀与担当在当今：

A. 很好地传承与发扬　　　　B. 有所淡薄，应加强传承

C. 根据时代要求，有选择地继承发扬　　D. 新的时代，旧东西已过时

13. 您认为，哪些文化类型或理论体系将主要影响学生的价值观念：

A. 西方外来文化　　　　　　B. 中国社会主义核心价值体系

C. 中国传统文化　　　　　　D. 大众流行文化

14. 您认为，目前您可以如何更好地进行社会主义核心价值观的教育？

（此题请简要自答，可写在背面）

附录六　高校培育和践行社会主义核心价值观
调查问卷（专业教师版）

尊敬的老师：

您好！欢迎您参加国家社会科学基金（教育学）重大招标课题的调研。请逐题在相应的选项上画"√"号（有些问题可有多个选项）。问卷匿名保密，仅作科研使用，请如实表达您的看法。回答没有对错好坏，请以第一反应作答。非常感谢您对本研究的支持！

一、性别（　　）　　1. 男　　　　2. 女

二、学历 （　　） 1. 博士　　 2. 硕士　　　 3. 本科　　 4. 其他

三、职称 （　　） 1. 教授　　 2. 副教授　　 3. 讲师　　 4. 其他

四、政治面貌 （　　）1. 中共党员　 2. 民主党派　 3. 其他

五、专业类别 （　　）

　　1. 人文社科　 2. 理工农医　 3. 体育艺术　 4. 军警国防　 5. 其他

六、教龄 （　　）

　　1. 0～5 年　 2. 6～10 年　 3. 11～20 年　 4. 20 年以上

1. 您的学校对教师学习社会主义核心价值观的组织情况是：

　　A. 经常组织　　　　 B. 偶尔组织　　 C. 很少组织

　　D. 从未组织　　　　 E. 不清楚

2. 您对高校进行社会主义核心价值观培育的看法是：

　　A. 赞成，认为很有必要　　　　 B. 赞成，但方式需要改善

　　C. 不赞成，效果很不明显　　　　 D. 不赞成，浪费时间

　　E. 无所谓，有没有都可以

3. 您认为，社会主义核心价值观对于大学生思想教育的作用：

　　A. 成效显著　　　　　　 B. 比较有成效

　　C. 成效一般　　　　　　 D. 没有成效

4. 您主要通过哪些方式对学生进行社会主义核心价值观的教育（此题可多选）：

　　A. 课堂教学　　　　　　 B. 网络互动

　　C. 实践活动　　　　　　 D. 讲座、讨论会和学习班

　　E. 其他（请写出来）＿＿＿＿＿＿＿＿＿＿

5. 您认为，影响学生学习社会主义核心价值观效果的因素有（此题可多选）：

　　A. 教师的积极性　　　　 B. 教学方式

　　C. 学生的积极性　　　　 D. 校风、院风、班风

　　E. 社会环境　　　　　　 F. 其他（请写出来）＿＿＿＿＿＿＿＿

6. 您认为，当前社会主义核心价值观培育过程中存在的问题有（此题可多选）：

　　A. 过于形式化，流于表面　　　 B. 缺乏创新，难以引起学生兴趣

C. 不注重理论与实践相结合　　D. 不注重因材施教，压抑学生个性

E. 过于频繁，引起学生反感　　F. 间隔时间太长，没有效果

G. 其他（请写出来）＿＿＿＿＿＿＿＿

7. 当您发现学生在考试时有作弊行为时，您会怎么做：

A. 当场抓住，严厉打击　　　　B. 立即阻止，给予警告

C. 加以提醒，不点名批评　　　D. 视情况而定，可以理解

E. 视而不见，不加理睬

8. 您是否会根据时事热点和科研进展适当调整您的讲课内容：

A. 会，能够吸引学生学习兴趣　　B. 不会，因为对授课影响不大

C. 不会，重新备课太麻烦　　　　D. 无所谓，想起来就提一下

9. 当您的学生在课堂上提出与您的观点不符的看法时，您会怎么做：

A. 不予考虑，学生的看法简单且片面

B. 表面赞许，实际上并不赞同

C. 为了维护尊严，表面不接受，而实际接受

D. 无所谓，听听就可以了

E. 不论正误，鼓励学生独立思考

10. 您认为，目前和谐的校园文化建设应该在哪些方面加强（此题可多选）：

A. 宣传学校核心价值追求　　　B. 加强师德师风和学术道德建设

C. 开展丰富多彩的校园文化活动　D. 加强校园环境设施建设

E. 利用网络技术加强文化宣传　F. 其他（请写出来）＿＿＿＿＿＿

11. 您认为，教师如何更好疏导学生心理、塑造学生的健康人格（此题可多选）：

A. 加强心理学知识的学习　　　B. 开展谈心活动，倾听学生心理困惑

C. 为人师表，做学生榜样　　　D. 课堂渗透人生观、价值观教育

E. 其他（请写出来）＿＿＿＿＿＿＿＿

12. 中华优秀传统文化对您的价值观有何影响：

A. 强烈影响日常行为和生活　　B. 影响一般，有时会在行动中参照

C. 影响较小，偶尔会在行动中参照　D. 完全没有影响

13. 您认为，中华民族伟大的凝聚力主要是：

A. 中华传统文化　　　　　　　B. 爱国主义

C. 国家富强统一　　　　　　　D. 人民生活水平

14. 作为新时代知识分子，您认为我国传统士人的情怀与担当在当今：

　　A. 很好地传承与发扬　　　　　B. 有所淡薄，应加强传承

　　C. 根据时代要求，有选择地继承发扬　　D. 新的时代，旧东西已过时

15. 您认为，哪些文化类型或理论体系将主要影响学生的价值观念：

　　A. 西方外来文化　　　　　　　B. 中国社会主义核心价值体系

　　C. 中国传统文化　　　　　　　D. 大众流行文化

16. 您认为，目前您可以如何更好地进行社会主义核心价值观的教育？

　　（此题请简要自答，可写在背面）

附录七　高校思想政治教育调查问卷

亲爱的同学：

　　你好！欢迎你参加高校思想政治教育情况调查。请按真实情况在下列各题相应的选项上画"√"号（有些问题已注明可多选）。问卷匿名保密，回答没有对错好坏，仅供科研使用，请放心作答。非常感谢你对本研究的支持！

课题组

2017 年 9 月

一、性别（　）1. 男　2. 女

二、年级（　）

　　本科生：1. 大一　2. 大二　3. 大三　　4. 大四

　　硕士生：1. 硕一　2. 硕二　3. 硕三

　　博士生：1. 博一　2. 博二　3. 博三及以上

三、政治面貌（　）

　　1. 中共党员　2. 共青团员　3. 其他

四、专业类别（　）

　　1. 人文社科　2. 理工农医　3. 体育艺术　4. 军警国防　5. 其他

五、生源地（　　）

　　1. 农村　2. 中小城市（县城．地级市）　3. 大城市（省会级城市）

六、是否学生干部（　　）　　1. 是　　　2. 否

七、是否独生子女（　　）　　1. 是　　　2. 否

八、学校名称（　　　　　　　　　　　　　　　）

1. 你所接受的思想政治教育的内容有（此题可多选）：

　　A. 政治教育　　　B. 道德素质　　　C. 法制观念　　　D. 心理健康

　　E. 传统文化　　　F. 爱国主义　　　G. 价值观、世界观、人生观

2. 你认为，你所接受的思想政治教育对提高大学生道德素质的作用：

　　A. 非常大　　　　B. 较大　　　　C. 一般　　　　D. 较小

3. 你认为，你所接受的思想政治教育对增强大学生法制观念的作用：

　　A. 非常大　　　　B. 较大　　　　C. 一般　　　　D. 较小

4. 你认为，你所接受的思想政治教育对提高大学生心理素质的作用：

　　A. 非常大　　　　B. 较大　　　　C. 一般　　　　D. 较小

5. 你认为，你所接受的思想政治教育对大学生树立人生观、价值观、世界观的作用：

　　A. 非常大　　　　B. 较大　　　　C. 一般　　　　D. 较小

6. 你认为，你所接受的思想政治教育对大学生了解国家政策、方针的作用：

　　A. 非常大　　　　B. 较大　　　　C. 一般　　　　D. 较小

7. 你认为，你所接受的思想政治教育对大学生有哪些帮助（此题可多选）：

　　A. 提高道德素养

　　B. 增强爱国意识和民族自豪感

　　C. 增强法制观念

　　D. 完善人生观、价值观、世界观

　　E. 促进心理健康

　　F. 继承和弘扬中华优秀传统文化

G. 提高思想政治水平

H. 其他（请写出来）_____

8. 你认为，当今大学生的道德素质状况：

  A. 整体非常好   B. 整体较好   C. 整体一般   D. 整体较差

9. 你认为，你所在学校辅导员、党团部门老师与学生的关系是：

  A. 关系亲密，注重帮助学生成长

  B. 关系一般，主要在于布置工作、传达文件、组织活动

  C. 关系淡漠，交流少

  D. 关系较差，学生有抵触情绪

10. 上思政课时，老师的授课内容中能否结合社会现实问题：

  A. 经常结合   B. 较多结合   C. 很少结合   D. 从未提及

11. 上思政课时，有多少老师对你所表达的个人观点予以尊重：

  A. 大多数老师   B. 部分老师   C. 少数老师   D. 未表达过个人观点

12. 你认为，当前高校思想政治课的教学目的主要是：

  A. 提高学生思想政治素质   B. 传授思政课本的知识

  C. 提升学生道德修养   D. 完成教育主管部门任务

13. 你认为，你所在学校的思想政治课的内容编排是否合理：

  A. 非常合理   B. 比较合理

  C. 不太合理   D. 非常不合理

14. 你在学校思想政治课上的学习情况是：

  A. 积极主动地理解老师教授的内容

  B. 遇到自己喜欢的内容会认真听

  C. 被动听课，为了应付考试

  D. 在课上做其他事情，考前突击

  E. 经常逃课，考前突击

  F. 对于上课和考试都无所谓

15. 你认为，激发思想政治课学习积极性的因素有（此题可多选）：

  A. 课程内容丰富，兼顾趣味性

  B. 课程知识对自己有用

C. 课堂环境宽松，与学生灵活互动

D. 任课老师语言具有艺术性，课堂不枯燥

E. 任课老师个人魅力

F. 教育手段多样化

G. 老师考前会划重点、给分高

H. 其他（请写出来）＿＿＿＿＿＿＿＿＿

16. 上思政课时，老师是否涉及中国传统文化：

　　A. 非常多涉及　　　　　　　　B. 较多涉及

　　C. 较少涉及　　　　　　　　　D. 没有涉及

17. 你所在高校的校园文化建设中有否涉及中国传统文化：

　　A. 非常多涉及　　　　　　　　B. 较多涉及

　　C. 较少涉及　　　　　　　　　D. 没有涉及

18. 你认为，我国优秀传统文化与思想政治教育之间的关系是（此题可多选）：

　　A. 我国优秀传统文化为思想政治教育提供大量史料

　　B. 我国优秀传统文化为思想政治教育提供民族精神传承的土壤

　　C. 我国优秀传统文化促进思想政治教育的创新

　　D. 思想政治教育应当与我国优秀传统文化融为一体

19. 你认为，优秀传统文化融入思想政治教育创新的途径有（此题可多选）：

　　A. 营造校园环境

　　B. 加强课程建设

　　C. 举办各种主题活动

　　D. 充分利用新媒体

　　E. 其他（请写出来）＿＿＿＿＿＿＿＿＿

20. 你参加学校组织的思想政治教育活动情况是：

　　A. 经常　　　B. 较多　　　C. 一般　　　D. 较少

21. 你所在学校进行思想政治教育的主要途径有（此题可多选）：

　　A. 思政课程　B. 党团活动　C. 级会或班会　D. 社会实践活动

　　E. 网络　　　F. 讲座　　　G. 其他（请写出来）＿＿＿＿＿＿＿＿

22. 你更愿意接受的思想政治教育途径是（此题可多选）：

    A. 思政课程   B. 党团活动   C. 年级或班会   D. 社会实践活动

    E. 网络   F. 讲座   G. 其他（请写出来）_____

23. 你所在学校的思政课老师的授课方式通常有（此题可多选）：

    A. 以讲授课本内容为主

    B. 能结合实例或补充资料讲授

    C. 组织课堂讨论

    D. 经常让学生授课

    E. 组织课堂游戏或其他活动

    F. 组织观看视频资料

    G. 其他（请写出来）_____

24. 你所在学校开设的网络平台对于思想政治教育的宣传频次：

    A. 非常多   B. 较多   C. 一般   D. 较少

25. 你对所在学校进行的党团活动的看法是：

    A. 高效且有意义   B. 尚可接受

    C. 枯燥，浪费时间   D. 无所谓，不关心

26. 你对所在学校思想政治教育组织的实践活动的看法是：

    A. 非常有意义   B. 比较有意义

    C. 一般   D. 意义不大

27. 你认为，当前思想政治教育在你的大学学习生活中占有的地位：

    A. 非常重要   B. 比较重要   C. 一般   D. 可有可无

28. 你认为，思想政治教育工作者是否需要学习心理辅导的知识技能：

    A. 非常需要   B. 比较需要   C. 有一定需要 D. 无所谓

29. 你认为，当前高校思想政治教育中存在的问题主要有（此题可多选）：

    A. 缺乏良好的社会环境   B. 缺乏浓厚的校园氛围

    C. 脱离学生实际需要   D. 不考虑学生个体差异

    E. 内容枯燥乏味   F. 学生参与度不高

    G. 教师队伍水平不一   H. 教育过程流于形式

    I. 其他（请写出来来）_____

30. 你认为，当前高校思想政治教育存在问题的原因是（此题可多选）：

A. 校园风气不良

B. 社会环境复杂

C. 网络对思想政治意识的淡化

D. 外来文化对价值观的冲击

E. 思想政治教育不能内化于心

F. 对思想政治教育不够重视

G. 思想政治教育的吸引力不足

H. 教师队伍建设不够

I. 其他（请写出来）_____

31. 你认为，目前大学生群体普遍存在的不足有（此题可多选）：

A. 心理素质较差　　　　B. 缺乏集体意识

C. 缺乏责任感　　　　　D. 适应能力差

E. 社会经验不足　　　　F. 道德观念淡薄

G. 以自我为中心　　　　H. 缺乏艰苦奋斗精神

I. 价值取向偏离　　　　J. 理想信念缺乏

K. 其他（请写出来）_____

请对以下方面进行整体评分，1~10分表明从差到好的情况：

32. 请对当前高校思政教育的内容进行整体评分：1 2 3 4 5 6 7 8 9 10

33. 请对当前高校思政教育的方式进行整体评分：1 2 3 4 5 6 7 8 9 10

34. 请对当前高校思政教育工作者进行整体评分：1 2 3 4 5 6 7 8 9 10

35. 你对当前高校的思想政治教育工作有什么建议？（请简要写出来）

图书在版编目（CIP）数据

高校培育和践行社会主义核心价值观实证研究／李
志刚等著. －－北京：社会科学文献出版社，2020.2
　ISBN 978 - 7 - 5201 - 6252 - 4

　Ⅰ.①高…　Ⅱ.①李…　Ⅲ.①高等学校 - 思想政治教
育 - 研究 - 中国　Ⅳ.①G641

　中国版本图书馆 CIP 数据核字（2020）第 029072 号

高校培育和践行社会主义核心价值观实证研究

著　　者／李志刚　万　淼　陈永强　李申申　赵国祥

出 版 人／谢寿光
组稿编辑／恽　薇
责任编辑／王楠楠

出　　版／社会科学文献出版社·经济与管理分社（010）59367226
　　　　　地址：北京市北三环中路甲 29 号院华龙大厦　邮编：100029
　　　　　网址：www.ssap.com.cn
发　　行／市场营销中心（010）59367081　59367083
印　　装／三河市龙林印务有限公司

规　　格／开　本：787mm × 1092mm　1/16
　　　　　印　张：16　字　数：249 千字
版　　次／2020 年 2 月第 1 版　2020 年 2 月第 1 次印刷
书　　号／ISBN 978 - 7 - 5201 - 6252 - 4
定　　价／98.00 元

本书如有印装质量问题，请与读者服务中心（010 - 59367028）联系